民國歷史與文化研究

十七編

第 **2** 冊

中國近代酒類管理制度研究

郭 旭 著

花木蘭文化事業有限公司

國家圖書館出版品預行編目資料

中國近代酒類管理制度研究／郭旭 著 -- 初版 -- 新北市：花
木蘭文化事業有限公司，2023〔民112〕
目 4+190 面；19×26 公分
（民國歷史與文化研究 十七編；第2冊）
ISBN 978-626-344-383-9（精裝）
1.CST：酒業 2.CST：商業管理 3.CST：菸酒稅 4.CST：中國
628.08   112010401

ISBN-978-626-344-383-9

9 786263 443839

民國歷史與文化研究
十七編 第 二 冊   ISBN：978-626-344-383-9

中國近代酒類管理制度研究

作　　者　郭旭
總 編 輯　杜潔祥
副總編輯　楊嘉樂
編輯主任　許郁翎
編　　輯　張雅淋、潘玟靜　美術編輯　陳逸婷
出　　版　花木蘭文化事業有限公司
發 行 人　高小娟
聯絡地址　235　新北市中和區中安街七二號十三樓
　　　　　電話：02-2923-1455／傳真：02-2923-1452
網　　址　http://www.huamulan.tw 信箱 service@huamulans.com
印　　刷　普羅文化出版廣告事業
初　　版　2023 年 9 月
定　　價　十七編 6 冊（精裝）新台幣 16,000 元

版權所有・請勿翻印

中國近代酒類管理制度研究

郭旭 著

作者簡介

郭旭（1985～），貴州仁懷人，貴州商學院教授，貴州師範大學歷史學學士、碩士，江南大學食品貿易與文化專業博士，貴州省第二屆高校哲學社會科學青年學術創新人才，主要從事中國社會經濟史研究與教學。出版《中國近代酒業發展研究》《茅臺德莊陳氏契約文書》等著作4種，在《貴州社會科學》、Journal of Food and Drug Analysis 等雜誌發表學術論文20餘篇，間有文章被《新華文摘》等轉載，主持完成貴州省哲學社會科學規劃等課題多項。

提　　要

　　主要運用歷史學相關研究方法，揭示中國近代酒類管理制度從晚清時期的酒稅徵收制度化努力，到民國北京政府時期菸酒公賣制度、南京國民政府成立之初酒類管理制度整頓到土酒定額稅、國產酒類稅制度建構，剖析不同管理制度的主要內容及其歷史意義。同時，對新式酒類和進口酒類管理、近代中國禁酒實踐及其困境等問題，也展開深入的研究和分析，以展現中國近代酒類管理制度的全貌。

　　形成的主要觀點包括：1. 中國近代酒類管理制度從單一徵稅制到多元共存的演變，既是其內在發展邏輯使然，也受到中國近代酒業發展、政府財政稅收制度化建構的影響；2. 近代中國酒類管理制度管制的標的酒類逐漸從傳統的白酒、黃酒類擴展到較為新式的葡萄酒、啤酒、仿製洋酒乃至進口酒類，體現了政府管理制度建構對時代背景和產業發展的因應；3. 中國近代酒類管理制度為中華人民共和國酒類管理制度準備了重要的經驗和參考，至今仍具有借鑒的意義和價值。

　　學術思想上，將中國近代酒類管理制度納入中國酒類管理制度演變的歷史進程中來加以考察，展現各發展階段的基本特徵。學術觀點方面，中國近代酒類管理制度的演進，既受到中國近代歷史發展階段特徵的制約和型塑，反過來又構成了近代中國歷史發展中的重要一環；中國近代酒類管理制度的演進既是時代洪流的產物，也受到產業發展及管理制度自身發展邏輯的制約。研究方法上，將檔案資料、時人記載、報章雜誌報導、統計年鑑、地方志、回憶錄等不同文獻融為一爐，以全面展現中國近代酒類管理制度的全貌；在研究過程中綜合運用歷史文獻研究、定性分析與定量分析相結合的方法，分析中國近代酒類管理制度的具體執行情況。

四川省社會科學重點研究基地中國酒史研究中心資助項目（ZGJS2021-01）

目

次

第一章　導　論

第一節　選題意義和論題說明

　　在中國歷史發展的大多數時期，酒都是國人經常飲用的飲料，在日常消費中佔有重要的地位。及至近代，隨著釀酒產業的發展和中國稅制改革近代化、制度化的努力，酒類管理制度建設也納入到了政府的議事日程。在南京國民政府時期，以菸酒稅為主的統稅，和關稅、鹽稅一起，成為政府財政收入的主要來源。同時，近代酒類管理制度還起著「承上啟下、統合中西」的作用。說其「承上啟下」，是指其上承中國古代酒類管理制度和思想，中國歷史上曾經採用的徵榷制（即專賣制）、禁釀、徵稅等不同管理制度，在近代中國都有著一定程度的迴響。新中國實行的酒類專賣制度以及現行管理體制，從某種程度上言也借鑒了中國近代酒類管理制度的部分理論和經驗。說其「統合中西」，是指近代中國對國外酒類管理制度的參照與借鑒，將中西不同時期的理論和經驗融為一體，構築起中國近代酒類管理制度體系。公賣制度、營業牌照制（類營業稅制）、菸酒稅（屬貨物統稅）、酒類進出口管理等方面，既有中國酒類管理制度的歷史影子，也是在參照國外理論和經驗的基礎上構建起來的。革命根據地的酒類專賣制度，更是吸收了古代酒類管理制度及當時國統區實行的酒類管理制度，並採納了蘇聯經驗，在新中國建立後更是將其推廣到了全中國，成為新中國專賣制度體系中的重要組成部分。因此，對中國近代酒類管理制度進行專題研究，具有重要的學術意義和理論價值。

　　具體說來，本選題是對中國近代酒類管理制度的系統、深入研究，具有一定

的學術意義和價值。同時，研究近代中國酒類管理制度，對當代中國酒類管理制度改革也有著一定的借鑒意義。從學術價值方面言，近代酒類管理制度變遷是近代中國歷史演進的重要一環，探尋其在財政稅收體制化、近代化背景下的演變歷程和發展邏輯，對理解近代中國和推進中國近代史的研究有著一定的意義；總結中國近代酒類管理制度的階段性特徵，深入剖析酒類管理制度變遷的時代背景，剖析時人對近代酒類管理制度的評判與設計，明瞭近代酒業發展與酒類管理制度之間的互動關係，對推進中國近代經濟史、財政稅收史的研究有一定的作用。從現實角度言，總結中國近代酒類管理制度演進的歷史經驗和現實啟示，為理解當代中國的酒類管理制度提供歷史的借鑒；通過對中國近代酒類管理制度演進歷程和發展特徵的分析，為當代中國酒類管理制度重構提供有益的思考。

值得一提的是，在歷史研究領域，對「近代」一詞所涵括時段的理解，存在一些爭論。早在民國時期，就有學者以 1840 年爆發的鴉片戰爭作為中國近代史的開端。隨著民族主義崛起和革命運動不斷高漲，以鴉片戰爭為中國近代史開端的說法，得到學界普遍贊同。經過長期爭論和研究，學界幾乎認同以 1949 年為中國近代史的下限。〔註1〕但對中國近代史具體分期及其發展的基本線索，一直存在著較大爭論。〔註2〕有學者指出：新世紀以來中國近現代史分期問題的討論，「承續了 20 世紀革命史範式與現代性範式的餘脈，同時又摻雜著後現代主義史學思潮的影子，多維性、開放性、複合性特徵明顯」〔註3〕。在此，我們贊同 1840～1949 年為「中國近代史」的分期方法。但就「近代酒類管理制度」這一選題而言，其異動發生於咸豐三年（1853）百貨釐金的開徵。而中國近代酒類管理制度的歷史延續及其影響，遠不止於 1949 年。是故在具體研究過程中，未完全恪守近代史分期的上下限。

第二節　學術史回顧

對近代國人而言，酒類管理制度在近代中國如何發展，既是一個理論問

〔註1〕趙慶雲：《何為「近代」——中國近代史時限問題討論述評》，《蘭州學刊》2015年第 11 期。

〔註2〕梁景和：《中國近代史分期與基本線索論戰述評》，《史學理論研究》2007 年第2 期。

〔註3〕歐陽恩良、蕭玉元：《中國近現代史分期問題論爭評析》，《思想教育研究》2018年第 9 期。

題，也是一個現實問題。故時人對此便有所關切。但說到真正的學術研究，則是較為晚近的事情。從目前所掌握的資料來看，對近代中國酒類管理制度的研究主要集中在中文學術領域。國外研究者僅在論及中國近代財稅制度時略有涉及，如美國經濟學家、南京國民政府財政顧問楊格的《一九二七至一九三七年中國財政經濟情況》一書。〔註4〕在此，主要就中文學術界對相關問題的研究作一個簡要的介紹和述評。

　　首先，是近代國人對其所處時代酒類管理制度的觀察和研究，這方面的研究主要散見於財政稅收研究專論及專題彙編中。財政稅收研究專論方面，有孟昭常等《財政淵鑒》（中華書局 1914 年）、賈士毅《民國財政史》（商務印書館 1917 年）和《民國續財政史》（商務印書館 1932 年到 1934 年出齊，共 7 冊）、楊汝梅《民國財政論》（商務印書館 1927 年）、羅介夫《中國財政問題》（太平洋書店 1933 年）、朱偰《中國租稅問題》（商務印書館 1936 年）、吳兆莘《中國稅制史》（商務印書館 1937 年）、賈德懷《民國財政簡史》（商務印書館 1946 年），在這些專書中，都或多或少的涉及中國近代酒類管理制度問題，而尤以賈士毅的民國財政史研究所涉資料最為豐富，論證也頗充分詳實。

　　專題彙編方面，李恩藻《菸酒稅法提綱》一書，對民國北京政府所施行的菸酒公賣制，多有討論。〔註5〕曾任北京政府京兆菸酒公賣局局長的顧澄，著有《籌辦菸酒公賣之經歷》（又名《菸酒公賣之理論與實驗》），主要討論菸酒稅法、公賣辦法和法規制定等內容，並介紹京兆地區菸酒公賣制度實施的狀況和面臨的問題。〔註6〕程叔度、秦景阜任總纂的《菸酒稅史》，記述了菸酒稅的起源、管理機構的演變、各地菸酒稅的制度、菸酒稅收支及整頓情況，此書是為了配合南京國民政府的菸酒稅收制度改革而作，是瞭解近代中國酒類管理制度變遷及其施行情況的重要材料。〔註7〕余啟中編述的《廣東菸酒稅沿革》，原名《廣東菸酒稅史》，分「稅制」與「稅務行政」兩編，詳述廣東省菸酒類各稅沿革、施行稅則、徵收機構及稅收概況等。〔註8〕薛福田《江蘇之菸酒稅》

〔註4〕〔美〕阿瑟‧恩‧楊格：《一九二七至一九三七年中國財政經濟情況》，陳澤憲、陳霞飛譯，陳澤憲校，中國社會科學出版社 1981 年版。
〔註5〕李恩藻：《菸酒稅法提綱》，北京琉璃廠萬成齋南紙鋪 1916 年版。
〔註6〕顧澄：《籌辦菸酒公賣之經歷》，著者自刊，1918 年。
〔註7〕程叔度、秦景阜總纂：《菸酒稅史》，大東書局 1929 年版。
〔註8〕余啟中編述：《廣東菸酒稅沿革》，「國立」中山大學出版部 1933 年版。

所論及者，為 1935 年前江蘇一省菸酒稅之詳細變遷及制度章則。〔註9〕

此外，還有一些專題文章散見於報章雜誌上，如《菸酒稅收之狀況及整頓辦法》〔註10〕、《菸酒營業牌照稅概述》〔註11〕等。從總體上看，無論是財稅專論還是專題彙編，對本選題而言，都提供了難得的史料和一個通過時人窺視當時制度設計及執行的重要窗口。

其次，是今人對中國近代酒類管理制度的研究。這方面的研究，可從散見於相關研究專著和專題論文兩個側面展開。在研究專著方面，如夏國祥《近代中國稅制改革思想研究（1900～1949）》（上海財經大學出版社 2006 年）一書，對近代中國稅制改革思想進行了專題討論，其中對酒類管理制度略有涉及；中國財政經濟出版社 2001 年出版的《中華民國工商稅收史·貨物稅卷》一書，其第三章對 1911 年到 1949 年間中國的酒稅制度進行了簡要介紹；劉孝誠《中國財政通史·中華民國卷》（中國財政經濟出版社 2006 年）對民國時期酒稅制度也略有涉及；張博的《天津老燒鍋》（天津古籍出版社 2007 年）部分內容就政策變遷對天津近代燒鍋業發展的影響進行了闡述。

對中國近代酒類管理制度，學者們發表了一些專題論文。早在 1989 年，《稅務研究》便刊發了《民國時期的酒稅》一文，內容雖較為簡略，但卻是較早關注到這一問題者。〔註12〕肖俊生對晚清時期酒稅制度的演變進行分析，認為由於晚清政府財政窘絀、軍餉籌措困難，開始對酒公開徵稅。地方政府是酒稅改革的積極推動者，也是最大的受益者。酒稅的開徵在相當程度上解決了軍餉籌措問題，也推動了晚清酒稅制度化建設的進程。〔註13〕李慶宇認為，「菸酒公賣」是民初北京政府為增加財政收入，變通專賣制度而創行的以「官督商銷」為宗旨的菸酒新政策。但在實際運行中並未按照政策設計執行，實際上成為一種菸酒新稅。從財政實效來看，公賣收入未能達到政府預期，加之各省普遍的截留，其對北京政府財政的增益作用十分有限。菸酒公賣在政策與實情之間的脫節，體現了北京政府增加財政收入的努力和囿於現實阻力而難有成效的困境

〔註 9〕 薛福田：《江蘇之菸酒稅》，大東書局 1936 年版。

〔註 10〕 《菸酒稅收之狀況及整頓辦法》，《中外經濟週刊》1925 年第 123 期，第 1～8 頁。

〔註 11〕 《菸酒營業牌照稅概述》，《四川省營業稅局月報》1939 年第 2 卷第 10、11、12 期合刊，第 5～12 頁。

〔註 12〕 陳建根：《民國時期的酒稅》，《稅務研究》1989 年第 8 期。

〔註 13〕 肖俊生：《晚清酒稅政策的演變論析》，《社會科學輯刊》2008 年第 3 期。

與矛盾。〔註 14〕肖俊生還對民國時期西康省的酒稅徵收情形進行了考察。〔註 15〕
肖俊生對近代酒類管理制度的研究，還體現在其《近代四川釀酒業發展研究》
一書之中。〔註 16〕劉奕對 20 世紀 20、30 年代內蒙古呼倫縣酒捐徵收狀況進行
了研究。〔註 17〕陳澤明認為，抗戰時期陝甘寧邊區政府為保證邊區糧食安全，
禁止利用糧食蒸酒，一度推出高稅政策、牌照經營制度、特許經營及包酒制度
等多項政策措施，在在體現了邊區政府對糧食危機的因應。〔註 18〕

　　最近幾年，在酒稅徵收管理和禁釀政策研究方面，出現了幾篇具有相當
深度的專題論文。劉偉彥對抗戰勝利後紹興地區土酒稅徵收管理相關問題進
行了探討，就酒商登記管理與商人團體稅政參與、土酒釀缸編查控制、稅額
制定及施行困境、酒稅收繳拖欠等問題進行深度剖析〔註 19〕。王正華和仲偉
民對清代禁酒政策演變及其與酒業發展之間的關係進行探討，並從全球史視
角對中英禁酒之間的原因、過程和結果進行對比研究，折射出中英歷史發展
道路的歧異〔註 20〕。高福美對清代京城崇文門酒稅徵收演變進行了探討，將
稅制演變與市場活動結合起來進行考查，部分內容涉及近代酒類管理制度相
關問題，頗具啟發意義〔註 21〕。王榮華對 20 世紀 40 年代福建禁釀問題進行
專題研究，圍繞禁不禁（地方與中央的不同考量）、如何禁（政策演變與寓禁
於罰）、如何罰（弊端淵藪與利益爭奪）、廢不廢（戰後弛禁與弛而復禁）等
問題展開論述〔註 22〕。袁成毅將禁釀放置於抗戰時國統區糧荒普遍的背景下

〔註 14〕李慶宇：《民國北京政府菸酒公賣述論》，《歷史教學：下半月刊》2017 年第 5
　　　　期。
〔註 15〕肖俊生：《民國時期西康酒稅徵收情形》，《西南民族大學學報：人文社科版》
　　　　2008 年第 6 期。
〔註 16〕肖俊生：《近代四川釀酒業發展研究》，巴蜀書社 2017 年版。
〔註 17〕劉奕：《呼倫縣酒捐徵收狀況研究（1920～1930）》，《佳木斯教育學院學報》
　　　　2012 年第 6 期。
〔註 18〕陳澤明：《抗戰時期陝甘寧邊區的酒政與糧食安全》，《江漢大學學報：社會科
　　　　學版》2015 年第 3 期。
〔註 19〕劉偉彥：《抗戰勝利後紹興地區土酒稅的徵收與管理（1945～1949）》，《中國經
　　　　濟史研究》，2022 年第 5 期。
〔註 20〕王正華、仲偉民：《清代禁酒演變與釀酒發展——兼論 17～19 世紀中英禁酒
　　　　的異同》，載《學術界》2022 年第 3 期。
〔註 21〕高福美：《禁而未止：清代京城酒稅徵收與私酒之興》，《中國社會經濟史研究》
　　　　2021 年第 3 期。
〔註 22〕王榮華：《米、酒、稅的三重變奏：20 世紀 40 年代福建禁釀問題研究》，《近
　　　　代史研究》2021 年第 2 期。

進行考查，著重剖析中央和地方在稅收和糧政管理上的糾葛〔註23〕。

有部分學位論文，對近代酒類管理制度及相關問題較為關切。如前引肖俊生《近代四川釀酒業發展研究》一書，就是其 2007 年在四川大學完成的博士論文《民國時期四川的酒業與酒政》的修訂版。李慶宇聚焦於民初菸酒公賣之制，認為北京仿傚西方專賣制度創設的菸酒公賣，是「一次不成功的嘗試」，實際效果有限。〔註 24〕杜錦凡則對民國時期酒業發展情形及酒政變遷較為關切，對民國時期酒類管理制度的演進和發展進行了研究。〔註25〕朱凌佳聚焦於北京政府 1916 年、1919 年和 1921 年三次商議中美菸酒借款及其所引起的輿論問題，認為北京政府的菸酒借款，以菸酒稅收入為抵押，引起了以全國菸酒聯合會為中心的廣泛輿論爭議。〔註26〕郭宇佳以內蒙古呼倫縣酒捐為中心，探討 20 世紀 20 年代至 30 年代初的地方稅收問題。〔註27〕鍾珊則聚焦於南京國民政府 1927 年至 1937 年菸酒稅的徵收與稽查問題，對此一時期菸酒稅改革背景與制度設計、常規徵收管理、弊病及其應對、效果評估等進行探討。〔註28〕

在臺灣地區，湧現出了幾篇較有分量的論文。張力在其抗戰時期廣東省禁釀節糧問題的專題論文中指出，作為因應戰爭特別狀況的臨時性措施，且在缺糧情形嚴重的時候，厲行禁釀有其合理性。〔註29〕岩村益典以 1933 年在臺灣實施的啤酒專賣為研究對象，闡述日治時期臺灣釀酒業發展的歷程。〔註30〕蕭明治的博士學位論文則關注日治時期臺灣地區實施菸酒專賣後經銷商制度的

〔註23〕袁成毅：《抗戰時期國統區限禁糧食釀酒及其糾葛——以浙江省為例》，《民國檔案》2022 年第 3 期。

〔註24〕李慶宇：《民初菸酒公賣研究（1915～1927）》，碩士學位論文，華中師範大學，2016 年。

〔註25〕杜錦凡：《民國時期的酒政研究》，碩士學位論文，山東師範大學，2013 年。

〔註26〕朱凌佳：《中美菸酒借款及其社會輿論（1916～1921）》，碩士學位論文，蘇州大學，2012 年。

〔註27〕郭宇佳：《二十世紀二十年代至三十年代初呼倫縣地方稅收問題——以酒捐、牲畜出口捐為中心的研究》，碩士學位論文，內蒙古師範大學，2012 年。

〔註28〕鍾珊：《南京國民政府時期菸酒稅的徵收與稽查研究（1927～1937）》，碩士學位論文，華中師範大學，2017 年。

〔註29〕張力：《抗戰時期廣東省的禁釀節糧措施》，載中國抗日戰爭史學會、中國人民抗日戰爭紀念館編：《中華民族的抗爭與復興——第一、二屆海峽兩岸抗日戰爭史學術研討會論文集》（上），團結出版社 2010 年版，第 189～204 頁。

〔註30〕岩村益典：《日治時期臺灣啤酒專賣之研究》，博士學位論文，「國立」臺灣師範大學，2010 年。

變遷，並研究專賣制度對菸酒經銷商之分布和構成的影響。〔註31〕顏清梅以戰後初期臺灣專賣政策的延續與變革為題，探究 1945 年到 1953 年間政權轉移和省制變革之際專賣制度延續的原因，並檢討該時期專賣制度實施的成效與影響，部分涉及到酒類管理制度問題。〔註32〕葉彥邦對 1945 年到 1947 年間國民政府在臺灣的菸酒專賣制度構建問題進行了深入的研究。〔註33〕

　　就目前掌握的研究狀況而言，雖然湧現出了一些相關的成果，但仍然有著進一步拓展和深化的空間。首先，近代國人對酒類管理問題的研究，可視為是對其所處時代問題的關切和回應。就中國近代酒類管理制度研究而言，近代國人的觀察及其結論，更多的是作為史料而存在。其次，今人對這一問題的研究，或在近代財稅制度和釀酒產業發展等論著中得以體現，或有專題論文發表。但在論著中所給予酒類管理制度的篇幅相當有限，內容挖掘上也還可再進一步的豐富和拓展；少見的幾篇專題論文就晚清酒稅制度演變、北京政府時期的菸酒公賣制度、抗戰時期陝甘寧邊區政府的酒政、區域酒類稅捐徵收（如肖俊生之於西康酒稅、劉奕對內蒙古呼倫縣酒捐）等問題，進行了研究和分析。但從其中尚難見到中國近代酒類管理制度的全貌，對近代酒類管理制度演進的歷史過程、背景原因、執行情況、制度建構與產業發展之間的互動、時人對近代酒類管理制度的評判、近代酒類管理制度對當代中國酒類管理制度建構的意義等方面，均尚未涉及，這為本選題研究的開展，既準備了部分必須的材料，又有著進一步拓展研究內容和推進研究深度的空間。

　　本選題的創新，可能存在於如下幾個方面。首先，在學術思想上，將中國近代酒類管理制度納入中國酒類管理制度演變的歷史進程中來加以考察，展現各發展階段的基本特徵。其次，具體學術觀點上，中國近代酒類管理制度的演進，既受到中國近代歷史發展階段特徵的制約和型塑，反過來又構成了近代中國歷史發展中的重要一環；中國近代酒類管理制度的演進既是時代洪流的產物，也受到產業發展及管理制度自身發展邏輯的制約。第三，在研究方法上，將檔案資料、時人記載、報章雜誌報導、統計年鑑、地方志、回憶錄等不同文

〔註31〕蕭明治：《日治時期臺灣菸酒專賣經銷商之研究》，博士學位論文，「國立」中正大學，2010 年。

〔註32〕顏清梅：《戰後初期臺灣專賣政策的延續與變革（1945～1953）》，博士學位論文，「國立」中興大學，2008 年。

〔註33〕葉彥邦：《終戰初期臺灣的菸酒專賣事業之研究》，博士學位論文，「國立」政治大學，2006 年。

獻融為一體，以全面展現中國近代酒類管理制度的全貌；在研究過程中綜合運用歷史文獻研究、定性分析與定量分析相結合的方法，剖析中國近代酒類管理制度的具體執行情況。

第三節　研究內容與方法

一、研究內容

本書主要採用歷史學的研究方法，就中國近代酒類管理制度演進歷程、階段性特徵、酒類管理制度演進的推動因素、酒類管理制度與釀酒產業之間的互動、近代酒類管理制度對當代酒類管理制度的影響等方面展開研究。選題所指稱的酒類，既包括中國傳統的黃酒、白酒，也包括進口酒類和啤酒、葡萄酒、仿製洋酒等新式酒類，但主要以飲用酒類為限。

除導論和結論外，本書大致包括如下幾個方面的內容。

第一部分　中國近代酒類管理制度的初步建構

隨著釀酒業的發展和解決現實財政危局的需要，晚清酒稅制度發生了一些新的變化。酒類釐金納入百貨釐金徵收，釐率逐步提高。從性質上言，釐金雖全國普遍開徵，但未能上升到全國統一徵收的高度。在清末，受到思想界普遍流行「加重酒稅」「寓禁於徵」觀點的影響，加上甲午戰後賠款劇增的現實需求，朝野普遍將酒稅視為增加財政收入的重要稅源。清末酒類管理制度的初步建構，開啟了中國酒類管理近代化的歷程，為其後酒類管理制度的發展奠定了基礎。

第二部分　民國時期酒稅制度（1912～1928）

北京政府時期（1912～1928），酒稅制度出現了一些前所未有的變化，初步顯現了制度化、系統化的發展趨勢。北京政府將酒稅納入中央政府財政預算，創設特許營業牌照稅；建立起一套自上而下的公賣機構，徵收公賣費，施行公賣之制；在徵收牌照稅（類營業稅）、公賣費（實質上的加徵）的同時，各省此前所開徵之酒稅，基本上得以保留，加劇了北京政府時期酒稅制度的紊亂。

第三部分　民國時期酒稅制度（1927～1949）

本部分主要聚焦於南京國民政府的酒稅制度。在南京國民政府成立之初，

主要沿襲了北京政府時期的菸酒公賣制度，但也進行了一些改進。在全國財政統一和改革的大背景下，酒類管理制度尤其是酒稅制度的改革提上了政府的議事日程。南京國民政府成立之初的酒稅制度整頓、1933 年蘇浙皖鄂等七省土酒定額稅的開徵、1941 年國產菸酒類稅制度的構建等，是這一時期酒稅制度的重要內容。

第四部分 「維民食」與「重國課」：民國禁酒政策探析

禁酒之策是中國歷史上經常使用的酒政之一，在近代中國也有一定程度的迴響。中國近代尤其是民國時期所採取的禁酒之策，主要動因仍在於糧食安全保障問題。地方政府為了保障民食，常行禁酒之策。然則隨著酒稅在國家稅收中所佔地位的重要，稅收稽徵機關往往對禁酒之策提出不同看法。在「維民食」與「重國課」之間博弈，是這一時期禁酒之策最為顯著的特點。從禁酒之策的內容上來講，形式多樣，具有地方性、臨時性、地域性、持續時間不一等特點。貴州省就是實施禁酒之策較為典型的省份，但禁酒的實際效果，頗值得懷疑。

第五部分 中國近代新式酒類和進口酒類管理制度

本部分主要關注中國近代新式酒類和進口酒類管理制度的建構與變遷。近代中國所面臨的「變局」之一，便是西方文化的強勢輸入。中國新式酒類（如啤酒、葡萄酒、仿製洋酒）是在西方進口酒類的影響下發展起來的，隨著產業的逐步發展，政府的管理也逐漸制度化。另一方面，進口酒類享有關稅特權，「關稅自主」成為國人追求關稅自主運動的重要目標，對進口酒類的管理也逐漸實現了自主設置稅率徵收的演變過程。

第六部分 中國近代酒類管理演變的江蘇案例

本部分主要以近代中國重要酒業產區江蘇省為例，概述其近代以來酒業發展大致情形，並分析公賣制、土酒定額稅制在江蘇演變情況。也對偽政權統治下酒類稅收徵管機構和稅率等情形進行分析，以見偽政權對酒業之剝奪和社會資源的控制。聚焦於省一級區域，提供一個中國近代酒類管理制度變遷的地方案例。

二、研究方法

本書主要運用歷史學相關研究方法，從晚清中國所面臨的「變局」入手，展現中國近代酒類管理制度演變的歷史全貌。揭示中國近代酒類管理制度從

晚清時期的酒稅徵收制度化、近代化努力，到民國北京政府時期菸酒公賣制度、南京國民政府成立之初酒類管理制度的整頓到土酒定額稅、國產酒類稅制度，不同管理制度有著不同的歷史內容及其意義。同時，對新式酒類和進口酒類的管理、近代中國禁酒實踐及其困境等問題，也展開深入的研究和分析，以展現中國近代酒類管理制度的全貌。

　　本書在歷史唯物主義指導下，運用歷史學的研究方法，廣泛開展歷史檔案和資料的搜集；運用文獻整理和歸納分析的方法，對史料進行深入的分析與詮釋；運用個案分析和比較研究的方法，探究中國近代酒類管理制度在不同地區的具體實踐；將定性研究與定量研究相結合，充分利用歷史數據進行統計和分析，將歷史學的定性研究和社會科學中的定量研究相結合。

第二章　中國近代酒類管理制度的初步建構

　　中國酒類管理的歷史源遠流長，奠基甚早。西周初年，周公發布《酒誥》，對殷商遺民飲酒熾烈的風氣進行管制。但周初所行的禁酒之策，主要限製酒類消費環節，且只針對殷商遺民，對酒類生產和其他地區的飲酒活動則沒有明確禁令。西漢初年，經過秦末多年戰亂，民生凋敝，民食不足。蕭何制定漢朝律法，禁止民間無故飲酒，違者罰金4兩。隨著社會生產的恢復和發展，飲酒之禁亦逐漸放寬。〔註1〕史載漢武帝天漢三年（前98年）「初榷酒酤」，即行酒類專賣制度，朝廷因此聚斂大量財富。但在武帝繼承者昭帝在位時，丞相車千秋奏罷酒酤，改行酒稅，每賣酒1升，徵稅4錢。〔註2〕在短時間內經歷了從酒類專賣到徵稅後自由釀賣的轉變。西漢末年的魯匡曾云：「酒者，天之美祿，帝王所以頤養天下，享祀祈福，扶衰養疾。百禮之會，非酒不行。⋯⋯絕天下之酒，則無以行禮相養；放而無限，則費財傷人。」〔註3〕魯匡充分認識到了酒在中國社會文化中所扮演的重要角色，認為無論是禁酒還是任其發展，都有一定的弊端。而最好的解決之法，便是對酒的生產或消費徵收一定費稅。西漢一朝經歷了禁酒（主要是禁飲）、專賣和徵稅三種形式，奠定了中國古代酒類

〔註1〕郭旭：《論禁酒相關問題──兼與楊永先生商榷》，《釀酒科技》2012年第12期。

〔註2〕〔唐〕杜佑：《通典》第一冊卷第十一「食貨十一·榷酤」，王文錦、王永興、劉俊文等點校，中華書局1988年版，第245頁。

〔註3〕〔漢〕班固：《漢書》第四冊卷二十四下「食貨志第四下」，〔唐〕顏師古注，中華書局1962年版，第1182頁。

管理的主要制度框架。其後歷朝歷代之酒類管理，或採其中一種，或在不同地域兼而用之，靈活多變。隨著釀酒業的發展和解決現實財政危局的需要，晚清酒稅制度發生了一些新的變化，開啟了中國酒類管理近代化的歷程，為其後酒類管理制度的發展奠定了基礎。

第一節　中國近代酒業發展概況

釀酒業是中國傳統手工業的重要子行業之一，有著數千年的悠久歷史。從本質上言，酒並不是人們生活的必需之品，卻在日常生活和社會文化活動中佔據重要位置。在釀酒業發展過程中，由於行業的特殊性，歷朝歷代均重視對酒業的管理。一方面，酒的社會需求廣泛，需求量大，釀酒售賣獲利豐厚，釀酒業在不同歷史時段均有所發展。另一方面，中國傳統釀酒業是以糧食為原料的農產加工業，其發展以消耗大量糧食為前提，而糧食安全事關傳統農業社會的民生大計，與其他手工業行業相比，釀酒業更多的受到政府政策的干預和影響。

清前期，直隸、河南、山東、陝西、江蘇、四川、湖南、安徽及東北各主要糧食產區，釀酒業較為發達，呈現出向原料產地集中的趨勢。這一時期，名酒薈萃，如貴州茅臺村、江蘇的雙溝鎮和洋河鎮、安徽口子鎮、浙江紹興、四川綿竹、山西汾陽、陝西柳林等地，其所出產之酒均甚有名，或知名於此時，或經加工改良後更加名重後世。隨著人口的增長，酒的消費量和商品量均有所增加。或作為農家副業，或由城鄉酒店鋪戶釀造售賣，還產生了專門從事踩麯製酒以謀利的曲坊、酒坊。與前代相比，清代酒類產量有所擴大，但「總體上還停留在分散的小生產狀態」，「傳統的手工釀酒一直是釀酒業的主要生產方式」〔註4〕。

入關後，清廷採取系列措施恢復生產，社會相對安定，人口大量增長。至乾隆六年（1741），人口14341萬，乾隆二十七年（1762）達20047萬，乾隆五十五年（1790）突破3億大關，達30149萬。〔註5〕雖後世對具體人口數據存在爭論，但到清中期已出現人口爆炸問題，是不爭的事實。加上人均耕地面積縮小，棉花、菸草等經濟作物種植面積擴大，奢靡消費激增，糧食分配階層差距

〔註4〕徐建青：《清代前期的釀酒業》，《清史研究》1994年第3期。
〔註5〕袁祖亮：《中國古代人口史專題研究》，中州古籍出版社1994年版，第18～23頁。

擴大等原因，糧食安全問題尤為突出。〔註6〕清代前期釀酒業的發展，消耗大量糧穀。據時人方苞（1668～1749）觀察：「天下沃饒人聚之地，飲酒者常十人而五，與瘠土貧民相較，以最少為率，四人而飲酒者一人。其量以中人為率，一日之飲，必耗二日所食之穀。若能堅明酒禁，是兩年所積，即可通給天下一年之食。」〔註7〕釀酒消耗與民食缺乏之間的矛盾，尤其突出。乾隆二年（1737）起，諭令各省禁止燒鍋，違者嚴處。雖經不斷重申禁令，然則難以禁絕，逐漸形成了「弛於豐年，禁於歉歲」的做法〔註8〕。清代釀酒業在夾縫中繼續發展，如河南賒旗鎮（今河南省社旗縣），酒業在乾嘉時期成為「大十行」之一，與糧業、鹽業、油業、棉花業等並稱，而衣帽鞋襪及食品、飲食等業僅為「小十行」〔註9〕。此雖個例，但也可見出酒業在地方經濟發展和商業格局中的位置。

鴉片戰爭後，國門洞開，但資本主義入侵對釀酒業所造成的影響尚未完全顯現出來，傳統釀酒業仍繼續發展。形成了一批新的名酒，釀酒業規模進一步擴大，釀酒技術和工藝日臻完善，釀酒作坊內部分工更為細密，均表明釀酒業取得了一定程度的發展。同時，由於中國傳統酒類消費基礎廣泛，交通運輸條件改善使長途販運成為可能，高利潤刺激了釀酒業規模的進一步擴大。但釀酒業受限於整體經濟發展水平，更受到科技和資金缺乏的雙重制約，大部分「仍然停留在小手工業和家庭手工業的水平上」〔註10〕。

民國初年，中國釀酒業形成了白酒（高粱酒、燒酒）獨大，其他酒種為補充的結構。據統計資料顯示，民國初年中國釀酒業在 10 萬家左右，從事釀酒者約 50 萬人。1912 年全國酒類產量約合 903 萬噸，其中黃酒 87.7 萬噸，約占 10%；燒酒 460 萬噸，約占 51%；高粱酒 337 萬噸，約占 37%；果酒、藥酒及其他酒合計僅占 2%左右。高粱酒和燒酒二者合計占到總產量的 88%，可見白酒是當時釀酒產業中最為重要的部分。若以產值而言，1912 年中國釀酒行業產值約 9 億多元，高粱酒以 5 億多元的價值獨佔 53%，燒酒以 3.85 億元占 41%，二者合計占到整個釀酒業產值的 94%。黃酒產量雖然占到總產量的 10%，其價值

〔註6〕周全霞：《清代康雍乾時期的民食安全研究》，博士學位論文，江南大學，2009年，第 27～44 頁。

〔註7〕〔清〕方苞：《方望溪全集》，中國書店 1991 年版，第 261 頁。

〔註8〕王興亞：《清代北方五省釀酒業的發展》，《鄭州大學學報：哲學社會科學版》2000 年第 1 期。

〔註9〕黃德海：《變遷——一個中國古村落的商業興衰史》，人民出版社 2006 年版，第 116 頁。

〔註10〕李志英：《近代中國傳統釀酒業的發展》，《近代史研究》1991 年第 6 期。

僅占 1%。〔註 11〕從產值和產量來看，白酒（高粱酒、燒酒）都佔據絕對優勢。

　　中國近代酒業的發展，總體上呈現出如下幾個基本特徵：首先，近代酒業形成了白酒佔據絕對地位、其他酒種為補充的產業結構；其次，形成了北方出產高粱酒、燒酒，南方出產黃酒、燒酒，西南、西北出產雜糧酒，東部發達城市出產葡萄酒、啤酒的區域分布格局；第三，當代名酒開始登上近代酒業發展的歷史舞臺，茅臺酒、五糧液、瀘州大麴、綿竹大麴、汾酒、洋河大麴、雙溝大麴、青島啤酒、張裕葡萄酒等構成了近代中國的名酒版圖；第四，在釀酒技術方面，無論是白酒釀造，還是黃酒釀造，其技術都已經相當成熟，啤酒釀製技術與世界先進水平相差無幾；第五，釀酒科技研究逐步開展，在指導行業產業發展方面開始發揮一定的作用，提示了產業發展的一個新方向，為釀酒科技的進一步發展打開了一扇新的大門。〔註 12〕

　　中國近代酒業經營具有如下幾個特點：第一，近代釀酒業以小規模釀酒作坊為主，但新式公司制組織開始出現；第二，酒業資本較小，且各地分布不均；中國各地區域特徵明顯，釀酒原料多種多樣，酒類品種豐富，導致釀酒業的成本和利潤千差萬別，即便是在同一地區，因原料使用的不同，成本與利潤也有所不同；第三，受交通和市場條件的限制，除較為著名的汾酒、紹興酒之類行銷大半個中國外，大多數酒類多是在本地生產，供應本地消費；第四，在重慶等地，形成了酒廠—運商—銷商的運銷模式，酒廠負責生產，運商負責運輸，銷商則負責銷售；第五，多種推廣方式和推銷方式開始在酒業中得到組合運用，參加展覽、投放廣告等成為酒業宣傳推廣的新方式，酒類商標註冊更是開了酒類知識產權保護的先河。〔註 13〕中國近代酒業新發展和其他現實問題相互交錯，為酒類管理制度創新提出了更高的要求。

第二節　晚清酒類釐金徵收

　　1840 年鴉片戰爭爆發後，中國面臨嚴峻的內外形勢，整個社會極度動盪。外有英法等國殖民者的步步入侵，內有連綿不斷的農民起事。1851 年 1 月 11

〔註 11〕農商部總務廳統計科編纂：《中華民國元年第一次農商統計表》（上卷），中華書局 1914 年版，第 36～39 頁。

〔註 12〕郭旭：《中國近代酒業發展研究》，中國商業出版社 2019 年版，第 239 頁。

〔註 13〕郭旭：《中國近代酒業發展研究》，中國商業出版社 2019 年版，第 239～240 頁。

日爆發於廣西省桂平縣金田村的農民起事，揭開了太平天國農民運動的帷幕。其勢迅速衝破廣西一隅，影響及於長江下游富庶地區，大半個中國在其治下達十餘年之久。面臨內憂外患的局勢，清廷財政需用浩繁，加開新稅新捐成為不得已的選擇。

咸豐三年（1853），因國帑空乏，軍用不給，治軍揚州的太常寺卿雷以諴「奏請收百貨釐捐以助軍餉」。在江南泰州寶應榷稅往來百貨商品，值百抽一，名為「釐捐」，史家稱「釐金之制，自雷以諴創始」〔註14〕。後曾國藩、胡林翼等行於兩湖地區。釐金本意，不過是為暫時解決軍餉虧缺。釐金於財政收入不無小補，於是各地起而仿傚，後得朝廷認可，成為一大收入來源。〔註15〕酒類釐金即含於百貨之內，值百抽一。較早開始徵收釐金的泰州仙女廟抽釐情況為：紹興酒每壇 60 文，百花酒每壇 40 文，高糧酒每壇 120 文。泰州城鄉各行鋪捐釐助餉稅率（咸豐四年五月初一日起施行）為米行每擔 20 文，油行（照油缸頭腳腰徵收）每擔 40 文，酒行（照收數）每擔 24 文，糟房（照生意多寡）每百文 1 文，各雜行每百文 1 文。〔註16〕

朝廷對釐金徵收的機構設置及稅率等沒有統一的規定，出現了各省「釐金徵收各自為政的割據局面，造成了重疊繁苛的稅制結構」〔註17〕。隨著內外形勢的惡化，特別是為了籌集戰爭賠款，各省酒類釐金有不斷加重的趨勢。如湖南省於光緒二十二年（1896）十一月，由湖南巡撫請准，菸酒兩項於釐金常額外另加 3 成。光緒二十六年（1900）又加 3 成，附於正釐徵收。光緒三十年（1904）七月，湖南每年認解菸酒兩稅銀 6 萬兩，在釐金之外另徵菸酒稅捐，發給執照，填注產銷數目，按 2% 認捐。穀酒、火酒等類，稅額為每擔 200 文至 400 文。輸入汾酒、紹興酒，徵落地稅、入口稅，每罐 82 文至 200 文。〔註18〕直隸在開辦之初，釐金稅額遠較他省為輕。光緒二十年（1894）後，因償還外債及戰爭賠款的需要，開始加釐抽捐。除將百貨釐金稅率由原

〔註14〕陳秀夔：《中國財政史》，正中書局 1977 年版，第 514 頁。

〔註15〕王振先：《中國釐金問題》，商務印書館 1925 年版，第 4～7 頁。

〔註16〕彭澤益編：《中國近代手工業史資料（1840～1949）》第一卷，生活‧讀書‧新知三聯書店 1957 年版，第 588 頁。

〔註17〕付志宇、繆德剛：《太平天國運動時期清政府財政危機與對策探析》，《貴州社會科學》2007 年第 9 期。

〔註18〕湖南省地方志編纂委員會：《湖南省志‧財政志》，湖南人民出版社 1987 年版，第 95 頁。

來的 0.5%左右提高至 1.25%外，又於光緒二十二年（1896）對酒實行寓禁於徵的政策，對其重課釐金，按百貨釐率 1.25%加徵 4 成。光緒二十六年（1900）改為加徵 6 成，光緒二十八年（1902）又改為加徵 13 成。加後的稅率為貨值百兩徵釐金 2 兩 8 錢 7 分 5 釐，釐率為 2.875%。〔註 19〕廣東在釐金開辦之初，對酒所徵釐金也同其他百貨一樣。光緒二十八年（1902）對釀酒作坊徵收酒甑捐，廣州稱為酒甑牌費，其餘各地大多稱為酒捐，每甑徵銀 2 兩。後來又有酒捐報效、酒捐警費、酒捐學費、酒捐辦公費等雜款。1908 年和 1909年合計徵得酒捐銀 21.06 萬兩。宣統元年（1911），酒捐由按甑徵收改為點飯核稅，每三埕（壇）飯作一埕酒計，徵銀元 0.2 元。〔註 20〕江蘇酒稅除寧屬門銷捐和蘇屬坐賈捐外，還在釐金項下設菸酒稅目，歸各處釐捐局、稅務公所按地段兼辦。寧屬各局稅率不一，採取遇卡徵收的制度，蘇屬只在經過第一道卡時徵收一次。均採從量定額徵收，稅負約在 10%～20%。〔註 21〕廣西百貨釐金中酒類釐金款，原係留戶部撥用。光緒二十六年（1900）起，經廣西藩司報准此款用於抵解賠款。百貨釐金改辦百貨統稅後，仍保留菸酒釐稅的名稱。此稅仍由統稅局卡照百貨統稅稅則中酒類的應徵稅額徵收，由統稅總局另行劃解，每年約 5000 兩。〔註 22〕四川百貨釐金初約值百抽二，為籌賠款，1895 年加抽酒釐 3 成，1899 年加抽一倍，1901 年再加 3 成。1904 年，酒釐改為酒類統捐，大麴酒、仿紹酒及外省運入四川的紹酒、汾酒等，每斤徵錢 8 文，小曲酒、老酒等每斤徵錢 4 文。1905 年，全省實收酒捐銀 59.76萬兩。〔註 23〕

　　酒類釐金的徵收非但沒有統一的機構及劃一的稅率，就是其徵收標準也不統一，有以貨價為標準者，有以貨量為標準者，有以釀酒器具容量為標準者，有依釀酒原料徵收者。其徵收貨幣也不劃一，雖然釐金本意是貨物值百抽一，

〔註 19〕河北省地方志編纂委員會：《河北省志·財政志》，河北人民出版社 1992 年版，第 56 頁。
〔註 20〕廣東省地方史志編纂委員會：《廣東省志·稅務志》，廣東人民出版社 1995 年版，第 73 頁。
〔註 21〕江蘇省地方志編纂委員會：《江蘇省志·稅務志》，江蘇古籍出版社 1997 年版，第 105 頁。
〔註 22〕廣西壯族自治區地方志編纂委員會：《廣西通志·財政志》，廣西人民出版社 1995 年版，第 23 頁。
〔註 23〕四川省地方志編纂委員會編：《四川省志·財政志》，四川人民出版社 1996 年版，第 64～65 頁。

然而各地經濟發展水平不一，有徵收銀兩者，有徵收銅錢者。清末酒類釐金稅目繁雜，各省各自為政，其混亂程度無以復加。酒類釐金亦如其他釐金一樣，大受時人詬病，晚清時人張春華在竹枝詞中寫道：「我朝定制稅多裁，奈創釐金卡局開。一奉公家九私囊，怨聲載道禍誰胎。」〔註24〕其「怨聲載道」一語，正道出了時人對釐金之制的真實看法。

酒類釐金各地均已開徵，而收入卻多少不一。如 1903 年奉天省徵得菸酒捐銀 7100 兩，陝西省菸酒釐金 4152 兩，江西省茶糖菸酒釐稅 28345 兩，廣西省菸酒加徵釐金 5395 兩，雲南省百貨紅糖菸酒等釐金共 202510 兩，吉林省菸酒稅 28000 兩。〔註25〕各地酒釐徵收不力，在財政形勢急劇惡化的背景下，酒稅制度更需改進。

第三節　清末酒稅制度的初步建構

1895 年，中國與日本簽訂《馬關條約》，賠款白銀 2.3 億兩。1901 年，與列強簽訂《辛丑條約》，賠償各國款項 4.5 億兩白銀，分 39 年付清，本息合計需白銀 9.8 億兩。清末開展起來的各項新政，也需款孔急。清政府不得不著力開闢新的稅源，對原徵菸酒稅徵收加強整頓。

1903 年 11 月，光緒皇帝在上諭中說道：「前經戶部通行各省整頓菸酒稅，以濟要需。乃報效之無多，實由稽徵之不力。據直隸總督袁世凱奏稱，直隸抽收菸酒兩稅，計歲入銀八十餘萬兩。以直隸敝之區，猶能集此鉅款。……即著鈔錄直隸現辦章程，諮送各省，責成該將軍督撫等一體仿行。並量其省分之繁簡，派定稅額之多寡。直隸一省，應仍照現收之數，每年仍派八十萬兩。奉天省每年應派八十萬兩，江蘇、廣東、四川各省每年應派五十萬兩，山西省每年應派四十萬兩，山東、江西、湖北、浙江、福建各省每年應各派三十萬兩，河南、安徽、湖南、陝西、吉林各省每年應各派二十萬兩，甘肅、新疆、廣西、雲南各省每年應各派十萬兩，貴州省每年應派六萬兩。通計以上二十一行省，每年派定稅額共六百四十六萬兩。殊於國計有裨，仍於民生無損。良為菸酒兩項，徒供嗜好之用，並非生計所必需，雖多取之

〔註24〕〔清〕秦榮光：《上海縣竹枝詞·稅課二十二》，見〔清〕張春華、秦榮光、楊光輔：《滬城歲事衢歌　上海縣竹枝詞　淞南樂府》，許敏、呂素勤標點，上海古籍出版社 1989 年版，第 88 頁。
〔註25〕周棠：《中國財政論綱》附錄，吉田印刷所 1911 年版，第 86～125 頁。

而不為慮，且可以寓禁於徵。……經此次派定稅額之後，各該將軍督撫，務即遴選妥實明幹委員，實力奉行，認真稽徵。」〔註26〕這道上諭明確提出整頓菸酒稅，並以袁世凱治下的直隸省作為樣板，規定各省的菸酒稅徵收數額，總額為白銀646萬兩。

在此，先詳述袁世凱在直隸所行之燒鍋酒捐情形。光緒二十八年（1902），袁世凱在《加抽燒鍋酒捐酌定試辦章程摺》中稱，「直隸向稱缺額省分，自經變亂，應攤賠款歲至八十餘萬，加以辦理善後，需用浩繁」。然「就地籌款，辦理一或不慎，即滋擾累」，只有「擇其無害民生，有裨國計者，先行試辦」。茶、糖、菸、酒「非民間日用所必需，重徵尚無妨礙」，菸、酒更「為民間嗜好所需，無關養生本計，誠如部議，重徵尚無妨礙。」直隸燒酒「出產最多，向無落地稅捐，商利頗厚，若酌加捐數，責成燒鍋代收，既無擾累之虞，亦少偷漏之弊。」其大體辦法，燒酒每百斤抽捐1600文，商家銷售時准其每斤加價16文售賣。袁世凱認為如此一來，「在燒鍋加價抵捐，既無所損，即店鋪照本零售亦可通行。至民間沽酒，每兩多出一文，所費亦甚微末，而合省通年計之，則可集成鉅款。」燒鍋「加抽酒捐，與部議重徵酒釐之意相合，於籌款不無裨益，而酒價略增，亦可隱示節制之意。」〔註27〕其章程內容如下：

一、省城及各府廳州縣城鄉集鎮，凡屬燒鍋生意，無論新開舊設，皆應遵領門牌執照，代收酒捐，作為官行，違則重究。

一、燒鍋應計銷數代收捐款，每斤捐制錢十六文，出自買主，其有整買零售者，並准其於常價外，每斤加價十六文轉賣，待酒商不致吃虧。

一、每燒鍋一座，常年銷酒若干斤，即以銷酒大數酌定捐款。大數注明牌照，照實銷數收捐。如遇災荒，銷數大減，准其隨時報明，派委委員查辦查實，照實銷數核減。倘查係虛捏，希圖誆騙，准即將委員來往川資，罰令賠出，以示懲儆。

一、燒鍋代收此項捐款，本係照實銷數目，按斤計算，或多或

<hr>

〔註26〕吳兆莘、洪文金遺稿：《中國財政金融年表》（下冊），劉聚星、林寶清續編，中國財政經濟出版社1994年版，第585頁。
〔註27〕天津圖書館、天津社科院歷史研究所編：《袁世凱奏議》（中冊），天津古籍出版社，1987年版，第627～628頁。

少，原難預定。其有願照近三年售銷斤兩，酌中定數；由燒鍋包納者，如包納之數較應收之數不相上下，亦聽其便。

一、燒鍋代收此項捐款，應分四季撥交各府州籌款分局。在各府州城不能無酒鋪，酒鋪即與燒鍋來往，故燒鍋得向酒鋪通融撥兌，以免解運之煩。

一、燒鍋按季撥兌，代收捐款，春季不得過五月半，夏季不得過八月半，秋季不得過十一月半，冬季不得過來年二月半。如過期尚未兌到分局，即由局行文地方官傳催。

一、燒鍋按季撥兌，代收捐款或銀或錢，悉聽其便。以錢易銀，悉照市價，錢交足數大錢，銀交庫平足銀。一切加平火耗，諸般雜費，總、分各局一概不取。

一、燒鍋倘有歇業，即將原領牌照繳銷。其應代收捐款，總、分各局均予隨時扣除，並無絲毫花費。惟不准名為歇業，實則隱匿私燒，如敢故違，查出從重罰究。

一、如有續開燒鍋，應令報局發給牌照。暫照附近燒鍋銷酒數目，注明捐款大數。如有不請牌照私自開燒者以私酒論，准同行稟揭發覺嚴究議罰。

一、門牌如被風日摧殘，准其呈請補領。執照或有失落，亦准取具同行保結，呈請補發。

一、燒鍋及販賣官酒之酒鋪，如有差役棍徒藉口漲價，混相爭擾，行使短數私錢，准其邀同地保稟局究辦。

一、燒鍋代收此項捐款，隨時由地方官及總、分各局委員暗訪明察，如果斤兩核實，統計一年收數較門牌執照內所填代收捐數，有盈無絀者，即由局為燒鍋經手人詳請功牌扁額，以示光寵。其設法隱漏，以多報少，就中侵蝕者，別經發覺，照所蝕之數加二十倍議罰。如罰款不交，一面將燒鍋爐封閉，一面將經理人由地方官押追，以儆效尤。

一、燒鍋代收捐款，係指填給門牌，發給執照以後而言。其未給牌照以前，燒鍋業已售出，而存於酒店、酒行，尚未售於民間者，為數顧亦不少，當給牌照時，業已明示加收酒捐，則酒店、酒行蠆存之酒，勢必藉口捐款加價銷售，若不查辦，轉使中飽，應於查辦

燒鍋時同時查辦。城市集鎮售酒之舖，除小本營生，薑存無多者，姑從寬免外，其舊存酒數在千斤以上者，亦應發給門牌，填明住址字號，實存斤重若干，應交捐款若干，此項陳酒限半年售竣，將捐款交清，或自交總、分各局或託燒鍋代撥，均聽其便。

一、酒店如因有收捐新章，輒將所存之酒向民間隱匿寄頓，希圖偷漏捐款者，自出示起，限三個月內，准莊長地方及鄰佑人等從實告官舉發，查實，將私酒全數充公，並將酒店及代存之戶各加十倍議罰，以本案罰款之二成，賞給告發之人，如所控虛誣，照例反坐。

一、既收酒捐以後，除崇文門稅課仍照舊完納外，其餘本省內地各關局長〔卡〕，均一律免徵釐稅。倘有官吏藉端需索留難，准該商指名控究，即將官吏需索之款，加二十倍追發該商。

一、酒行最多處，宜擇其銷數最多，行本殷實者派為董事。〔註28〕

經過袁世凱在直隸的大力推行，一年中菸酒兩稅收入銀80餘萬兩。朝廷將直隸燒鍋抽捐章程抄發各省仿照施行。光緒三十年（1905）五月二十五日，袁世凱在《經徵菸酒兩稅出力各員擇尤請獎摺》中寫道：「在事各員，均能仰體時艱，實力勸集，剔除積弊，涓滴歸公，一歲中計徵銀至八十餘萬兩，接濟軍需，實為直隸自來所僅見。查勸辦順直賑捐章程，集銀三萬兩者，准照異常勞績保獎一員，集銀六千兩者，准照尋常勞績保獎一員。夫勸令士民輸納銀兩，酬以實官，經手勸集者，尚復優加獎敘，今直隸勸辦菸酒兩稅，事屬創行，一無憑藉，而亦能集成鉅款，即照賑捐章程核計銀數請獎，已較勸集賑捐為難。」〔註29〕此後，直隸一省菸酒兩稅收入，定為每年銀80萬兩，「徵收及額，應即照案請獎」。〔註30〕然因銀貴錢賤，1903年徵制錢90萬千，折合銀80萬兩。此後行銅元之制，約1500文方折銀1兩，較之此前制錢1100文折銀1兩，貴出不少。故光緒三十二年（1906）袁世凱上奏，請求「變通辦理，改按原徵九十萬千之錢數作為定額，徵足此數，即為及額，

〔註28〕天津圖書館、天津社科院歷史研究所編：《袁世凱奏議》（中冊），天津古籍出版社，1987年版，第628～630頁。

〔註29〕天津圖書館、天津社科院歷史研究所編：《袁世凱奏議》（中冊），天津古籍出版社1987年版，第966～967頁。

〔註30〕天津圖書館、天津社科院歷史研究所編：《袁世凱奏議》（下冊），天津古籍出版社1987年版，第1164頁。

平時既便比較，年終亦即照此分別賞罰，匯案辦理，以期核實。」〔註31〕朱批「戶部議奏」。

　　然則清末菸酒稅制度之初步建構，各省情形不一。如貴州一省，有釐金局經徵的酒釐，縣知事經徵的酒稅，地方紳董經徵的酒捐。酒釐與百貨釐金混合抽收，宣統三年（1911）始單獨開列，當年預算僅 1900 餘兩。規定本產酒類中，每百斤茅酒（即茅臺酒）徵銀 1 兩，燒酒徵銀 1 錢，其他土酒徵銀 1 分。外省輸入貴州之酒類中，汾酒每百斤抽銀 4 錢，紹興酒和蘇酒每壇抽銀 2 分。酒稅「向附於百貨雜稅之內徵收」，「各屬未能一律舉辦，收數亦散漫難稽」。如大定（今貴州大方縣）、黔西、銅仁三地「徵收酒稅，單位以每百斤計者，或徵二錢四分，或徵一分。以每一挑計者，或徵一錢，或徵一分。」酒釐和酒稅收入相對較多，酒捐係「地方雜徵，不立經制」，故「為數極微」〔註32〕。

　　再如廣東省，清末有酒類釐金、酒甄牌費、酒捐報效等名目。除酒類釐金不斷加徵外，至宣統三年（1911）廣東禁止賭博，為籌劃賭餉抵補，將酒捐改行甄捐，每甄收捐 2 兩。「未幾，又將甄捐改為酒捐，土酒點飯核稅，每飯三埕作酒一埕，每埕徵銀二毫。……外省運入之土酒……均核定稅率，分別徵收。」酒稅由康濟公司承辦，全年認繳 140 萬餘元，是為酒稅「脫離釐金範圍而成為獨立稅收之始」〔註33〕。

　　從財政收入上言，菸酒稅整頓也頗著成效。黑龍江省巡撫周樹模在 1909 年奏稱：「近日東西各邦於酒醪一項，罔不增加稅率。良以酒為銷費之品，非民間日用所必需，故不惜寓禁於徵，以示防制。江省東荒一帶，燒商林立。從前僅就賣價抽收，每以轉售仍須納稅，商民既苦其煩，販運尤多阻礙，而稅局員司稽查不便。因之透漏甚多，私弊叢集，而公家所得乃反有名無實，權政因以日即窳壞。」〔註34〕其到任黑龍江巡撫後，財政無可再增，只有酒稅一道尚有增加整理餘地。故增收燒鍋出鍋統稅，每酒 1 斤徵收江平稅銀 1 分 1 釐，徵後無

〔註31〕天津圖書館、天津社科院歷史研究所編：《袁世凱奏議》（下冊），津古籍出版社 1987 年版，第 1295 頁。

〔註32〕程叔度、秦景阜總纂：《菸酒稅史》下冊第五章「菸酒稅」第十九節「貴州菸酒稅」，大東書局 1929 年版，第 1 頁。

〔註33〕余啟中編述：《廣東菸酒稅沿革》，「國立」中山大學出版部 1933 年版，第 22 頁。

〔註34〕《黑龍江巡撫周樹模奏江省整頓酒稅收款數目截期具報並請獎出力人員招》，《政治官報》1909 年第 750 號「招奏類」，第 14～15 頁。

論批發零售均不再重徵。外省運銷之酒，在第一道關卡徵收稅銀，其後亦不再徵收。試辦一年共收酒稅銀 15.7 萬餘兩。往年只能徵得錢 9000 餘弔，折算為制錢，較諸往常增加 8000 萬弔。吉林省菸酒加價自光緒三十二年（1906）起至是年六月底共收銀 38.4 萬餘兩，自三十二年七月（1906）至三十四年（1908）六月底菸酒加價兩項收銀 160.6 萬餘兩。〔註35〕浙江省 1902 年酒捐收入 261881 元又 10 千 640 文。〔註36〕菸酒稅整頓增加的收入彌補了地方財政的虧空，而且能大額繳送中央。然而各地情形不同，即便前引光緒皇帝上諭規定的攤繳數額，部分省份亦未能完成。如貴州派定的 6 萬兩，就沒有完成。〔註37〕一來貴州菸酒出產本就不多，二來地瘠民貧，捐稅徵收比較困難，當局難以執行。

　　酒稅加徵和攤派所帶來的問題也引起了徵收機關的注意，安徽鳳陽關在給布政司的公文中如是說道：「奉上諭：安徽等省每年各派菸酒兩稅額銀二十萬兩等因到關。查此項菸酒稅銀，鳳關雖亦常徵。而檢查歷屆所徵數目，從前按加八成徵稅，每年只三百餘兩。上年奉部飭加三成，按十一成徵收計，其成數實已無可再多，而覈其徵數，仍只五百六十餘兩。良以鳳關所設地段，只沿長、淮一帶地方，既非寬廣，而往來船隻載運菸酒兩項者，尤屬寥寥。縱使設法整頓，徵特商民避重就輕，勢必紛紛繞漏，將並舊日所徵者而無之。即幸而照常運行，如仍以成數遞加，雖加至百倍，約計每歲所入，亦不過五六千金。核諸奉派之數，仍屬無裨萬一。再四籌思，終非鳳關所能為力。」〔註38〕為了籌集庚子賠款，安徽攤得菸酒兩稅額銀 20 萬兩。鳳陽關酒稅稅率從 8 成加徵至 11 成，不可謂不重。關卡官員已經明白的意識到：無休止的加徵只能使商民避而遠之，對於稅收的增加不會帶來益處。河南省的情況與安徽有幾許相似：「河南奉派籌款四十萬，已奉明文。內二十萬仍出於菸酒兩項，由釐稅局主政。其餘二十萬，則五萬出於各州縣丁漕平餘內，又擬辦當捐、房捐、地捐，每價銀一兩徵銀三分，計可得銀十萬。餘五萬尚無著落。」〔註39〕河南菸酒兩

〔註35〕《度支部會奏議覆東督核減整頓菸酒加價保案摺》，《政治官報》1909 年第 795 號「摺奏類」，第 8 頁。

〔註36〕《浙江全省壬寅年房捐酒捐膏捐總數》，《浙江潮》1903 年第 9 期，第 159 頁。

〔註37〕貴州省地方志編纂委員會：《貴州省志·財政志》，貴州人民出版社 1993 年版，第 89 頁。

〔註38〕《安徽鳳陽關道移覆布政司加派菸酒稅文》，《東方雜誌》1904 年第 1 年第 1 期，第 174～175 頁。

〔註39〕《各省財政匯志》，《東方雜誌》1904 年第 1 年第 1 期，第 177 頁。

稅同樣攤得 20 萬兩，由釐稅局主持徵收，與安徽由各關卡徵收有別。

　　稅率不一，徵收方式各異，徵收機關也不劃一，使得晚清酒稅徵收弊病百出。正如日後學者所論：「酒捐等旋設旋廢，此絀彼興，皆無定額」〔註40〕。當時就有學者認為酒稅的開徵，是政府增加稅收的正當手段。酒稅「世界各國類行之，且為的確之大宗財源焉。以為此項物質，純供浪費。非若米薪鹽茶之必不可缺，非是則無以通有無贍生理。即令無之，而民生自遂。能永無之，而國民尤能氣雄體健。特其流既久，且為世界風習所趨，未能乍絕。儼與鹽茶等物，同為自然增加之財源，則重稅之，以為國家財用之資，兼足以厚民生、正風俗，亦政治家幾經研求而始行之者也。」然而「未嘗明布定章，而州縣之官，以多取為利。奉行之役，遂因緣以為奸，而擾民之政出焉！吏之取之也，未嘗按定律；民之輸之也，不視為正供。故取之於民者雖重，納之於縣者無多。是不能不歎息痛恨於徵稅之法也。」又因為酒類「各省均產，徵稅之法，辦理稍難，非行政機關完備，無從著手。」〔註41〕

　　亦如時人羅介夫（1880～1938）所觀察到的：「菸酒稅捐，在前清時代，因中央不甚注重，遂全然變為地方稅的狀況。清末，各省政府多以經費膨脹，無法應付，惟求之於菸酒稅捐。又因與對於其他一般租稅，同樣欲避加稅的非難，於是不增加稅率，而務增加稅目，極為繁多。」從稅目和徵稅性質上言，「有所謂曲稅，是為原料稅，有所謂菸葉稅、釀造稅等，是為出產稅，有所謂菸絲稅、菸刨捐、燒鍋課等，是為製造稅，有所謂釐金、關稅等，是為通過稅，有所謂買貨捐、門銷捐、坐賈捐、行賣捐等，是為營業稅，此外，更有所謂加價、加抽及各種附稅存在。」對菸酒所徵稅捐，一些省份甚至多達六七種。具體徵稅機關，也不一定，有「常關、釐金局、稅局、貨捐局」等等。課稅標準也不一律，「有以容器為標準者，有以貨量計算者，有以貨物品質良否比較者，有以交易額多寡推定者，有依據製造器具或賣價及商店情形者。」各地徵收方法也不相同，「有官廳直接徵收者，有歸商人包辦納付者，有依印花貼付者」。因此各地稅率「差異甚巨，紊亂錯雜，不可名狀」〔註42〕。清末酒類稅捐徵收之複雜情形，略如表 2-1 所示。

〔註40〕徐式圭：《中國財政史略》，商務印書館 1926 年版，第 100 頁。
〔註41〕周棠：《中國財政論綱》，吉田印刷所 1911 年版，第 273 頁。
〔註42〕羅介夫：《中國財政問題》，太平洋書店 1933 年版，第 244 頁。

表 2-1　清末各省酒類稅捐徵收情形

地　區	稅　目	性　質	稅　率
北平	銷場稅	崇文門稅	
河北	菸酒稅	出產稅及移入稅	燒鍋稅、菸酒釐每擔 2 元 5 角
遼寧	菸酒稅	出產稅及移入稅	外國產菸捲捐從價 11%
吉林	酒稅、燒鍋稅		11%
黑龍江	菸酒稅		30%
河南	酒斤稅		每百斤 1 元 6 角
山東	菸酒稅	出產稅及移入稅	35%
福建	菸酒稅	出產稅及移入稅	10%
浙江	菸酒稅	出產稅及移入稅	每百斤 11 元 2 角 3 分
江蘇	門銷捐、通過稅（寧屬），出產稅、銷場稅（蘇屬）		8%
安徽	出產稅（本產）、銷場稅（輸入）		20%
江西	統稅（本產及移入品）、製造稅		5%
湖南	菸酒釐、菸酒稅		15%
湖北	菸酒稅	出產稅及移入稅	每斤 8 文
山西	菸酒釐、菸酒稅		每斤 10 文
陝西	酒斤稅、菸酒釐、造場稅、統捐		10%
廣東	出產酒稅、酒釐、移入酒稅		12%
廣西	酒類稅		11%
四川	菸酒出產稅、菸酒移入稅		11%
雲南	菸酒稅、菸酒釐	土產品及移入品	11%
貴州	菸酒釐、菸酒捐、造酒稅、造酒執照費		11%
甘肅	菸酒類統捐		10%
察哈爾	酒稅、燒鍋稅		20%
熱河	菸酒稅	出產稅、移入稅	每百斤 200 文
綏遠	菸酒稅	出產稅、移入稅	20%

資料來源：羅介夫：《中國財政問題》，太平洋書店 1933 年版，第 245～246 頁。

第四節　晚清酒稅制度建構的思想基礎

有研究者注意到，晚清「主張增加稅率，提高酒價，以採寓禁於徵的政策課徵酒稅」〔註43〕。與清初相比，晚清酒稅確實有加重的趨勢。

清朝前期對於酒類的管理，主要體現在禁酒之策的推行上，乾隆朝的禁酒政策甚至引起了廣泛的爭論。〔註44〕其後酒禁政策逐漸放開，改行徵稅之制。清雍正五年（1727）課徵酒稅，規定上戶每月稅銀1錢5分，中戶1錢，下戶8分，稅率較低。後逐漸開放酒禁，乾隆二十二年（1757）令地方官對酒商核發執照，徵收酤稅。乾隆四十五年（1780）淮北新關徵收酒稅舊例，酒十缸（約計200斤）稅銀2分。嘉慶十九年（1814）崇文門稅課，燒酒每10斤改徵銀1分8釐，南海每小壇改徵銀1分9釐。道光二年（1822）易州昌平城燒酒每車作為60斤，連平餘徵銀14兩4錢。大壇紹興酒按照麻姑酒之例，徵銀4分8釐。〔註45〕總之，清代前期的酒稅稅率較低，收入不多。

清朝末年，由於軍費和賠款的需要，政府不得不加緊尋找新的稅源，酒稅成為朝廷歲入的大宗，部分解決軍餉和賠款籌措的問題。〔註46〕咸豐七年（1857），奏准吉林燒商交納票錢，飭令原額108000串，在39家燒商中勻攤。嗣後有新開設者，需納錢2769串。同治七年（1868），議准吉林省燒鍋稅銀加阿勒楚喀等三城額票13張，每張交銀500兩，按年徵銀6500兩。五常堡新開燒鍋5家，每家交銀200兩，按年徵銀1000兩。寧古塔燒鍋原額徵銀12000串，每年以1萬串為額。〔註47〕在逐漸加徵的過程中，形成了酒稅、酒釐、酒捐及其他雜項並徵的局面。清末酒稅加重，除了有現實的財政需求外，「寓禁於徵」「加重酒稅」的思想趨向較為盛行。

包世臣（1775～1855）認為，「古之用酒有三，以成禮，以養老，以養病，非此而用酒，則謂之荒湎」。其自言往來於江蘇、浙江、山東、河南等地，「見荒郊野巷，莫非酒店，切倚悲歌，莫非醉民」，方歎「周公立法不為過當」。蘇州府「五年耕而餘二年之食」，然無論豐歉，外地運入之米糧不下數百萬石。何也？「良由糟坊沽於市，士庶釀於家，本地所產耗於酒者大半故也。」蘇州

〔註43〕陳秀夔：《中國財政史》，正中書局1977年版，第600頁。

〔註44〕周全霞：《清康雍乾時期的酒政與糧食安全》，《湖北社會科學》2010年第7期。

〔註45〕王志端主編：《中國賦稅史》，中國財政經濟出版社1998年版，第176頁。

〔註46〕肖俊生：《晚清酒稅政策的演變論析》，《社會科學輯刊》2008年第3期。

〔註47〕劉錦藻：《清朝續文獻通考》卷四十一「徵榷考十三榷酤」，商務印書館1936年版，第7955頁。

一府，向稱富庶，然其米糧卻要依賴外地之輸入。是故包世臣言道：「蘇州之
稠密甲於天下，若不受酒害，則其所產之穀，且足養而有餘，其他地廣人稀之
所可知。所謂酒耗穀於明者，其弊如此。」〔註48〕包世臣此論，在當時影響甚
廣，頗能代表時人對酒的看法。釀酒消耗糧穀甚巨，若能減輕或擯除「酒害」，
則所節省之糧穀，得充民人口糧。其後，無論是主張禁酒者，還是主張加重酒
稅、寓禁於徵者，均以包世臣此論為主要依據。

清光緒三年（1877）年十二月十八日，李鴻章上《禁止燒鍋片》，言直隸
因「秋成歉薄」，且「耗費太甚」，以致「糧價增昂」。直隸燒鍋千餘家，每日
需用高粱 2 萬餘石。以每人每天食量 1 升計算，燒鍋釀造一日消耗之糧食，
「已占二百數十萬人之食」。「境內及外來之糧，往往被其購用，遂致民食缺乏。
雖招徠遠近商販，源源運耀，價不能平。」李鴻章認為，「酒可終年不用，日
不再食則饑」，燒鍋每年繳納之課銀不過 3 萬餘兩，「所益於庫款者有限，而占
奪窮民口糧，貽害於閭閻者實深」。故其奏請「凡直順各屬燒鍋，自明年正月
起，暫行停燒，以濟民食。俟秋成豐稔後，仍准開燒，依舊納稅。」禁期內，
「倘有限內私燒，照例治罪。並通飭地方官秉公查察，不准胥役得規包庇，或
藉端擾索，違則從嚴參辦，分別重懲。」〔註49〕李鴻章在直隸的禁酒之策，並
未能得以長期推行。亦與歷史上酒禁的命運相似，禁酒禁曲「未曾運用稅收手
段從利益上加以干預，」故其「可以收效於一時一地，卻不可能維持於永
久，……從根本上解決極為嚴重的糧食問題」〔註50〕。

故清末思想家和實務家在關注酒類問題時，摒棄禁酒之策，改行加重酒稅
的思想較為流行。如思想家馮桂芬（1809～1874），就尤其反對禁酒之議，提
倡加重酒稅。在《重酒酤議》中，馮桂芬寫道：乾隆年間「嘗嚴酒禁」。孫嘉
淦奏罷之疏中言，「直隸省一年中被繫者千數百人，不勝其株累，而釀酤如故。」
世宗朝「當鼎盛之時，整齊嚴肅，中外孚若，宜可以令行禁止，然而不能禁。」
為何令行而禁不止，雖大刑加身，而「釀酤如故」？馮桂芬解釋道：「大凡民
間日用飲食，起居貿易，一切細故，相沿已久。習為故常者，一旦欲反之，雖
臨之以天子之尊，威之以大辟之重，亦終於不行。」那麼，最為現實和可行的
解決之法是什麼呢？馮桂芬認為，酒「止宜重酤以困之。釐捐本抽百分之一，

〔註48〕〔清〕包世臣：《郡縣農政》，王毓瑚點校，農業出版社 1962 年版，第 53～54 頁。
〔註49〕〔清〕李鴻章：《禁止燒鍋片》，見《李鴻章全集7》「奏議七」，安徽教育出版
社 2008 年版，第 521 頁。
〔註50〕范金民：《清代禁酒禁曲的考察》，《中國經濟史研究》1992 年第 3 期。

獨酒可令頓酤十之、零酤二十之。舞弊倍其罰，經三四釐捐，而酒值倍矣。使貧者不能不節飲，尤貧者不能不止飲。且得減釀一分，即多若干米，亦即多活若干人，有利無弊者也。至收捐有效，宜量減五穀、棉布之捐。尤宜廣戒飲之諭，加酗酒之律，宴饗之事為之節制，沉湎之人，勿登薦剡。使天下曉然知上意之所在，庶其有瘳乎。」〔註51〕

稍晚於馮桂芬的金文榜，鮮明的提出了加重酒稅的思想。他認為，「軍興後釐捐一款，亦以酒為巨項」，然「釐捐斷不能久」。他提倡「別立章程，重其稅，一其例，嚴其禁，破格行之，於籌費中兼寓節流之意」。其立意在於：其一，重其榷酤之稅，能夠節省米糧消耗。「酒為禍泉，天下之至可省者也」，「造酒家上品用糯米，次用粳米，又其次用碎米，或另造小酒則用麥。……暴殄天物，莫甚於此。」加重酒稅，「病商反可以利民。蓋稅重則價必貴，價貴則售必滯，售滯則釀必稀，釀稀則米之耗費少而存積多矣」。其二，加重酒稅能抑製酒類產出，增加積貯以防災荒。產米之區「耗於造酒者，其數浩繁。以西南鄉橫金一處而論，方二十里，共七十餘圖。道光年間，有橫一萬之謠，言日出燒酒一萬斤也。況春冬大酒之數，十倍於燒酒。核計歲耗米麥，附郭各鄉，總不下數十萬石。大兵之後，荒歉可虞，窮民安得不饑。今以重稅困之，隱然勸其蓄積數十萬石為防荒計。」其三，加重酒稅，減少酒類消費，對社會有積極影響。「酒能改性，一切作奸犯科之事，遇酒則狂。物罕見珍，不能多得，人各安靜，可以省無數獄訟。」其四，加重酒稅，能使民人安於生產。「鄉民造酒為業者，恒以己田雇人代耕，是以田事鹵莽，收穫無多。酒稅既重，其業必減，橫金等處，可省出一半人工，專心務農。」〔註52〕

劉錦藻（1862～1934）《清朝續文獻通考》「榷酤」一節的內容編排及按語，亦頗體現了當時較為流行的觀點。在「榷酤」一節之首，劉錦藻開宗明義寫道：「臣謹按：酒禁之嚴，由來舊已。周禮萍氏且設專官以董之。迄漢武天漢三年始以榷酤著為令。本朝康乾時亦屢嚴諭禁，旋即停罷。良以酒之為物，既以成禮，亦復合歡，人情所不能止者，聖人弗禁。於焉榷之，用佐歲入，猶周官戒群飲之意耳。」〔註53〕記載光緒四年（1878）李鴻章奏請暫禁

〔註51〕馮桂芬：《校邠廬抗議》，上海書店出版社2002年版，第73～74頁。
〔註52〕劉錦藻：《清朝續文獻通考》卷四十一「微榷考十三榷酤」，商務印書館1936年版，第7957頁。
〔註53〕劉錦藻：《清朝續文獻通考》卷四十一「微榷考十三榷酤」，商務印書館1936年版，第7955頁。

燒鍋時，劉錦藻在按語中回顧了乾隆朝禁酒之情形，言「其時際國家全盛，禁且不易，況季世乎？」〔註54〕隨即抄錄馮桂芬《重酒酤議》和金文榜《榷酤說》，其反對酒禁，贊同榷酤之意極為顯明。在另一處按語中，劉錦藻如是寫道：南宋「以江南半壁克強敵者，賴此耳。蓋酒為嗜好之物，非日用所必需，多取之不為虐。今者菸酒並稱，方恃為歲入大宗，累增無藝，豈寓禁於徵乎？」〔註55〕劉錦藻還寫道：「我朝立法寬大，不多取於民。酒榷亦屢弛禁。光緒末年，新政繁糜，諸臣以搜括重斂為能，內外一致，可勝慨歎！」〔註56〕在此，劉錦藻反對一味禁酒，提倡榷酤增加收入以佐國用，但對清末之酒榷加徵，持些許保留意見。

晚清民國之交，上海商學公會致書全國商會倡議廢止釐金常關，尤其言及加重酒稅以裕稅收問題。「吾國酒價廉於外國之味薄者，猶三與一之比。視其味厚者，乃低至五六倍七八倍十數倍不等。雖倍徵之，猶足以相敵。吾國人之嗜飲者，恒喜食中國酒，而不喜食洋酒。雖昂其值，猶不至於昵就外物。日本酒稅歲入七千餘萬，以吾國人口計當八九倍。就令吾國釀造者不如彼之多，嗜酒者不如彼之甚，因是酒稅率亦不能如彼之高。則且假定其率為下於日本四倍，如日本酒每斤徵稅八分，吾但徵二分，人口則多於日本八倍，稅率則輕於日本四倍。折算猶當二倍，可一萬四千餘萬。至其增收之法，亦不必待機關之完備，但就舊法，稍稍加密，亦足以集事。舊法，酒稅多令其同業承包。每年一縣中業酒者若干家，承包酒稅若干兩，而每家釀酒若干石，每石定率徵稅若干文。一切不問，亦不立何等科則，故收入甚微。今仿日本酒業組合擔保酒稅之例，仍用同業承包之法，而稍重其稅率，尚可得大宗收入。就現在酒價每斤增二分，尚視外國酒為廉，此國內稅可以增加之理由。」〔註57〕

王振先在研究中國裁釐加稅問題時言道：「吾國百稅皆重，而酒稅獨輕。查有釀酒一石，只徵銀三分者，每斤尚不足制錢一文。日本每石徵銀八元五角，每斤徵銀八分五釐。以視吾國，乃重至百數十倍，而彼中釀造者及嗜酒家，不

〔註54〕劉錦藻：《清朝續文獻通考》卷四十一「徵榷考十三榷酤」，商務印書館1936年版，第7956頁。

〔註55〕劉錦藻：《清朝續文獻通考》卷四十一「徵榷考十三榷酤」，商務印書館1936年版，第7958頁。

〔註56〕劉錦藻：《清朝續文獻通考》卷四十一「徵榷考十三榷酤」，商務印書館1936年版，第7959頁。

〔註57〕王振先：《中國釐金問題》，商務印書館1917年版，第84～85頁。

言其苛暴。蓋酒類不僅為嗜好品,而非必需品,且有害人體之健康,寓禁於徵,不至於增人民之苦痛。又酒類消費之範圍廣,嗜好不易變遷,故可得多類之收入,而較有伸縮力。」〔註58〕其言明治四十四年(1911),日本酒稅收入達7600餘萬。日本人口遠少於中國,其酒稅之收入較中國為高。在比較日本和英、法等國酒稅稅率和收數後,王振先言道:「誠能於酒稅中,善為整頓,亦足以資抵補,尚有剩餘」〔註59〕。雖則其關注酒稅問題,是從裁釐加稅著眼,但也頗說明時人對這一問題的看法。面對釐金裁撤後所需列支的支出項目,可加重酒稅以尋得解決之法。

第五節　本章小結

有清一代,除乾隆朝曾在較大區域範圍內行禁酒之策外,大多數時候酒類稅率較輕。正如財政史家周伯棣(1900~1982)所言:「清代的酒稅是輕微的,輕稅對於統治階級有利,對於大多數人民則受惠不多,因為人民對酒的消費較少,酒大都是統治階級所享受。」〔註60〕拋開「統治階級／大多數人民」這一對立分析立場的侷限,其清代酒稅較輕的論斷是符合實際的。以致鴉片戰爭後,來華英國傳教士哥伯播義(Robert Henry Cobbold,1820~1893)仍觀察到:「中國是個飲酒很有節制的國家:儘管中國的酒品物美價廉,國家免徵稅收,酒的生產和銷售也沒有受到任何限制」。〔註61〕其時,為了應對財政危局,江浙一帶,已廣行釐金徵收之策。但若從性質上言,釐金只算是一種地方稅種,尚未上升到全國統一標準和稅率徵收的高度,此或是哥伯播義言中國酒類「國家免徵稅收」的因由。及至清末,酒稅徵收發生了較大變化,在思想界普遍流行「加重酒稅」「寓禁於徵」的觀點。有論者已經注意到,「重稅論迭起,未始不是在為當時的重稅高價政策作辯護」。對酒重其稅高其價,「是由稅酒向榷酒過渡的中間形式」,「實際上已形成一種新的政策」。〔註62〕清末加重酒稅的政策,「把大部分酒利轉歸國家之手,以彌補財政

〔註58〕 王振先:《中國釐金問題》,商務印書館1917年版,第101頁。
〔註59〕 王振先:《中國釐金問題》,商務印書館1917年版,第102頁。
〔註60〕 周伯棣:《中國財政史》,上海人民出版社1981年版,第439頁。
〔註61〕 〔英〕哥伯播義:《市井圖景裏的中國人》,劉犇、邢鋒萍譯,學林出版社2017年版,第57頁。
〔註62〕 商業部商業經濟研究所《中國的酒類專賣》編寫組:《中國的酒類專賣》,中國商業出版社1982年版,第161頁。

虧空」，可說是「由稅酒向專賣過渡的中間形式，為民國實行酒類專賣法奠定了基礎」。〔註63〕

〔註63〕薛軍主編：《中國酒政》，四川人民出版社 1992 年版，第 17 頁。

第三章　民國時期酒稅制度（1912～1928）

1911 年的辛亥革命，催生了中國歷史上第一個民主共和制政權：南京臨時政府。1912 年清帝退位後，南京臨時政府解散，相關權力機構遷往北京，以袁世凱為首的實權人物掌控政權，史稱北京政府。北京政府時期（1912～1928），酒稅制度出現了一些前所未有的變化，初步顯現了制度化、系統化的發展趨勢。民國初年，中國釀酒業有了一定的發展。據農商部調查，民國元年（1912）全國從事釀酒業者有 82052 戶，從業人員 695468 人，這樣龐大的直接從業人員在今日看來亦不容小覷。全年產量 18063040259 斤 490 壇 34300 打，價值 949497477 元。其中黃酒年產 1753969753 斤又 240 壇，價值 10994652 元；燒酒 9206524007 斤，價值 385026146 元；高粱酒 6742702871 斤，價值 505966556 元；果子酒 1473116 斤又 13550 打，價值 717781 元；藥酒 1862692 斤又 250 壇，價值 705249 元；其他酒類 356507820 斤又 20750 打，價值 46087093 元。〔註1〕釀酒業的發展，給亟需打開財政困局的北京政府提供了不可多得的稅源。

第一節　民國初年酒稅徵收亂象

民國初年，酒稅徵收和管理沿用舊法，與清末並無二致。曾參與酒稅制度設計和施行的李恩藻意識到，「我國菸酒稅種類多而名目雜，其性質又多不明

〔註1〕 農商部總務廳統計科編纂：《中華民國元年第一次農商統計表》（上卷），中華書局 1914 年版，第 36～39 頁。

瞭。若欲順序排列以冀成一完全之統系，戛戛乎其難之矣。誠以各種稅名，多無定義之可尋。而其名詞範圍，非之失於廣，即之失於狹，牽強之既與事實不合，聯絡之又覺各不相容。蓋名目雜糅，種類自難確定。」故其在撰著《菸酒稅法提綱》時，也只能就「各稅之名義近是者並為一類」〔註2〕。

縱觀當時所徵之酒稅，其名目有如下諸種。1. 出入口稅，如外國酒類之輸入和國產酒類之輸出時繳納的關稅。2. 出產稅，如釀造稅（又名酒稅、統稅），山東按發酵池、福建按埕抽收。3. 特許稅，如廣東、安徽、湖北等省的燒鍋課，此為針對酒類製造徵稅；又有針對販賣環節所徵稅者，如各省推行的牌照稅等；各省通行的酒捐，按照酒鋪抽收；缸照捐，按各酒鋪之缸照稽徵，也可歸入特許販賣的範疇。4. 通過稅，如釐金、常關稅，各省均有，而以東南各地為最。5. 銷場稅，有賣錢捐、買貨捐、門銷捐、坐賈捐等，吉林、黑龍江兩省就徵收買貨捐、賣錢捐。6. 原料稅，如各省所行的麯稅。7. 加價，即在稅額徵收之外再行加價抽收，福建省及其他多數省份均有。8. 落地稅，外國酒類輸入內地，或外省輸入本省酒類，其運抵銷地時徵收。〔註3〕前述各種稅目，「多有為此省所有而彼省所無者，有同一菸酒在甲省課以前列數種稅而在乙省僅課以一二種稅者，辦法至不其〔齊〕一，稅則亦復參差。積習相沿，已非一日。是非特土貨與外貨之納稅不能相提並論，且此省土貨與彼省土貨，其納稅之多寡亦不能比例以觀。」〔註4〕吳兆莘稱其「隨地立法，極為煩雜」〔註5〕，誠為確論。

酒稅徵收機關，也極不劃一。「我國徵收國稅，既無根本法以為之基。關於菸酒稅之徵收，亦復無整齊劃一之章制。因之各省自為風氣，訂立專章。此省與彼省既殊，甲地與乙地又異。紛紜錯雜，相沿於今。以故各省徵收機關，亦復隨地而異。」〔註6〕具體說來，有海關、常關、釐局、稅局、貨捐局、縣知事等。其中海關徵收出入口稅，權限尚算分明。而常關、釐局、貨捐局等，雖為性質明確的徵收機關，往往代行其他徵收機關職責。縣知事代徵酒稅，常責令商會或酒業商董按年包繳。徵收機關的繁複，導致無人負責，且賄賂或侵蝕之弊盛行。由是酒稅徵收過程中產生種種其他弊病，最終導致政府收入不見增加，而商民負擔卻反而加重。「斯固辦法之不良為其主因，而徵收機關之不

〔註2〕 李恩藻：《菸酒稅法提綱》，北京琉璃廠萬成齋南紙鋪 1916 年版，第 2 頁。
〔註3〕 李恩藻：《菸酒稅法提綱》，北京琉璃廠萬成齋南紙鋪 1916 年版，第 2～5 頁。
〔註4〕 李恩藻：《菸酒稅法提綱》，北京琉璃廠萬成齋南紙鋪 1916 年版，第 4 頁。
〔註5〕 吳兆莘：《中國稅制史》（下），商務印書館 1937 年版，第 266～267 頁。
〔註6〕 李恩藻：《菸酒稅法提綱》，北京琉璃廠萬成齋南紙鋪 1916 年版，第 6 頁。

劃一，尤屬主因中之主因也。」〔註7〕

　　酒稅徵收稅率和徵收標準，亦千差萬別。「菸酒稅之稅率，本為重要問題。稅率應百分率計算，亦屬通例。惟各省現行之菸酒稅率，輕重多寡各不相同，於此若問以全國菸酒稅究係值百抽幾，必無一人能為明白之答覆者。此誠為今日整理菸酒稅之一困難原因也。夫稅率不能為簡捷之說明，實因各省釐定稅率，多無一定之標準。故其現象雖成為稅率之歧異，而其實際則由於標準之各殊。」〔註8〕各省酒稅徵收，有以容器為標準，按罐、缸、簍徵稅者；有以貨量為標準，如1斤酒或百斤酒徵收若干者；有以貨色高低為標準，如上等酒每百斤、下等酒每百斤分別徵稅若干者；有以進貨賣錢之多寡為標準，如每月按商鋪結算之數目徵稅若干者；有以製造器具為標準，如釀酒每一筒徵稅若干者；有以商鋪為標準，如每一酒鋪徵稅若干者；有以售價為標準者，如每斤酒按原價加價若干文以代稅者。〔註9〕

　　在具體徵收過程中，「或以銀計，或以洋計，或以錢計。因利就便，尤為極不整齊。」〔註10〕錢、洋、銀並用，其間的換算問題更加劇了酒稅徵收的複雜程度。稅目繁複、稅率不一、經徵機關互異、徵稅標準不一、酒稅繳納貨幣不一，諸多問題相互交織，不僅妨礙了釀酒業的進一步發展，也嚴重影響到了政府的實際收入。

　　時人已經注意到了繁複的酒稅之後隱藏的問題。酒稅雖然名目繁多，若從稅率來講卻不算太重。《財政淵鑒》如此評論道：「各國酒類皆重稅，吾國獨否，此甚可怪也。」作者將中國酒稅同各國酒稅相比較，得出的結論是中國酒稅遠較他國為輕。日本人口及酒類消費不及中國，而其酒稅收入卻是中國的數倍。難怪作者會用「甚可怪也」數字來描述中國酒稅。作者繼續寫道：「吾國百物皆有稅，稅之輕重，多不以其道，世多苦之。獨酒價之廉為世界最，國家對於釀造者煦嫗之如此其深，對於嗜飲者體恤之惟恐不至，而莫知其所以然之故，此甚可怪者也。」〔註11〕在將酒稅同百貨稅相較，以為其他稅收多不得其法，

〔註7〕李恩藻：《菸酒稅法提綱》，北京琉璃廠萬成齋南紙鋪1916年版，第7頁。

〔註8〕李恩藻：《菸酒稅法提綱》，北京琉璃廠萬成齋南紙鋪1916年版，第8頁。

〔註9〕李恩藻：《菸酒稅法提綱》，北京琉璃廠萬成齋南紙鋪1916年版，第8～10頁。

〔註10〕程叔度、秦景阜總纂：《菸酒稅史》下冊第五章「菸酒稅」第一節「概說」，大東書局1929年版，第1頁。

〔註11〕孟昭常、湯一鶚、過耀根等：《財政淵鑒》（上冊），中華書局1917年版，第461頁。

而酒稅反而很輕。作者以為是對於釀造者和飲用者的體恤，又為一可怪的現象。針對這種情況，他們認為應該對酒類課以重稅，其理由有：一、「酒類不僅為嗜好品，而非必需品，且生理上反有害於人體之健康。故課之以稅，亦不至增人民之苦痛。」二、「酒類不問社會之文野，皆為人類一般嗜好之飲料，而其消費之範圍廣。故課稅則國庫得多額之收入。」三、「酒類雖為一種之嗜好品，而不因嗜好之變遷減少或杜絕其消費。徵之過去之事，實極為明瞭。故適於賦課重稅，為較有伸縮力之財源。」〔註12〕

釀酒業的發展和酒稅制度的紊亂，使北京政府開始考慮對酒稅加以改革。民國財政制度上「有一點最宜注意者，即民國承襲清代遺習，中央無固定收入。一旦中央不能集權時，各省財政乃漸趨獨立，地方扣留中央稅款，幾為常事。當時賴以維持者，除關鹽兩稅外，全視借債度日為唯一法門。」〔註13〕其實作者尚未注意到，他所視為民國政府賴以維持的關鹽兩稅，關稅固然一直掌握在外人手中，就是鹽稅也因為貸款抵押而為外人掌控。收支嚴重失衡，向政府財政制度設計提出了新的要求，尋找新的稅源並改進徵收制度成了必然的選擇，對酒類稅收管理的改進成為一項重要的工作內容。

曾參與北京政府酒稅制度改革的顧澄認識到，舊的酒稅制度造成了不良的社會後果。其一是「商業日困，漏稅日多」；其二是「吏弊日滋，吏德日壞」；其三是「稅源日減，國用日絀」。針對這一現狀，他提出了改良酒稅的基本原則：第一，化繁為簡，劃一稅法；第二，只徵產銷稅不徵通過稅；第三，嚴定簿據，剔除中飽；第四，輕稅重罰，杜絕漏稅。〔註14〕這也是北京政府改革菸酒稅收制度的基本意圖。民國初年，財政部對酒類管理進行了一系列的改革，這主要體現在將酒稅列入國家財政預算、改進酒稅徵收管理、新徵菸酒營業特許牌照稅和實行菸酒公賣制度上。

第二節　酒稅列入國家預算及特許牌照稅的開徵

民國初年的酒稅改革，首先體現在將酒稅收入列入國家財政預算上。我國財政預算決算制度，起源於清末。光緒末年，政府以籌備憲政之需，注意清理

〔註12〕孟昭常、湯一鶚、過耀根等：《財政淵鑒》（上冊），第 463 頁。
〔註13〕葉元龍：《中國財政問題》，商務印書館1937 年版，第 6～7 頁。
〔註14〕顧澄：《籌辦菸酒公賣之經歷》，著者自刊，1918 年版，第 11～17 頁。

財政，並著手編制收支存儲錢糧各項表冊，可視為預算之先聲。宣統二年（1910），清廷正式頒行預算通式及例言，編成宣統三年（1911）預算，是為中國編制財政預算之始。〔註15〕1911年編成宣統四年（1912）財政預算，將菸酒稅、菸酒捐作為主要財政收入項目列入預算，其中菸酒稅銀6288601元，菸酒捐銀2751804元。

　　民國肇建，沿用前清編制的宣統四年預算。其後，國民政府每年均編制財政預算，並將菸酒稅捐繼續列入。如民國二年（1913）預算，菸酒糖稅10250842元，菸酒特許牌照稅2705000元，菸酒捐1745561元。1914年的預算為菸酒稅9550321元，菸酒捐1184187元。1915年為菸酒捐1346150元，酒稅7085163元，菸酒牌照稅2012852元，菸酒稅增收4043400元，公賣局收入11680000元。〔註16〕雖然所列徵稅項目屢有變遷，酒類稅捐或單獨開列，或與菸糖等項合併，但其在財政收入中已逐漸佔據重要的位置。將酒稅作為重要項目列入預算，充分說明了政府對酒稅的重視，表明政府力圖將酒稅的徵收納入國家財政運行軌道。

　　為了加強酒稅徵收管理，財政部於1914年8月制發各種表式，通令各省財政廳將酒類產銷情形及成本稅率情況調查填報。11月，又設立雜稅整理處，籌劃增加菸酒稅收入。1915年2月，通令全國增加酒稅：黃酒稅率每百斤不得少於0.8元，燒酒每百斤不得少於1.5元，果酒、藥酒每百斤不得少於2元。至此，各地徵收酒稅有了較為劃一的標準。3月，財政部奉大總統袁世凱發交財政討論會擬呈《整理酒稅章程》29條，由財政部通令各省財政廳參酌辦理。其要點為釀酒必須取得許可，領取執照方准開釀；並將各省原有各項酒類稅捐歸併計算，酌量加徵，一次性徵收；酒稅改用銀洋計算，各徵收機關一仍其舊。〔註17〕此舉便於政府掌握酒類生產情形，在將原有各酒類捐稅統一在「菸酒稅」的名目之下以實洋徵收，利於酒稅的徵收與管理。

　　此外，民初酒類管理制度變革，還體現在特許牌照稅的開徵上。1914年1月，財政部公布《販賣菸酒特許牌照稅條例》《販賣菸酒特許牌照稅條例施行細則》，向經營酒業的批發商和零售商徵收營業稅性質的菸酒特許牌照稅。

〔註15〕尹文敬：《財政學》，商務印書館1935年版，第542頁。

〔註16〕賈士毅：《民國財政史》（下冊）附錄，商務印書館1917年版，第3～57頁。

〔註17〕程叔度、秦景陽總纂：《菸酒稅史》下冊第五章「菸酒稅」第一節「概說」，大東書局1929年版，第1～2頁。

〔註18〕酒類營業分為整賣營業（從事大宗批發給零售商人者）與零賣營業（零星出售給消費者）。零賣營業分為如下三種：甲種零賣營業，即開設一定的店肆，以零賣酒類為全部或大部分營業者；乙種零賣營業，即開設固定的他種店肆，兼營零賣酒類的；丙種零賣營業，即沒有一定的店肆，在道旁或沿戶零賣酒類的。凡是從事酒類整賣或零賣的，都必須在相應機關申領牌照，方能營業。販賣菸酒特許牌照由財政部刊刷式樣，頒發各省國稅廳照式印刷編號，加蓋關防轉發各地方經徵局署應用。各地方經徵局署由國稅廳就原有稅局分配，每縣指定一處，沒有特設稅局者，委託縣知事署代辦，並報財政部查核。京師由財政部委託直轄徵收官署辦理。申領販賣菸酒特許牌照者應赴相關經徵局署填具申請書並繳納牌照稅，主管機關在發證時應加蓋某縣稅局或縣知事署發給等字樣。補發、更換或注銷牌照者，亦須赴主管機關填具申請繳納規費。領有牌照者每屆繳稅期限，應赴相應經徵局署納稅並更換新照。〔註19〕

　　領有牌照者每年需定額納稅，整賣營業 40 元，甲種零賣營業 16 元，乙種零賣營業 8 元，丙種零賣營業 4 元。兼營整賣或兼賣菸草與酒類的，需分別領取兩種特許牌照並依定額納稅。納稅每年分兩期完納，以 1 月和 7 月為納稅期。領取特許牌照後，須在店肆中明記整賣或零賣字樣、申領年月日及號數，丙種特許牌照也必須標在明見之處。特許牌照不得轉賣、出讓或借用，遺失或污損時，得申明理由呈請徵稅官署補發，並繳費銀 2 角。停業時須將特許牌照繳回發照機關，報國稅廳注銷。各地方經徵機關每期經徵稅銀，應於次月解交國稅廳，由國稅廳匯解財政部核收。新營業者所繳稅銀，在次月連同名冊交國稅廳解財政部核收，各經徵局署在解送稅銀時應造具營業名冊連同存根上交。〔註20〕

　　徵稅官吏在認為必要時，可檢查營業者之牌照，無牌照經營者除補繳稅款領取證照外，初犯者處以 1 期稅額 3 倍罰金，累犯者處以全年稅額 3 倍罰金，三犯者不得再從事酒類營業。兼營整賣或零賣、或兼營菸草或酒類只領有一種牌照者，以違法論處。不在店肆中明記整賣或零賣字樣、申領年月日及號數或拒絕官吏檢查者，處 1 元以上 30 元以下罰金；轉賣、出讓或借用酒類特許營

〔註18〕楊汝梅：《民國財政論》，商務印書館 1927 年版，第 52 頁。

〔註19〕商務印書館編譯所編輯：《中華民國法令大全》（增補再版）第六類「財政」，商務印書館 1915 年版，第 37～38 頁。

〔註20〕商務印書館編譯所編輯：《中華民國法令大全》（增補再版）第六類「財政」，第 38～39 頁。

業牌照的，處 2 元以上 20 元以下罰金。在條例施行前所徵收的各種菸酒稅，和本條例所定之稅收性質相牴觸者，仍然有效。條例施行前即已從事酒類整賣或零賣者，須領取特許牌照。對違反《販賣菸酒特許牌照稅條例》者處以罰金時，應下發通告書，並應填給罰金收據。請領牌照申請書、補領牌照申請書、更換牌照申請書、繳還牌照申請書、罰金通告書、罰金收據，由財政部頒發定式、各省國稅廳刊刷交地方經徵局署應用。〔註21〕

1914 年 7 月，財政部將《販賣菸酒特許牌照稅條例施行細則》加以修正，規定請領牌照時應填具營業種類、地點以及其住所、居所、姓名、牌號名稱等信息，二人以上共同營業的需聯名提出申請。領取牌照後，欲將酒類運他地銷售者，需赴主管機關換照，無固定店肆的營業者變更居所時應申請備案，繼承營業、停業等情形均應報主管機關登記。在 6 月以前開業的納全年稅金，7 月以後開業者納半年稅金；6 月以前停業者納半年稅金，7 月以後停業者納全年稅金。酒館、飯館提供酒類給賓客飲用者，視為乙種零售營業，繳納牌照費 8 元；販賣藥酒之類，無需領取牌照。逾期不繳納稅款者，由主管機關行文催收；接公文 10 日後仍未繳納者，牌照失效；牌照失效後仍營業者，視為無牌營業。主管機關隨時檢查違反條例者，可同警察、官吏檢查其違反之事實及帳簿，檢查時需有業主家族或鄰居中已成年者在旁監視。告發相關違法事項的，給予罰金之 3 成作為獎勵。〔註22〕

第三節　公賣機構建立和公賣制度的推行

北京政府酒類管理制度上的最大創舉，在於其施行的公賣之制。財政部在給袁世凱的公文中說，「菸酒為消費品中之近於奢侈品，各國皆課重稅。中國稅率甚輕，收數又未大旺。現欲大加整頓，若僅憑一紙章程通行各省，絕難收效。勢非由部特設專局，注重公賣辦法不可。京師酒類公賣局，近經部飭財政分廳籌備，業已設局開辦，亟須推廣各省。菸酒兩項並辦，以節經費。」〔註23〕且

〔註21〕商務印書館編譯所編輯：《中華民國法令大全》（增補再版）第六類「財政」，第 39～40 頁。

〔註22〕《修正販賣菸酒特許牌照稅條例施行細則》，《菸酒雜誌》1918 年第 2 期「法規」，第 15～18 頁。

〔註23〕《財政部呈大總統請特設全國菸酒公賣事務總局並遴選總會辦各員以資助理文》，《菸酒雜誌》1918 年第 1 期「公牘」，第 1 頁。

「我國菸酒公賣，既無成法之可循。而菸酒情形，各省又未盡一致。當茲籌辦之始，窒礙即因之而起。迭經本部再三研究，目前菸酒公賣宗旨，只能定為官督商銷。而其辦法，尤應以利便商民為要。至本部特設全國菸酒公賣局，既為提綱挈領之總樞，亟應明定職掌，分科辦事。庶內外銜接一氣，而於菸酒公賣事務，俾可次第推行。」〔註24〕其組織架構為在財政部設立全國菸酒公賣局，各省設立省公賣局，其下設立公賣分局，建立一套自上而下的垂直管理體系。

　　1915 年 5 月財政部頒行《全國菸酒公賣局暫行章程》，在財政部下設全國菸酒公賣局，管理全國菸酒公賣事務，由財政總長、次長督率辦理。設總辦、會辦各 1 人，總辦按財政總長、次長命令掌管局內一切事務，會辦協同總辦處理局務；文牘主任 2 人，受總辦、會辦指揮，辦理文牘事務；科長 3 人，科員至多不超過 6 人，辦事員和錄事無定額；科長、科員和辦事員接受總辦、會辦指揮辦理各科業務，錄事負責繕寫文件、整理檔案。文牘處負責機要文電、布告公函書籍編撰、公文收發分科、參考書籍表格保存、檔案以及錄事考核。全國菸酒公賣局分設三科，第一科負責制定核定法規、考核各省公賣局成績、稽查各省公賣情形、各省公賣局經費預算決算核定、徵收款項稽核、編制統計表冊、調查菸酒報告等事項，第二科和第三科分別管理菸類和酒類公賣稅捐事宜。〔註25〕

　　1915 年 5 月 30 日，財政部公布《各省菸酒公賣局暫行章程》23 條和《菸酒公賣棧暫行章程》22 條。《各省菸酒公賣局暫行章程》規定，各省設置菸酒公賣局，名為某省菸酒公賣局，直屬於財政部，管理菸酒公賣並代徵各項稅捐；設局長 1 人，局員、司事、巡丁等若干人，局長與財政廳長會同辦理菸酒公賣及稅捐徵收事務，同負完全責任；各省應根據產銷情形，劃分區域設置分局，名曰某省第幾區菸酒公賣分局；產銷較少不用設置分局的區域，派監察員管理該區域菸酒公賣事務。〔註26〕《菸酒公賣棧暫行章程》規定，在各省局所設分局區域內，應招商設立菸酒公賣分棧 1 所，分棧有組織支棧之權；商人若願意充當分棧經理，應先填報姓名、住址、籍貫、職業等信息，根據各省之規定繳納押款；每一區域分棧只許一名商人承辦，但有添設分棧之必要時可添設並招

〔註24〕《財政部呈擬訂全國菸酒公賣局暨全國菸酒公賣各暫行章程附批》，見《中華民國新法令》（第 83 冊）「財政類」，商務印書館 1915 年版，第 2～3 頁。
〔註25〕《中華民國新法令》第 83 冊「財政類」，商務印書館 1915 年版，第 3～5 頁。
〔註26〕《各省菸酒公賣局暫行章程》，《菸酒雜誌》1918 年第 1 期「法規」，第 1～4 頁。

商承辦；省局和分局負責領導各分棧、支棧，並派常駐人員監察；分棧、支棧負責其區域內之菸酒買賣事宜，應按期填報菸酒商店之字號、業主姓名、年營業收入及停業、開業等情形；菸酒商店應將每月產銷數量及種類上報分棧、支棧查核，分棧支棧代徵公賣費並黏貼檢查印照，未經黏貼印照的菸酒一律不准發售；分棧、支棧隨時檢查菸酒商營業狀態、數量、種類等單據帳簿，所徵公賣費按旬上繳主管公賣局，提 5% 作為獎勵；未繳納公賣費之菸酒，除沒收充公外，並處 50 元以上 500 元以下罰款；分棧、支棧經理串同舞弊、侵吞公賣費或妨礙公賣的，由主管機關取消其經理資格，沒收押款並嚴厲處置。〔註 27〕

　　各省在未設立菸酒公賣局前，應在省會地方暫設某省菸酒公賣局事務處，作為調查籌備推行的機關；辦事處所及所用家具等，應由財政廳或官產清查專員在官產內撥用；事務處設主任 1 人，業務人員若干人，負責調查各地產銷情形、劃分區域，為推行菸酒公賣做充足準備。待省局分局成立後，應即繼續開展公賣工作，其應特別注意者有：財政部規定公賣費為 10% 到 50%，但各局應根據實際情形，不拘泥於最低規定，以逐漸增加到 50% 為目的；財政部規定分棧提留 5% 公賣費，但鼓勵少提；分棧經理人押金應以現金繳納，以最高額為標的，不得以最低額度繳押。〔註 28〕

　　1915 年 4 月 28 日，袁世凱下達總統令，任命原陝西省財政廳長鈕傳善為全國菸酒公賣局總辦。5 月 3 日，全國菸酒公賣局成立，開始辦理公務。9 月 30 日，袁世凱令准財政部呈文，許引之、高增秩、汪涵、李大防、曹樹藩、甘鵬雲、劉濟坤、薛而安等人分別充任或兼任直隸、江蘇、山東、安徽、江西、山西、陝西、河南各省菸酒公賣局局長。12 月 28 日，覆命鈕傳善督辦全國菸酒事務。〔註 29〕全國及各地菸酒公賣管理機構陸續成立，公賣制度也漸次推行。

　　為了推進菸酒公賣，北京政府頒行《全國菸酒公賣暫行簡章》《徵收菸酒公賣費規則》等法令規章。《全國菸酒公賣暫行簡章》規定，「整頓全國菸酒，規定公賣辦法，以實行官督商銷為宗旨」，管理對象為本國制銷菸酒。各省設菸酒公賣局，酌量菸酒產銷情形，劃分區域設置分局，名曰某省第幾區菸酒公

〔註 27〕　《菸酒公賣棧暫行章程》，《菸酒雜誌》1918 年第 1 期「法規」，第 4～7 頁。
〔註 28〕　《籌設各省菸酒公賣局進行程序》，《菸酒雜誌》1918 年第 1 期「法規」，第 7～9 頁。
〔註 29〕　《菸酒雜誌》1918 年第 1 期「命令」，第 1 頁。

賣分局。分局在各管轄區域內分別設置公賣分棧，招商承辦，由局酌取押款，給予執照，經理公賣事務。商民買賣菸酒，均應由公賣分棧代為經理。已設公賣局的地方，應將原有菸酒各項稅、釐、牌照稅及地方公益捐等，暫由公賣局代收分撥。公賣分局每月規定轄區內菸酒公賣價格，呈報省局核定後公布施行。菸酒銷售應由公賣局核計成本、利益及各稅釐捐等項，體察產銷情形酌量加收 10%至 50%公賣費，定為公賣價格。分棧如私自增減公賣價格，應由分局處罰。各省局徵收款項，就近繳存各省支金庫，按月列表報財政部。私賣菸酒者，另訂章程從嚴懲罰。家釀自食，經公賣局許可給照，每家每年以 100 斤為限，仍照章徵收公賣費，無照者一律嚴禁。由公賣局制定印照、簿據、單票等式樣，發給公賣分棧貼用；商店販售菸酒，必須在包裝及盛儲器具上貼用公賣局印照方准出售。各省原有稅釐，暫照各省核定之數徵收。在本省運銷者，經公賣局貼用印照後不再加貼；運至省外者，應由銷售地公賣局按照當地市價重行核定價格加收公賣費。施行細則由各省局依據地方情形制定，報財政部核准。〔註 30〕1915 年 8 月 18 日財政部飭令頒行《徵收菸酒公賣費規則》16 條，規定各公棧受菸酒公賣局委託代徵公賣費的具體辦法。其主要內容有：各省菸酒公賣區域應就產銷兩地均勻劃分各區域內的公賣費，即從產地徵收，銷地專重緝私；各區域因有習慣或是其他特殊情形導致產銷兩地不能均勻劃分的，公賣費得在產銷兩地各半分徵；在一省之內時，其產銷兩地各半分徵公賣費額應按各自區域公賣價格徵收，徵稅時予商人驗單以為憑據，收取驗單費大洋一角；由一省運往他省銷售時，其應納公賣費由產、銷兩地各徵一道。〔註 31〕

　　全國性菸酒公賣管理機構，經歷了幾番變革。1916 年 1 月 18 日，財政部公布《全國菸酒事務署辦事通則》14 條，將全國菸酒公賣局改為全國菸酒事務署，直隸於國務總理，管理全國菸酒公賣事務。〔註 32〕財政部並要求各省將所有菸酒釐稅劃歸各省菸酒事務局管理，「查各省菸酒釐稅，名目繁多，定率雖輕，徵輸不易。上年創辦菸酒公賣，原為改良稅制，統一徵收。現在規模既具，自應切實進行。擬由本部督同全國菸酒事務署迅速擬具歸併菸酒釐稅辦法，呈請核定後施行。至各省財政廳所管菸酒釐稅，有尚未劃交公賣局接管者，

〔註 30〕《中華民國新法令》第 83 冊「財政類」，商務印書館 1915 年版，第 5～8 頁。
〔註 31〕《徵收菸酒公賣費規則》，《菸酒雜誌》1918 年第 1 期「法規」，第 10～12 頁。
〔註 32〕《全國菸酒事務署辦事通則》，《菸酒雜誌》1918 年第 1 期「法規」，第 12～14 頁。

應即從速移交，以便籌備。並由全國菸酒事務署嚴飭各省經徵人員認真辦理，勿滋流弊。」〔註33〕

　　1917 年 7 月 25 日，財政總長梁啟超在呈文中，堅持將全國菸酒事務署改署為局，並由財政部統轄。其文云：「為擬將全國菸酒事務署仍改由本部設立專局簡員賡續辦理以策進行事。查本部於民國四年四月間呈准特設全國菸酒公賣局，簡員總辦並以賦稅司長兼充會辦，以資接洽。嗣於十二月內呈准改設專署，簡任大員督辦，並奉前大總統令任命鈕傳善督辦全國菸酒事務等因在案。查前請特任大員督辦該局事務，原為隨時親赴各省督飭各員辦理製造菸酒各廠，劃定種菸區域，化散為整。改良原料種種設施，規劃極為宏遠，自非另設督辦不可。而兩年以來，稅項固屬增加，其於原定辦法，概未照辦。推其原因，實由近年各省政務未能大定，一切宏遠之事，自非目前所能舉辦。而本部於該員所辦之事，反多隔閡，經費亦多虛靡。茲擬將該署裁撤，查照原案，仍由本部設立專局簡員總辦，各省公賣局均歸本部直轄。其徵收稅費以及將來統一徵收實行專賣應行籌備各事宜，仍由本部督飭照舊認真辦理，以一事權而勵進行。一俟時局大定，如必須設立督辦，再行隨時呈請核示辦理。」〔註34〕

　　1917 年 8 月 29 日，財政部認為「菸酒兩項，為現時最良稅源，各國經營斯業多係分途並進，其收入均足為國稅大宗。吾國自籌辦公賣以來，成效略有可觀。惟查前在本部創辦時期，本以菸酒分科辦理。嗣經改設專署，始以省分為標準，而混合菸酒為一事。揆之法理，誠有未合。此次裁署改局，其主旨在於保財權之統一，謀稅法之改良，自應策劃周密，力求進步。惟外省已沿成習慣，改革非旦夕所能奏功。而京局為行政總樞，進行尤一日不容稍懈。茲為維持固有稅源，逐漸改良起見，仍參照前署按省分科辦法。」〔註35〕同時公布《全國菸酒公賣局暫行簡章》和《菸酒行政評議會章程》，對全國菸酒公賣局的職掌和內部組織重新進行劃分。規定全國菸酒公賣局仍直隸於財政部，管理全國菸酒公賣及稅捐事宜，設置總辦、會辦各 1 人，文牘主任 2 人，科長 3 人，科員 16 人，調查員、辦事員、學習員、錄事無定額。總辦、會辦、

〔註33〕《財政部呈請將各省菸酒釐稅歸併公賣以備統一徵收文》，見《中華民國新法令》第 90 冊「財政類」，商務印書館 1917 年版，第 12 頁。
〔註34〕《財政總長梁呈大總統擬請裁撤全國菸酒事務署仍改由本部設立專局簡員賡續辦理以策進行文》，《菸酒雜誌》1918 年第 1 期「公牘新欄」，第 1 頁。
〔註35〕《財政部呈大總統擬訂全國菸酒公賣局簡章並附設菸酒行政評議會緣由伏乞鈞鑒訓示施行文》，《菸酒雜誌》1918 年第 1 期「公牘新欄」，第 2 頁。

文牘處和第一科職掌及辦事程序不變,原第二科和第三科分別管理菸類和酒類公賣事宜,現第二科負責京兆、直隸、山東、山西、河南、歸綏、察哈爾、陝西、甘肅、新疆、奉天、吉林、黑龍江等省菸酒公賣及稅捐事務,第三科管理其餘各省相關事務。〔註36〕設置菸酒行政評議會,負責研究菸酒稅法之整理、製造之改良、專賣之準備、關稅之修訂及其他菸酒事宜。其會長由財政總長兼領,副會長由財政次長及全國菸酒公賣局局長分任,會員由總長函請在菸酒上有專門學識經驗之士充任。由會長在公賣局內指定二人兼任事務員,負責相關記錄。菸酒行政評議會每週召開一次常會,臨時會議無定期,負責討論菸酒事宜。〔註37〕

1919 年 1 月,復設全國菸酒事務署,以張壽齡為督辦。短短數年時間,全國性菸酒公賣事務管理機構經歷了從全國菸酒公賣局(直隸財政部,1915 年 5 月)、全國菸酒事務署(直隸國務總理,1916 年)、全國菸酒公賣局(直隸財政部,1917 年 7 月),再復歸全國菸酒事務署(直隸財政部,1919 年 1 月)這一變化。1920 年 2 月,財政部通令各省菸酒公賣局改為菸酒事務局。〔註38〕此前,無論中央機構如何變更,地方均名公賣局,至是方實現地方機構與中央機構名稱上的統一。到 1930 年,隨著中央菸酒稅收徵管機構的變遷,各省菸酒事務局方與印花稅局合併,改組為印花菸酒稅局。各省局之主要情形如表 3-1 所示。

表 3-1　各省菸酒事務局概況

局　名	成立日期	駐地	概　況
江蘇菸酒事務局	1915 年 9 月	江寧	分 8 區設分局 8 個,縣設稽徵所。1929 年 7 月 1 日取消包商制,由局經徵。
浙江菸酒事務局	1915 年 9 月	杭縣	分 10 區設分局 10 個。
安徽菸酒事務局	1915 年 9 月	蕪湖	下設 50 個分局、2 個專局。1924 年取消區分棧,支棧改為分棧。
江西菸酒事務局	1915 年 10 月	南昌	分 4 區設 4 區局,區局下設分局,分局下設稽徵所或稽徵分所。1920 年到 1924 年陸續取消公棧。

〔註36〕《全國菸酒公賣局暫行簡章》,《菸酒雜誌》1918 年第 1 期「法規」,第 15～18 頁。
〔註37〕《菸酒行政評議會章程》,《菸酒雜誌》1918 年第 1 期「法規」,第 18～19 頁。
〔註38〕程叔度、秦景阜總纂:《菸酒稅史》上冊第一章「沿革」,大東書局 1929 年版,第 3～6 頁。

福建菸酒事務局	1915 年 11 月	閩侯	至 1929 年分 10 區設分局 10 個、機製酒類稽徵所 2 個。
湖北菸酒事務局	1915 年 9 月	漢口	設 73 分局。1927 年廢除分區，按縣設立分局。
湖南菸酒事務局	1915 年 10 月	長沙	以縣為區設立分局，稅收較少之縣不設局，由縣長兼理（1928 年）。
山東菸酒事務局	1915 年 9 月	濟南	設 13 區分局（1929 年）。1927 年「濟南慘案」後短暫遷泰安，並設青島辦事處。
河北菸酒事務局	1915 年 3 月	北平	1915 年 3 月設北京酒類公賣局，12 月改為京兆公賣局；1915 年 9 月成立直隸菸酒公賣局，駐天津。1928 年合組為河北菸酒事務局。
河南菸酒事務局	1915 年 8 月	開封	11 區分局，各縣設稽徵所，另有菸酒釐、菸酒捐專局（1929 年）。
山西菸酒事務局	1915 年 9 月	太原	省局直轄 8 分局、5 稽徵所（1925 年）。
陝西菸酒事務局	1915 年 8 月	西安	7 區局所（1922 年）。
甘肅菸酒事務局	1915 年 11 月	蘭州	53 分局（1928 年）。
四川菸酒事務局	1915 年 9 月	成都	30 區分局、2 獨立稽查所（1928 年）。1916 年 6 月取消，10 月恢復。1918 年重慶設立辦事處與成都省局對峙。至 1926 年兩局合併。
雲南菸酒事務局	1915 年 11 月	昆明	4 區分局及老鴨灘稽徵所（1917 年）。
貴州菸酒事務局	1915 年 11 月	貴陽	徵款入不敷出，1916 年貴州都督令飭取消。
廣西菸酒事務局	1915 年 12 月	南寧	6 區分局及玉林分所（1929 年）。北伐後改隸財政廳，與印花稅處合併為菸酒印花稅處，1929 年仍改為廣西菸酒事務局。
廣東菸酒事務局	1915 年 9 月	廣州	41 酒稅局及廣肇酒餅稅公司（1929 年）。北伐時改菸酒稅處，隸財政廳。1929 年改回。
遼寧菸酒事務局	1915 年 10 月	瀋陽	舊稱奉天。委託財政廳所轄各徵收局所兼辦。

吉林菸酒事務局	1915 年 10 月	吉林	1 分局暨委財政廳所轄各徵收局所兼辦公賣。
黑龍江菸酒事務局	1915 年 10 月	龍江	設 7 分局，各徵收局兼辦公賣。
熱河菸酒事務局	1915 年 8 月	承德	承德由省局直轄，餘 14 縣各設 1 分局。
綏遠菸酒事務局	1916 年 1 月	歸化城	14 分局、2 查驗處（1929 年）。1923 年 9 月前稱歸察菸酒公賣局。
察哈爾菸酒事務局	1923 年 9 月	張北縣	12 區分局、4 稽徵所卡（1929 年）。1923 年 9 月由歸察菸酒公賣局劃出。
寧夏省			僅舊寧夏道屬縣份開辦。
青海省			僅舊西寧道屬縣份開辦。
西康省			1926 年由四川菸酒事務局推廣局所辦理。
新疆省			迄未開辦。

資料來源：程叔度、秦景阜總纂：《菸酒稅史》上冊第二章「區域」第一節「各省局之設置及其變遷」，大東書局 1929 年版，第 3～7 頁。

簡單說來，北京政府推行的菸酒公賣制度，其要點有：一、各省設立菸酒公賣局，省局根據各地產銷情形設立分局，由分局招商組織分棧支棧。省局直屬於財政部，分局由省局直接管理，各分棧支棧由各分局管理。這樣，就形成了全國性的公賣機構網絡。二、酒類銷售由公賣局在核定成本、利潤的基礎上，酌量加徵 10%到 50%的公賣費，形成公賣價格。公賣價格由分局每月核定。公賣費由各分棧、支棧徵收並按時繳納各省金庫。三、凡運銷的酒類，一律由公賣局檢驗後於包裝上黏貼印照，無照不得運銷。各店鋪不得擅自隨意更改酒類價格，一經發現，必受嚴處。〔註39〕就上述情形而言，公賣制度主要著眼於流通領域的管理，並在此過程中收取巨額的公賣費，以彌補財政空缺。公賣費與菸酒稅相比，有如下不同之點：一，「公賣費起於中央，菸酒稅則成於各省」；二，「公賣費名稱僅一，菸酒稅則種類綦繁」；三，「公賣費有通行之章程，菸酒稅則無一定之規則」；四，「公賣費有從價之規定，菸酒稅則從價從量，參差不齊」；五，「公賣費自始即由菸酒局徵收，菸酒稅則或由釐局或歸縣署代徵」〔註40〕。

〔註39〕程叔度、秦景阜總纂：《菸酒稅史》上冊第四章「菸酒公賣費」第一節「概說」，大東書局 1929 年版，第 1～3 頁。

〔註40〕程叔度、秦景阜總纂：《菸酒稅史》下冊第五章「菸酒稅」第一節「概說」，大東書局 1929 年版，第 2～3 頁。

第四節　北京政府菸酒費稅徵收情形

　　北京政府的酒類管理體制，大致可分為菸酒稅（就產地或銷地徵收）、菸酒營業牌照稅（營業稅性質，就販賣菸酒者徵收）、菸酒公賣費（國家統一徵收，稅率各省自定）。這三項稅收都屬於國家稅，地方負責徵收之後，除提留部分辦公經費外，得全部繳送中央。但各省常加扣留，而菸酒稅的辦理，國家沒有制定統一的規章，各種費、稅、捐、釐由各省自行徵收。公賣費率定為從價 10%到 50%，其具體稅率和施行細則也由各省自行規定。是故各省情形大不相同，以菸酒公賣費率而言，各省規定極不一致（詳見表 3-2）。

表 3-2　各省公賣費率表

省　別	公賣費率	備　註
江蘇	12%	1928 年 7 月改為 20%。
浙江	15%	但實際行從量徵收之法，每百斤 1 角 5 分到 4 元 8 角不等。
安徽	20%	
江西	25%	
福建	5%～20%	分類規定，有從量者，有從價者。
湖北	12%	另徵從量酒稅，約合 5%。1927 年 3 月稅費並徵 17%。
湖南	30%	初定 30%，1927 年照湖北辦理。
山東	10%	採從量徵收辦法，燒酒每斤徵費 2 分 8 釐 8 毛，約合從價 10%。
河南	20%	1929 年將各項附捐併入正稅徵收，公賣費率定為 30%。
山西	15%	1925 年起加徵 2 成，招商包辦，未全採從價徵收辦法。
直隸	20%	
京兆	2.5 元／白斤	直隸、京兆二地 1928 年合併改組為河北局，徵收方法仍舊。
陝西	20%	1921 年為 30%，再加為 40%，1922 年降為 30%，再降為 20%。
甘肅	20%	1925 年 12 月加徵 5 成，費率仍定為 20%。
四川	20%	1919 年酒稅與公賣費一併徵收，改為 25%。

廣東	商包	費稅並徵，從量徵收，由商包辦。
廣西	12%	1917 年 1 月降為 10%。
雲南	15%	1916 年 12 月降為 10%。
遼寧	12%	1916 年 7 月改為 6%，1926 年為 4%，次年復改為 6%。
吉林	12%	
黑龍江	14%	1916 年 7 月改為 12%。
熱河	10%	酒類公賣費由釀商包池定額納費，費率僅適用於零售酒業。
綏遠	18%	後改為 20%。
察哈爾	20%	1925 年前，察西徵 18%。

資料來源：程叔度、秦景阜總纂：《菸酒稅史》上冊第四章「公賣費」第一節「概說」，
大東書局 1929 年版，第 5～7 頁。

　　菸酒稅一項，各省辦理情形及稅率亦不盡一致。除了菸酒公賣費率各省不一之外，此前各省所徵收的酒稅、酒捐、酒釐等，亦被北京政府明令沿用。其稅率稅目紛繁複雜，詳見表 3-3。

表 3-3　民國初年各省酒稅酒釐稅目稅率表

地　區	酒稅、酒釐稅目稅率
京兆	南北各路燒酒每百斤徵稅 7 錢 2 分，紹興酒大壇徵稅 9 分 6 釐、中壇 6 分、小壇 4 分 6 釐，各種洋酒抽釐 3%。
直隸	酒稅為正稅，本省出產酒類納稅不徵釐，輸入酒類納稅並需徵釐。燒鍋稅按座徵繳，釐金按成徵收。本產燒酒每百斤徵銀 2 元 2 角，黃酒、棗酒、酪流酒每百斤徵銀 1 元 1 角，輸入之山西燒酒、紹興黃酒、寧波黃酒每百斤徵銀 2 元 2 角。1915 年酒稅每斤加抽 3 釐。
河南	只有酒斤稅一種，每斤徵稅 16 文。
山東	燒酒每斤徵錢 32 文，黃酒每斤徵錢 10 文，臨沂之蘭陵酒、平陰之玫瑰酒、濟寧之金波酒為燒酒加料製成，只徵燒酒稅。輸入之奉天營口燒酒每百斤徵銀 6 錢、紹興酒徵銀 1 錢 8 分。
山西	酒釐 3%，燒酒（含汾酒、潞酒）每斤徵稅 16 文，黃酒每斤 4 文、6 文或 8 文。
陝西	酒釐 4% 或 5%。燒酒每千斤徵稅 4 兩 5 錢，納酒稅者不納釐；外省輸入酒類按百貨釐金抽收。鳳翔每斤徵收酒類造場稅 15 文，其餘地方 20 文。

奉天	每百斤燒酒徵稅 1 元 6 角、黃酒 8 角、紹酒 8 角、蘋果酒 1 元 6 角，輸入紹興酒、寧波酒、玫瑰酒、元酒每百斤 1 元 6 角。
吉林	燒酒稅照實銀 8 折繳納，每百斤 1 兩 4 錢；燒鍋無論大小一律徵銀，按筒計課，一筒開燒者，額徵銀 400 兩，每加一筒，年納 200 兩。輸入酒類抽 10%。
黑龍江	每斤 2 分。
浙江	紹興酒每缸徵收缸照捐 2 角，每斤徵印花捐 3 釐 6 毫，出運加倍徵收；土酒每缸徵缸照捐 2 角，每斤徵印花捐 2 釐 5 毫 2 絲，出運加倍；土燒每缸徵收缸照捐 2 角，每斤徵印花捐 4 釐 4 毫。輸入燒酒每斤徵印花捐銀 4 釐，出運加徵 4 釐 4 毫。
江蘇	1. 寧屬。有門銷捐、通過捐。門銷捐每斤徵收 12 文，本產燒酒通過捐每百斤 50 文至 200 文，或每壇徵稅 40 文；高粱酒每百斤 200 文至 300 文，或每簍徵收 60 文至 240 文，黃酒每百斤徵收 25 文至 100 文，或每壇徵稅 18 文。輸入紹酒每百斤 50 文至 200 文，或每壇徵稅 5 文至 30 文。 2. 蘇屬。每百斤高粱酒徵收 8 角 4 分、燒酒 5 角、黃酒 1 角 4 分；輸入紹興酒每百斤徵稅 2 角 8 分。1915 年 4 月起，寧屬、蘇屬均按原稅率加收 5 成。
安徽	採產銷分徵，納出產稅和銷場稅。紹興酒每百斤出產稅 8 角、銷場稅 6 角 4 分，每百斤高粱酒出產稅 1 元 2 角、銷場稅 9 角 6 分，玫瑰酒每瓶出產稅 1 分 2 釐、銷場稅 8 釐，土酒每百斤出產稅 6 角 4 分。輸入之外國酒類亦需繳納銷場稅。1915 年後加兩倍徵收。
江西	每百斤輸入汾酒徵正稅和加徵各 1 元 1 角，真紹正稅 3 角 2 分、加稅 7 角 8 分，高粱酒正稅 4 角、加稅 8 角，蘇酒正稅 2 角、加稅 5 角。每百斤土燒正稅 2 角、加稅 2 角 8 分，土紹酒及封缸、花莊、冬酒、伏酒等正稅 1 角 6 分、加稅 3 角 5 分，水酒、冬甜酒、白酒、新酒等正稅 8 分、加稅 1 角，樂平燒只徵正稅 2 角。土高粱酒、土燒酒及其餘酒類稅率 10%。
湖南	出產酒稅，穀酒每斤 2 文到 4 文，堆花、火燒、鏡面每斤 2 文或 3 文，高粱酒每斤 6 文，雜酒每斤 1 文。輸入汾酒每壇入口釐 80 文、落地釐 120 文，蘇酒每壇入口釐 42 文、落地釐 40 文，紹酒每壇入口釐 43 文、落地釐 44 文，進口酒銷場稅約 2%。
湖北	酒稅為一次徵足，概不重徵。本產汾酒每百斤徵稅 1 元 5 角，南酒、黃酒、原花、小曲酒、包穀酒等 8 角，麴稅每百斤徵 2 元。每百斤輸入汾酒 2 元、各種紹興酒 1 元 5 角、藥酒 2 元。
廣東	曾由商人包徵，本產米酒每 3 埕酒飯按月徵稅 3 角、泰酒 9 角，花酒每缸糟飯按 7 日徵收 1 元 8 角，酒釐每百斤 1 角 6 分 6 釐；輸入露酒每百斤 2 元 5 角、紹酒 1 元 2 角，酒釐每百斤 1 角 6 分 6 釐。

福建	老酒每缸徵稅 3 元 2 角，薯燒每壇徵稅 3 元 6 角，廣酒每壇 2 元，桔燒每壇 1 元 7 角；輸入酒稅率，山東乾酒每壇徵稅 6 角，山東小乾酒每壇 2 角，紹興花雕每壇徵稅 1 元，紹興大紹每壇徵稅 3 角、中紹 2 角、小紹 1 角，寧波酒每壇徵稅 9 分，寧波大白酒每壇徵稅 3 角 6 分，山東、山西、廣東運入之瓶裝酒每瓶徵稅 2 分，山東、山西之包酒每包徵稅 1 角。
廣西	高頭酒每壇徵銀 5 分 3 釐 6 毫，桂燒酒 9 分 3 釐 6 毫、燒酒 9 分、寄酒 4 分 4 釐 7 毫，泰和酒、黃酒、酒餅、五加皮酒 1 錢 1 分 2 釐，蘇酒每壇 2 錢 1 分 4 釐 4 毫，三白酒 3 錢，花酒每壇 4 分 4 釐 7 毫，百花酒每 10 罐 5 分 3 釐 6 毫、每壇 3 分 4 釐 1 毫 6 絲，紹酒大壇 1 錢 4 分、小壇 7 分，汾酒每百斤 2 錢 9 分，衡酒每壇 3 錢 4 分，玫瑰露酒、茵陳酒每百斤 2 錢 9 分 8 釐 5 毫，洋酒每百斤 1 兩 4 錢。
四川	大麴酒、仿紹每斤徵稅 8 文，其他各種酒每斤 4 文；輸入浙酒、汾酒、洛陽酒每斤 8 文。1915 年 7 月起加徵 1 倍，經徵收後販運川省各地，均不再重徵。
雲南	清酒每百斤徵收正釐和加釐各 2 錢，輸入仿紹等每壇正釐 1 錢、加釐 5 分，川陝大麴酒每百斤正釐 3 錢、加釐 2 錢。本產酒稅每百斤徵 6 錢，川陝大麴每百斤徵輸入酒稅 1 兩、四川仿紹每壇 6 錢。
貴州	1. 酒釐。上等燒酒（價銀 2 錢 4 分以上 3 錢 1 分以下）每斤 1 分、中等燒酒（價銀 8 分以上 2 錢 4 分以下）9 釐、下等燒酒（價銀 4 分以上 8 分以下）9 釐，上等水酒（價銀 6 分以上 1 錢 2 分以下）、中等水酒（價銀 3 分以上 6 分以下）、下等水酒（價銀 1 分 6 釐以上 3 分以下）均每斤 8 釐 6 毫。輸入汾酒每斤徵稅 4 釐，渝酒每壇 4 釐 4 毫，紹酒、蘇酒每壇徵稅 2 分 4 釐，川燒每斤徵稅 9 釐。 2. 酒稅。土產燒酒、水酒每斤 1 毫，輸入川燒酒每斤 2 釐 4 毫。茅酒每斤（價銀 2 錢以上者）徵稅 2 分 5 釐，燒酒、仿紹每斤 1 分 5 釐，土酒、米酒、夾酒、其他酒每斤 1 分。其中茅酒稅率 1915 年規定加收 1 倍，每斤 5 分。 3. 造酒照費。年產 2000 斤以上每年 60 元，1000～2000 斤 40 元，燒酒及仿紹年產 500～1500 斤每年照費 20 元、1500～3000 斤每年 40 元、3000 斤以上者 60 元，土酒、夾酒、米酒、雜酒等年產 600～7000 斤以上者 20 元、7000 斤到 1 萬斤者 40 元、1 萬斤以上者 60 元。 凡完納酒釐、酒稅者，入市銷售時不再納稅。

資料來源：賈士毅：《民國財政史》，商務印書館 1917 年版，第 323～365 頁。

　　菸酒稅為「中央之第三大稅源」，包含了菸酒稅、菸酒公賣費、菸酒牌照稅三項。〔註41〕1917 年總計收入實數為 12104764 元，1918 年為 12386627 元，1919 年為 16555021 元，1920 年為 12807772 元。總計各年菸酒稅收入，多在

〔註41〕馬寅初：《中國之財政與金融》，《東方雜誌》1926 年第 23 卷 21 期，第 7 頁。

1500 萬元上下。至 1926 年達到 1678.4 萬元，1927 年猛增到 2479.2 萬元（詳見表 3-4）。

表 3-4　1915～1927 年菸酒費稅收入表　　　　　　（單位：元）

年　度	收　入	年　度	收　入
1915	1774497	1922	14529656
1916	8111843	1923	15465956
1917	12104764	1924	15641829
1918	12386627	1925	11874157
1919	16555021	1926	16784244
1920	12807772	1927	24791979
1921	12802692		

資料來源：中華民國工商稅收史編委會編：《中華民國工商稅收史・貨物稅卷》，中國財政經濟出版社 2001 年版，第 269 頁。

　　另據國民政府財政整理委員會編印的一份資料，1921 年菸酒稅收入為 1145068.662 元，其中公賣費收入 6215039.768 元，菸酒稅 7161203.174 元，菸酒牌照稅 1145068.662 元；1922 年公賣費收入 6506094.969 元，菸酒稅 7440359.159 元，菸酒牌照稅 1123232.534，合計 15069686.662 元；1923 年公賣費收入 6902585.780 元，菸酒稅 7807454.825 元，菸酒牌照稅 1127794.409 元，合計 15837835.014 元。由於各省酒類產銷及各項菸酒稅徵收情形不一，菸酒稅收入在各省區間也存在極大的差異（見表 3-5）。以 1921 年為例，直隸收入 115.7 萬元，浙江 213.3 萬元，江蘇 102.1 萬元，而新疆僅 9690 元，川邊僅 1494 元，各地區收入差距甚大。

表 3-5　1921～1923 年菸酒費稅徵收數目表　　　　　　（單位：元）

省　區	1921	1922	1923
直隸	1156567.029	1105228.988	1373195.147
山東	944559.102	995831.990	1004414.175
山西	838426.361	973147.358	1033969.388
河南	316898.724	386404.723	462869.945
陝西	284957.022	352891.517	327395.708
甘肅	543466.463	377992.247	471152.144

江蘇	1020815.128	1021776.709	858096.136
浙江	2133431.568	2063322.528	2050405.343
安徽	382689.799	327575.286	285404.208
湖北	522830.005	642248.989	707222.695
江西	340860.093	253932.957	300463.527
福建	773987.521	577620.420	773987.521
奉天	2195749.628	2402844.889	2415787.498
吉林	1418205.841	1746979.202	1902183.204
黑龍江	611825.588	589546.127	471538.624
京兆	422027.093	533826.453	606809.165
熱河	411489.330	425645.131	437525.084
歸察	191336.981	24902.000	336717.727
新疆	9690.000	9690.000	——
川邊	1494.328	1494.328	
膠澳	——	——	18697.775
總計	14521307.604	15069686.662	15837835.014

資料來源：財政整理會編印：《關鹽菸酒印花鐵路郵政收入表》，1925 年版，第 11～
16 頁。

　　雖然各省徵收情形不一，但整體上還是呈逐漸增加的趨勢。然新增的菸酒
稅收多被地方提留截用，中央政府所得少得可憐。「菸酒為消費稅，菸酒之價
值日高，除有特別情形外，其稅收亦當然按年遞加也。再就此收入之用途言，
近年各省軍費日增，中央收入多被各省就近截留支用。菸酒之收入遞增，而各
省截留之數亦愈大。」〔註 42〕在菸酒稅收入之中，實解中央可供者，如 1919
年僅 2673222 元，1920 年實解數僅有 1449848 元。1921 年收入 14521308 元，
實際解送者僅 1784215 元；1922 年收入 15069687 元，實解數為 1449849 元；
1923 年收入 15837835 元，實解數為 889269 元（詳見表 3-6）。時財政問題研
究專家羅介夫曾言：「原來各地方菸酒稅實收額，與各種租稅一樣。對於中央
政府，不過為形式上的數字報告，是其傳統的慣例。究竟收入幾何，無從悉其

〔註 42〕左治生主編：《中國財政歷史資料選編》第十一輯「北洋政府部分」，中國財政
　　　　經濟出版社 1987 年版，第 141～142 頁。

真相。民國八年以後，政治更不統一，稅制更為紊亂。綜合各省實收報告，依據財政部所發表的，在民國十一年至十三年平均年額，不過 1500 萬元上下，不到其預算額的一半。且這種收入，因中央政府威信日益墮落，而各地方裁留以充省用的傾向，遂年年加甚。故中央實際上收入，年額最多不過百餘萬元，僅有一成而已。」〔註43〕政局的混亂和中央政府威信的喪失，是導致菸酒稅收解送中央僅及徵收數額十不及一的深層原因。

表 3-6　1921 至 1923 年菸酒費稅實解數目表 　　　　（單位：元）

省　區	1921	1922	1923
京兆	337716	280696	327415
直隸	197000	40800	506
奉天	544	184	無
吉林	83453	110593	23481
黑龍江	93088	無	無
山東	51300	700	1100
河南	1080	3375	16782
山西	496490	394252	396082
江蘇	21500	1569	9405
安徽	無	無	11500
江西	2287	10000	無
福建	178234	72074	無
浙江	20390	無	190
湖北	35000	4260	630
湖南	無	無	無
陝西	19695	無	無
甘肅	120000	50000	70000
新疆	無	無	無
四川	無	無	無
廣東	無	無	無

〔註43〕羅介夫：《中國財政問題》，太平洋書店 1933 年版，第 252 頁。

廣西	無	無	無
雲南	無	無	無
貴州	無	無	無
熱河	260	無	763
察哈爾	6179	3347	7000
綏遠			21485
川邊	無	無	無
膠澳			2930
上海紙菸捐務總局	120000	478000	無
總計	1784215	1449849	889269

資料來源：財政整理會編印：《關鹽菸酒印花鐵路郵政收入表》，1925 年版，第 17～
18 頁。

　　同時期國外菸酒稅收入，美國 1919 年菸酒稅收入接近 6.89 億美金，合中
國銀幣 13 億元；英國 1922 年菸酒稅收入約計 2.36 億英鎊，約合中國銀幣 20
億元；日本 1920 年酒稅收入 1.71 億日元，約合中國銀幣 1.28 億元。[註44]
馬寅初認為，以我國 1500 萬元之菸酒收入，與美國之菸酒稅入相比，不過等
於其 1／86；與英國相比，不過其 1／142；與日本相比，只等於其 1／13。「以
我國幅員之廣，人口之眾，此項有益無害於公眾之奢侈稅，只有這些微之數，
豈不可怪？」查其原因，「辦理不善，徵收機關不能辭其咎」；協定關稅損害中
國關稅自主權，導致洋酒大量傾銷中國，影響中國酒類發展和稅收徵收；政府
多以菸酒稅收為貸款抵押，其收入難以為政府所用，「如中法實業借款，借額
原為 1.5 億法郎，先墊付 1 億法郎，以該借款所開發之實業收入為擔保，以菸
酒稅補足。但實業未辦而款已用盡，應完全由菸酒稅負責償還。此外尚有中法
欽渝鐵路墊款，借額原為 1 億法郎，先交 3211.55 萬法郎，以菸酒稅為擔保。
中美菸酒借款，係美國太平洋拓業公司所借，實交之數，為美金 550 萬元，還
本付息，延期已久，美人曾來坐討，卒無法以應。可知菸酒收入，即能增加，
亦不能由政府自取自支也。」[註45]

〔註44〕《菸酒稅收之狀況及整頓辦法》，《中外經濟週刊》1925 年第 123 期，第 4 頁。
〔註45〕馬寅初：《中國之財政與金融》，《東方雜誌》1926 年第 23 卷 21 期，第 7～9
　　　　頁。

第五節　北京政府酒稅制度剖析

　　菸酒稅、菸酒公賣費、菸酒特許營業牌照稅共同構成北京政府的酒類稅收體系。從制度設計角度來說，這一體系有其積極意義。然而，限於當時的實際政治環境，中央政府的政令難以得到各割據地方的貫徹執行；再加上中央政府的屢次更迭，也不利於這一制度設計的徹底實現。北京政府酒稅徵收管理，遠沒有達到制度設計者的目的。

　　首先是政局的頻繁變動影響了酒類管理機構的設置，使得菸酒公賣制度並未能在全國各地完全建立。地方事務不靖，影響到了酒類管理制度的推進。就全國性管理機構而言，也並非始終如一。1916 年 1 月，將公賣總局改為全國菸酒事務署，掌管全國菸酒事務，直隸於國務總理；1917 年 8 月，仍改署為局，歸併財政部管轄；1919 年 1 月又改設專署，隸屬財政部。機構設置的反覆變化，對制度施行產生了一定的消極影響。

　　政治上，中央政府控制力度有限，各省區幾乎處於半獨立甚至是獨立的狀態，也不利於酒類公賣機構的設置。如貴州菸酒公賣局，就只存在極短的時間。貴州菸酒公賣局於 1915 年 7 月 24 日籌備，11 月 1 日省局成立，頒行《貴州省菸酒公賣施行細則》，實行開徵。嗣後各區相繼開辦，費率呈准從價徵收 10%，採產銷分徵制。「本產運往他區銷售者，按產銷地市價各半分徵，本產本區銷售及本產外銷者，均於產地徵全收費，外省輸入本省銷售者，由入境首棧徵收全費。」[註46] 看起來似乎有聲有色，卻並未長久。1916 年 1 月間，貴州巡按使、財政廳以省公賣局開辦數月，收數寥寥，入不敷支，於歲收無所裨益，迭次呈財政部請予緩辦該省公賣局。遂於是年 1 月 27 日取消，並飭所屬各局一律停徵，貴州菸酒公賣實行結束。除酒類產出不多，稅收入不支出外，政局變動也是貴州取消公賣的重要原因。

　　再如山西，匪患就曾嚴重影響了酒類公賣的推行。山西省菸酒公賣局在一件呈文中稱：「迭據本省西部各分區局棧報稱，近因陝匪蜂起，失陷者已有七八縣之多，秦邊人民均紛紛避居黃河以東。因之北自偏關，南至永濟，沿河一千七八百里，人心均極不靖。甚有交通銀行交換券亦不通用者。菸酒公賣大受影響，……本省自改劃區域以來，對於組織公棧稽查弊端，積極推行，未敢稍懈。乃意外障礙，陝匪紛擾影響及晉，商業停滯。不但未組織公棧之

[註46] 程叔度、秦景阜總纂：《菸酒稅史》上冊第四章「公賣費」第十八節「雲南貴州公賣費」，大東書局 1929 年版，第 2 頁。

處一時難望徵費，即早經開辦各縣，亦無費可收，以致各縣支棧均紛紛稟請辭退。」〔註47〕

第二，北京政府菸酒公賣制度並未統一全國稅率，公賣費實質上淪為一種在原有混亂稅制之上的加徵。酒稅一項，各地主要是從量徵收，而不是從價徵收，這在物價變動不居的時代，對於稅收的增加是極為不利的。公賣費率政府雖規定為10%到50%，但各省執行情況卻各不相同。高者為30%，低者僅4%，廣東則由商承包，其收入尤多。〔註48〕稅負負擔的不均，對於酒稅的徵收是不利的。政府徵收菸酒稅和公賣費，意欲劃一其他一切苛雜捐稅，有「歸併稅目、統一徵稅之意」〔註49〕，但公賣費最後成為原有酒類稅收基礎上的一種加徵。

從各地實行的情況來看，此目的並未能達到。如京畿地區，「菸酒稅、燒鍋課，直隸所徵也；公賣費，京兆公賣局所徵也；菸酒牌照稅，各縣知事代公賣局所徵也。地方警捐，各縣所徵也。聞尚有自治捐，地方辦理自治之經費，徵法不詳。菸酒稅捐名目，雖如是之紛歧，然以較他省，尚屬不多」〔註50〕。處於皇城之下的京兆各地，仍然徵收名目不同的捐稅。正如上引觀察者所說「雖如是之紛歧，然以較他省，尚屬不多」，更知其他省地的實際情形了。從而使公賣費變成了一種實際上新增的捐稅，形成了既徵公賣費，也徵舊稅的格局。

第三，作為專賣先聲加以設計的公賣制度，淪為了商人之間傾軋競爭的工具，受到商人的抵制和反對。公賣制度的設計，是將其作為專賣制度的初步試驗來加以推行的，以求最終實現對酒的全面專賣。京兆地區的公賣施行情形，頗類於不完全的專賣制度。「製造商釀製之酒，全部售與公賣局，再由公賣局批發給商人；酒稅及公賣費由公賣局在酒款中扣繳；給釀酒商預留2分至3分利益，批發商2分利益；釀酒商售酒與公賣局，一律給予現洋，無論公賣局是否將酒售出；酒商生產缺乏資本時，可暫向公賣局借貸。」〔註51〕公賣制度實行的步驟如下：第一步，所有本地出產及外省運入之酒，均須先至政府招商組

〔註47〕 《山西公賣局詳為本省西部菸酒公賣陸因陝匪障礙進行情形請鑒核文》，《菸酒雜誌》1918年第1期「公牘」，第16頁。
〔註48〕 楊汝梅：《民國財政論》，商務印書館1927年版，第52頁。
〔註49〕 劉孝誠：《中國財政通史·中華民國卷》，中國財政經濟出版社2006年版，第98頁。
〔註50〕 顧澄：《籌辦菸酒公賣之經歷》（中篇），著者自刊，1918年版，第6頁。
〔註51〕 顧澄：《籌辦菸酒公賣之經歷》（中篇），第20～21頁。

織之分棧報驗之後，方准出售，並須每日報明出售數目，按月徵收。第二步，存入政府設立之分棧、支棧，代為批發給零售商店，在批發之總價內按率取出公賣費。第三步，製造商店所製之酒，按照政府定價售與公賣局，再由公賣局按照費率加價，批發與販賣商店，再由商店發售給消費者。簡言之，即「民制官收商銷」〔註52〕。然而，由於分棧、支棧實行招商承包制，雖然政府便於管理，對酒稅徵收卻產生了消極的影響。分棧、支棧遂淪為富商大賈操控酒業市場、壓制同行競爭者、抵制政府稅收的手段。

公賣制度也受到酒業商人的抵制和反對。有學者宣稱，公賣制度「除舊稅之繁苛，祈國民之交益，法良意美，實吾國數千年來由籌款入於財政之濫觴也」〔註53〕。但公賣制度卻受到商人的普遍抵制，而成效不著。1918年底，時任北京大學校長的蔡元培曾言：「菸酒公賣之事，猶為國人詬病，真可慨也。頻年以來，國家多故，度支無所措，於是公賣菸酒之議興。加新稅以厚歲入，整稅則以警民欲。其旨甚善，其法良便。而商人不察，皇皇以維持國貨為言，視如虐政，乃為推行公賣之阻力。」〔註54〕顧澄也認為「公賣之創辦已經數年，而各省所行，尚似是而實非，雖原因不一，而維持國貨論者之反對，實與有力焉也。」〔註55〕蔡元培對商人反對公賣的認識大概就來自於顧澄的論述，而其將公賣制度推行不力的原因歸結為商人的反對，不無偏頗，然商人反對公賣卻是不爭的事實。

1916年底，中華全國商會聯合會召開大會，共收到相關酒稅改革的提案28件。有提議取消菸酒公賣制度的，如吉林、九江、長沙等地商會；有提議酌減菸酒稅者，如甘肅、熱河、浙江等地商會；有建議劃一稅制者，如山東、吉林、江蘇等地商會提案。會後，總商會為裁撤菸酒稅而專門向眾議院請願。〔註56〕提案內容雖不全相同，但抵制政府公賣及現行稅收制度的意圖卻十分明顯。「菸酒聯合會請願國會，要求政府改菸酒稅為統稅，而稅率不得過15%。亦以此15%之稅率，通行之後，不知能否不損國家收入之預算，政府卒不敢允。」〔註57〕政府

〔註52〕　顧澄：《籌辦菸酒公賣之經歷》，著者自刊，1918年版，第47～48頁。

〔註53〕　顧澄：《籌辦菸酒公賣之經歷》「自序上」，著者自刊，1918年版，第4頁。

〔註54〕　蔡元培：《〈籌辦菸酒公賣之經歷〉序》，見顧澄：《籌辦菸酒公賣之經歷》，著者自刊，1918年版，第1頁。

〔註55〕　顧澄：《籌辦菸酒公賣之經歷》，著者自刊，1918年版，第3頁。

〔註56〕　《中華全國商業聯合會會報》1916年第3年第11、12號合刊。

〔註57〕　顧澄：《籌辦菸酒公賣之經歷》，著者自刊，1918年版，第21頁。

考慮到會有損其收入，商會的請願未承應允，商會此舉卻充分顯示了商界的力量，是政府不能不正視的。

第四，這一制度設計本身存在著致命缺陷，主要體現在進口酒類管理缺失上。隨著中國關口大開，外國酒類開始進入中國市場並廣泛流行。然而，自清廷以至民國政府，都莫能奈之何。外國進口酒類在入關時值百抽五，運銷內地時再加抽 2.5%的常關稅，其稅率為 7.5%。而其運銷全國，各地均不得再徵任何費稅。其所享受的優惠稅率，顯然非國產酒類所能及。上述商會的請願，欲使政府徵收 15%的菸酒稅，而其稅率為洋酒的 2 至 3 倍，也沒有得到應允。這固然是由於洋人協定關稅權所致，也成為國產酒類產銷商人抵制政府酒稅改革的一大原因。

曾為河南菸酒公賣局局長、全國菸酒事務署文牘主任的李恩藻，深切感受到海關權利喪失對菸酒事務的影響。李恩藻言道：「各國海關稅，屬行保護政策，幾乎為世界之公例。惟我國關稅稅則，既為協定，未足與言及此。且自通商互市以來，土菸土酒輸出有稅，而外菸外酒之輸入，向在免稅之列。與各國採用關稅制度之用意適相背馳。嗣於訂定辛丑公約時，乃訂明輸入之洋菸洋酒，應於其他貨物一律徵收。雖科則與他種貨物未能輕重合宜，然較之《南京條約》之規定，似已略有進步也。」〔註58〕具體說來，一、徵稅權喪失。「我國設立海關之初，原由英美法三國稅司組織而成，當時任用洋員，一則以條約之所關，一則仍求徵收上之便利，相沿日久，而各關徵收之權，幾若非我所有。因此對於徵收上之估價及派司等問題，雖明知其流弊之日滋，而莫能立時補救。」二、海關人事權喪失。「海關內部之組織，除稅務司外，大率有副稅司、幫辦、供事等名目，自威脫、赫德兩氏相繼為總稅務司，既攬各關用人之權，更規定洋員出缺，仍需洋員補充之例，因之華員充當幫辦、供事者少，至副稅務司一席，華員中更無有問津者。」三、關稅保管權喪失。「海關之收入，雖抵於洋賠各款之支出。然保管之權，從前仍操之於我。自辛亥改革，各省官庫餘存，率遭劫掠，惟海關稅款，悉數保存。民國成立，各國鑒於既往，乃藉口債款、賠款兩項，遂要求將此項收入，按月逐由各關撥交外國銀行存儲，以便按期支付。由此，我固有之保管權，於以盡失矣。」各海關徵收、人事、稅款保存等權益，「完全在外人之手，財政部稅務處雖曰管理海關，亦僅擁虛名。

〔註58〕李恩藻：《菸酒稅法提綱》，北京琉璃廠萬成齋南紙鋪 1916 年版，第 119～120 頁。

若各海關所設之監督，則更無所事事矣。」〔註59〕

正如著名財政學家、經濟學家馬寅初所言：「洋菸、洋酒受值百抽五協定
關稅之保護，充斥市場，盡奪土菸、土酒之銷路而去者，實為菸酒稅收入之致
命傷。洋菸、洋酒所納之稅，連同子口半稅，只值百抽七點五，而土菸、土酒
須納值百抽三十以上之稅。相形見絀，焉得不日趨於衰微？故欲整理菸酒稅
收，使之逐年增加，非收回關稅自主之權不可。蓋此項奢侈稅，可以供伸縮之
能力，國家政務發展之時，竟可增高其稅率。此非無伸縮力之關稅、鹽稅可比
者也。吾國關稅，係為保護洋商而設。如欲保護華商，並使菸酒稅隨增隨減，
非將關稅自主權收回不可。在未取消此種不平等條約以前，即菸酒稅，既無增
加之希望，亦無伸縮之可言。故今日之協定關稅，不但控制我國工商業，並減
少我國增加國稅之可能性」。馬寅初大聲疾呼，中國的菸酒稅「係對奢侈品所
課之稅，有寓禁於徵之意，且富於伸縮力，本係一種良稅，受協定關稅之影響，
不能隨時增加，非將關稅自主權恢復，一時難望其激增，以應多量之需求」。
故「欲整理菸酒稅收，使之逐年增加，非收回關稅自主之權不可」〔註60〕。協
定關稅不但損害了中國工商業的健康發展，對中國財政體系的設計也產生了
不小的阻礙作用。馬寅初認為，如欲徹底整頓酒稅，非收回關稅自主權不能奏
效。

時人普遍認識到，「我國幅員廣於英美日，人口眾於英美日，菸酒消費量
巨遜於英美日，而菸酒稅率雖比諸國尚不為重，亦非甚輕，而收入數目懸隔如
此。何哉？」除「國內菸酒稅制凌亂，徵收失策，菸酒稅收雖多，歸公者僅十
之三四耳」這一內在原因外，「洋菸酒納稅過少，僅納海關值百抽五及子口半
稅，亦有僅繳牌照稅者。然以之比土菸酒值百抽三十以上之稅，輕重懸殊，成
本既低，品質尤佳，土菸酒銷場，大半被洋菸酒侵奪，故我國人消費菸酒量，
未嘗不大，特消費洋菸酒者多，而消費土菸酒者少。洋菸酒稅輕，而土菸酒稅
重，此菸酒稅收之所以不旺也。」〔註61〕

第五，行政上的一些弊端，影響了制度施行的實際效果。1917 年，公賣
之制推行兩載，財政次長李思浩（1882～1968）就認識到，「吾國自籌辦菸酒

〔註59〕李恩藻：《菸酒稅法提綱》，北京琉璃廠萬成齋南紙鋪 1916 年版，第 123～124
頁。
〔註60〕馬寅初：《中國之財政與金融》，《東方雜誌》1926 年第 23 卷 21 期，第 8～10
頁。
〔註61〕《菸酒稅收之狀況及整頓辦法》，《中外經濟週刊》1925 年第 123 期，第 5 頁。

事務以來，其徵權之額，雖較之各國為輕，而商民之情，則頗以施行為病」，「故辦理已及兩載，成效迄未大彰，長此因循，殊難進步」。究其原因，為「上下相隔，吏緣為奸，稽核未周，利歸中飽，商民既乏納稅之常識，當事又視章則為具文，扞格既多，推行自困」。其改進之法，在「對於菸酒行政，亟宜徹底清釐，以力行綜覈為主旨」。李思浩提出當時菸酒稅收行政上的五大缺失。一、未備菸酒產銷統計表冊。「比年各省分局，對於冊報計算，幾於視同具文，因之產銷狀況，無從得其真相。影響所及，窒礙諸多。」二、經徵機關浮濫蒙混。「經徵機關，不無浮濫之弊。制發單照，尤多蒙混之虞。於礙難普通稽核之中，勉籌徹底抽查之法，莫過於限制各種單照之制發及注意各項存根之保儲。」三、部分地區行商包之實。「近來各省徵收費款，往往估計約數，責令包繳。陽襲公賣之美名，實行包辦之陋制。微特公賣價格不能均衡，即產銷真相亦復無從查考。弊混相沿，亟應整頓。」四、官商懸隔。「官商隔閡，則弊竇叢生。欲徹底清釐，必使官民之間，有宣布報告之書，具貫徹啟迪之用，然後循序策進，其效乃宏。」五、缺少實地調查。「調查專員，久為虛設，積弊已成，殊勘浩歎」〔註62〕。在此，李思浩確實觸及到了當時菸酒稅行政上出現的諸多問題。

第六節　本章小結

　　步入民國後，為解決財政問題，當局沿襲清末「加重酒稅」「寓禁於徵」的思路，將酒稅納入中央政府財政預算，創設特許營業牌照稅。設立全國性的菸酒稅收事務管理機構，在各省設立菸酒公賣局（後改菸酒事務局），省局下設區局、分局，建立起一套自上而下的公賣機構，徵收公賣費，施行公賣之制。這一時期，雖有《全國菸酒公賣暫行簡章》《徵收菸酒公賣費規則》等全國性法令規章，但各地在執行過程中存在較大差異。無論是公賣費率，還是具體徵收辦法，乃至經徵機關，都未能完全實現整齊劃一。在徵收牌照稅（類營業稅）、公賣費（實質上的加徵）的同時，各省此前所開徵之酒稅，基本上得以保留，更加劇了北京政府時期酒稅制度的紊亂，其徵收的混亂情形無以復加。但從另一個角度看，北京政府確立的對酒類徵收之牌照稅、公賣費、酒稅，共同構成

〔註62〕《財政次長代理部務李思浩呈大總統擬整頓菸酒行政辦法文》，《政府公報》1917 年第 679 號，第 12～13 頁。

了管理制度體系，沿用時間甚久，亦可從一定程度上說明其為當時較優的制度選擇。在具體徵收實際中，公賣費、牌照費等雖定為中央稅，但各地方擅自截留，收數雖有所增長，解送中央政府者極為有限。政局的頻繁變動，影響了酒類管理機構的設置及其運行，中央政府設計的酒稅制度並未能在全國範圍內得到遵行；北京政府未能統一全國稅率，所謂的公賣實質上淪為一種在原有混亂稅制基礎上的加徵；作為專賣先聲進行設計的公賣制度，淪為了商人之間傾軋競爭的工具，且受到商人的抵制和反對；制度設計本身存在的缺陷，尤其是對進口酒類管理的缺失，導致北京政府菸酒稅制度施行過程中存在較大困難；此外，行政上的弊端也影響了制度施行的實際效果。

第四章　民國時期酒稅制度（1927～1949）

　　酒之為物，較為特殊。其純屬消耗品，主張重稅者，歷代皆不乏其人。在財政近代化整體背景下，北京政府對酒稅制度進行重新設計，創行「以官督商銷為宗旨」的「公賣」政策。國民黨政權奠基南京後，沿用北京政府酒稅制度，弊病叢生。為應對財政危局，根據第一次全國財政會議形成的清理整頓思路，對酒稅制度進行重新設計，成為近代中國酒類管理制度演進中的重要一環。

第一節　南京國民政府酒稅制度整頓思路的形成

　　世界各國財稅收入中，菸酒兩稅佔據重要位置。中國酒類消費歷史悠久，酒文化發達，歷代對酒均實行不同程度的管理。及至近代，「寓禁於徵」的思想為財稅學界和實務界普遍接受。早在清末，朝廷和理財專門家便已將菸酒等項作為大宗稅源進行管理。光緒皇帝在一道上諭中言及：菸酒「徒供嗜好之用，並非生計所必需，雖多取之而不為慮，且可以寓禁於徵」〔註1〕。民初財政學者在論及酒稅時認為，酒類為嗜好品和非必需品，於生理健康有害，對其徵收重稅，「亦不至增人民之苦痛」；無論城鄉，酒類消費廣泛，「課稅則國庫得多額之收入」。且酒類嗜好品性質，其消費很難在短期內減少或杜絕，「適於賦課

〔註1〕吳兆莘、洪文金遺稿：《中國財政金融年表》（下冊），劉聚星、林寶清續編，中國財政經濟出版社1994年版，第585頁。

重稅，為較有伸縮力之財源」〔註2〕。其後的酒稅制度設計者和財政學家，均本著這一思路。余國珍言:「菸酒兩項，具有奢侈品之性質，為消費物之大宗，各國均重課其稅，以示寓禁於徵之意。」〔註3〕著名經濟學家何廉亦言:菸酒「為消費大宗，不第非生活必需之品，且有害生理之健康，課之以較高之稅，本寓禁於徵之意，亦不患其消費之因而減落。且菸酒為奢侈品，課之以稅，使一班無直接之稅負者，亦可令其工資中之經濟剩餘，得負擔少許之稅。」故菸酒兩項，為現代國家「良好之稅源」。〔註4〕將菸、酒兩項並列討論，提倡「寓禁於徵」之策，並考慮財政收入和稅源掌控，成為這一時期酒稅制度設計和改進的主要指導思想。

　　現實財政危局，促使國民政府關注酒稅清理整頓和酒稅制度重新設計問題。面對新政權建立和建設所需巨額經費，南京國民政府所面臨的形勢確為嚴峻。一方面，戰爭仍在繼續，軍事需用孔急;另一方面，對於政權建立後意欲從事的各方面建設，也需要大量的財稅收入支撐。民國年間，釀酒業是遍布全國各省的重要傳統手工產業。雖缺乏連續、可信的統計數據，對民國時期酒類產量產值，難以精確瞭解。但遍及城鄉的產製和消費，其量當不會太低。面臨財政危局，南京國民政府想要得以維持並實現其國家建設目標，必須加強稅源掌控。在此之前，已有人觀察到，「我國財政困難，與其舉行新稅，不如整頓舊稅之易。而整頓舊稅中，又不如菸酒稅收效之速而且宏也」。〔註5〕

　　南京國民政府成立後，對於菸酒稅之徵收，多沿用北京政府舊法，弊病叢生。時財政學者賈德懷一針見血的指出酒稅之弊，一、「徵收費稅不依章程，輕重高下，自成習慣」，「非徒甲縣與乙縣辦法不同，即一縣之中，亦復各鄉互異，紛歧複雜，莫可究詰。一言蔽之，有稅無制。」二、「稅單繳驗，填寫不實，凌亂錯訛，漫無稽考;甚至但用私條，不給憑單;或則證票單照，性質不明，制用舛錯，而冊報無證，猶其餘事。」三、「不守權權，截徵他局外產，低價減讓，攘奪鄰縣稅收。而過境查驗，復有相習抽費者，名目巧立，莫非弊私。」四、「菸酒徵稅，各國從同，然商民仍認為苛捐雜稅，習見已深，牢不可破。或則視習慣為當然，以照章為苛擾。又鄉曲居民，素無納稅知識，僻遠

〔註2〕　孟昭常等:《財政淵鑒》（上冊），中華書局1914年版，第463頁。
〔註3〕　余國珍:《中國財政論》，商務印書館1931年版，第163頁。
〔註4〕　何廉、李銳:《財政學》，國立編譯館1947年版，第256頁。
〔註5〕　《菸酒稅收之狀況及整頓辦法》，《中外經濟週刊》1925年第123期，第8頁。

縣份，甚至從未舉辦。一經申明稅法，轉相嘩怪，停業要挾，屢見不鮮。整理改進，諸尚須時。」五、「菸酒費稅，散漫零星，公賣尚未實行，徵收無法統一，如本產本銷居民家釀等項，窮鄉僻壤，沿門稽徵，手續既極繁難，事勢尤多隔閡。各分局為執簡馭繁，兼省經費，初不能不託當地商董認額代辦。相沿既久，地方稅務，遂皆落於此輩土著之手，把持壟斷，如疽附骨，稅政敗壞，此實厲階。」〔註6〕酒稅之弊，嚴重影響財政收入，財政部長宋子文認為，各省酒稅「積弊相承，辦理絕無起色」，「棼如亂絲」，亟需改革整頓「以裕公帑而維稅源」〔註7〕。

1928 年 7 月 1 日至 10 日，國民政府在南京召開了第一次全國財政會議，通過了一系列關於財政稅收的決議案，對近代中國財政統一及財稅制度設計產生了重要影響。〔註8〕已有學者注意到，菸酒稅「是財政會議著力整理的對象」〔註9〕。正是在第一次全國財政會議上，通過的《整理山東菸酒計劃案》《實行菸酒公賣政策擬先設籌備委員會案》《整頓菸酒稅收大綱案》《審查整頓菸酒稅收大綱案報告書》等，明確提出了菸酒稅收清理整頓的基本思路。

山東菸酒事務局局長閔天培認為，山東「菸酒稅捐窳敗情形，達於極點」，其「根本弊病，在於直接徵收之權，仍在商人之手」。軍閥巧立名目斂財，主事者亦借機中飽私囊，以致「登記統計，無從核辦，預算決算，因而廢止，至是事權之重心轉旁落於各縣分棧經理，國課未裕，而商民已病」〔註10〕。意欲改變此種狀況，應從兩方面著手。一方面，針對暫停歇業或營業倒閉者，應許其報歇，停止徵收酒稅，以減輕商民負擔；另一方面，對於酒稅之徵收，「剃除中飽以裕稅課」，增加政府收入。閔天培因主掌一省菸酒稅政，故其所提議案，較為詳盡。在閔天培看來，要整頓山東一省之菸酒稅收入，第一步是調查

〔註6〕賈德懷編：《民國財政簡史》，商務印書館 1946 年版，第 123 頁。

〔註7〕《宋子文發表我國菸酒稅務紊亂亟待整理訓詞》，見中國第二歷史檔案館：《中華民國史檔案資料彙編》第 5 輯第 1 編「財政經濟」3「稅制與稅收」，江蘇古籍出版社 1994 年版，第 409 頁。

〔註8〕武豔敏：《統一財政：1928 年國民政府第一次財政會議之考察》，《史學月刊》2006 年第 4 期。

〔註9〕柯偉明：《南京國民政府第一次全國財政會議新探》，《廣東社會科學》2016 年第 2 期。

〔註10〕閔天培：《整理山東菸酒計劃案》，見全國財政會議秘書處編輯：《全國財政會議彙編》，國民政府財政部秘書處總務科 1928 年版，第 75～78 頁。

籌備，掌握各區域之稅率負擔、釀造運銷、輸入輸出等情形；第二步是分期推進，估定全省統一稅率，並訓練專人直接從事菸酒稅之徵收工作。在清理整頓的同時，注重稅收徵繳人才的培養和行政經費的支撐。惟其如此，方能使菸酒稅收步入正軌。

閔天培的提議，主要針對山東省菸酒稅徵收狀況及其問題。而湖北菸酒事務局局長華煜則主要是從頂層設計來加以考慮。華煜建議設立全國性的菸酒公賣籌備委員會，重新設計菸酒公賣辦法及相應的稅費徵收制度。華煜認為，菸酒徵稅「原為取締消耗物品，寓禁於徵起見」。各國稅率畸重，而我國稅率雖輕，卻「民怨叢集，認為苛細」。其要在於開辦之初，政府無具體推行計劃。故推行十餘年來，毫無成績可言。其「三任斯職，閱時兩年，雖經釐定種種章制，亦無以濟挽救之窮意」。面對此種情形，華煜認為「非根本改造不足以言整理，爰請實施菸酒公賣政策仿照各國辦理」。故其建議「先設立全國菸酒公賣籌備委員會，由各省菸酒事務局長兼充委員，責成調查設計暨共同籌商改造辦法，並一面考查各國菸酒公賣情形，俾資借鏡。」〔註11〕

由財政部菸酒稅處提出的《整頓菸酒稅收大綱案》認為，北京政府時期由於預算不確，事權不一，省自為政。欲整頓菸酒稅收，不妨從如下方面著手。其一，統一徵收稅則和相關辦理制度。原《菸酒公賣暫行簡章》第十條規定，公賣費率為 10% 到 50%，其具體費率由各省自行決定。省與省之間，往往差異巨大，有失稅收公平原則。一些省份在公賣費和正稅之外，尚加徵各種名目的捐稅，與中央意圖相悖。其具體徵收方法各省也不統一，如江蘇由酒商認繳，浙江則全由官辦。雖則其目的都是為國家徵集稅收，然「究不足以昭制度之劃一」。其二，確定菸酒稅收支預算。菸酒稅收因無精確產銷統計，稅務機關在制定收支預算時無準確依據。菸酒稅整頓，要明確收支預算，嚴格執行。其三，「用人宜歸部派稅款宜解中央」。此前各省菸酒稅收人員，由各省自行委派，未按部定章程辦理。其所收款項，也不解送中央，常為各地截留挪用。其四，調查菸酒產銷情形以便實行公賣。菸酒公賣之法創設十餘年，未能實現「公賣」的宗旨。應由各省菸酒公賣局調查生產與銷售情形，估定各地市場價格，以為酒稅徵收的確實依據。「若能切實整頓，劃

─────────

〔註11〕 華煜：《實行菸酒公賣政策擬先設籌備委員會案》，見全國財政會議秘書處編輯：《全國財政會議彙編》，國民政府財政部秘書處總務科 1928 年版，第 78～79 頁。

一徵收。每年所入，何止倍蓰。國計稅源，所關至巨。」〔註12〕時任財政部菸酒稅處處長程叔度在《審查整頓菸酒稅收大綱案報告書》中，進一步明確了菸酒稅收清理整頓的基本思路和步驟。第一步為調查各地菸酒產銷數量，以定比額範圍；第二步為調查菸酒銷售價格，以定稅率標準；第三步為訓練稅收人才，實行從價收稅，改良現行包商及委辦制度。「俟有成效，再由財政部規定公賣辦法，以期實現公賣政策。如此循序漸進，稅收之劇增乃可計日而待。」〔註13〕

第二節　南京國民政府成立之初酒稅制度的清理整頓

　　根據前述菸酒稅收制度整理思路和設想，財政部對菸酒稅收進行大力整頓。其一，成立整理菸酒稅務委員會，負責酒稅制度重新設計及施行。1928年12月，財政部公布《整理菸酒稅務委員會章程》，決定設立整理菸酒稅務委員會，負責「整頓全國菸酒事務，重訂劃一稅則，改革徵收方法，編纂各項圖籍，設立整理菸酒稅務委員會」〔註14〕。以各省菸酒事務局正、副局長和財政部菸酒稅處秘書科科長為當然委員，曾參與菸酒稅制設計或對菸酒稅務有研究者，也可由財政部聘任或委任。整理菸酒稅務委員會負責議決菸酒稅務相關事項，經議決各案，交財政部核定施行。1929年1月30日，整理菸酒稅務委員會正式成立，負責領導並推動菸酒稅收整理工作的進行。整理菸酒稅務委員會成立後，多次召開專門會議，審核委員各項提案數十件。議決施行的有程叔度所提《改良菸酒費稅辦法案》，秦景阜交議的《修訂酒類營業牌照稅章則以利推行案》《華洋機製酒類稅章則應賡續釐定案》《從新釐定各省收支預算以為稅政準則案》，江蘇菸酒事務局提議《廢止商包過渡時期變通辦法案》，浙江菸酒事務局所提《杭嘉湖三府屬蘇燒土燒擬增加比額設立專局案》等。這些決議案，或指導全國性菸酒稅務清理整頓，或指導和籌劃某一特定區域菸酒稅收事務。就各地方而言，在整理菸酒稅務委員會指

〔註12〕菸酒稅處提：《整頓菸酒稅收大綱案》，見全國財政會議秘書處編輯：《全國財政會議彙編》，國民政府財政部秘書處總務科1928年版，第72～74頁。

〔註13〕程叔度：《審查整頓菸酒稅收大綱案報告書》，見全國財政會議秘書處編輯：《全國財政會議彙編》，國民政府財政部秘書處總務科1928年版，第71～72頁。

〔註14〕徐百齊編輯：《中華民國法規大全》，商務印書館1937年版，第2986頁。

導下，江蘇、浙江、安徽、江西、福建、湖北、山東、河南、湖南等省對菸酒稅收事務進行了清理整頓，取得一定成效。〔註15〕

其二，重行公賣之制，統一徵收稅率。早在1927年6月，財政部曾以部令重新頒布《菸酒公賣暫行條例》，將各省公賣費都規定為20%，以便統一各省稅率，平衡負擔。但由於當時北伐戰爭正在進行，多數省份未能執行。1929年8月12日，財政部修正公布《菸酒公賣暫行條例》，規範對象為在國內產銷之菸酒，其目的為「整頓菸酒收入」，「以官督商銷為宗旨」，與北京政府時期所行菸酒公賣之法別無二致。條例對規範對象、經徵機關、公賣方法、公賣價格、徵稅憑證、稅務檢查等方面進行了規定。其主要之變化在於，將北京政府時期由各省自定10%到50%的浮動稅率，統一為從價20%的固定稅率徵收公賣費。並規定若人民自釀自食者，經主管經徵局所許可給照，可在家內開釀，但每年以100斤為限，仍需按率繳納公賣費。同時公布《菸酒公賣稽查規則》和《菸酒公賣罰金規則》。《菸酒公賣稽查規則》規定菸酒稅經徵機關為防隱匿偷漏菸酒公賣費，可隨時派員稽查；在行使稽查職權時可諮請當地縣警隨時協助，稽查人員在調閱帳簿、檢查貨品時，商戶不得無端抗拒；稽查人員不得向商戶額外需索、任意刁難，商戶也不得串通舞弊；任何人均可告發隱匿大宗漏繳公賣費、繳費不足及私行買賣者。《菸酒公賣罰金規則》規定，未繳納公賣費或繳費不足20%，或未貼用印照的酒類，除將貨物沒收充公外，處貨價2倍以上5倍以下罰款；再犯者加倍，三犯以上者加4倍處罰，並勒令停業。酒商抗拒稽查人員調閱帳簿、檢查貨品者，除強制執行外，視其營業大小，處3元以上30元以下罰款；偽造、私改納費單照者，按照偽造有價證券律處理；同時違犯兩條以上者合併處罰；罰金五成充公，五成獎勵查獲人員和告發人。〔註16〕南京國民政府重定條例與北京政府所定公賣章程相比，其最大變化在於將公賣費率固定為從價20%，取消了北京政府所定10%到50%的幅度稅率。〔註17〕對舊制的此番變更，有利於公賣制度的推行及菸酒稅的徵收。

〔註15〕程叔度、秦景阜總纂：《菸酒稅史》下冊第十章「整理概況」，大東書局1929年版。

〔註16〕稅務署編：《財政部稅務署章則彙編》，財政部稅務署1933年版，第141～145頁。

〔註17〕中華民國工商稅收史編委會：《中華民國工商稅收史·貨物稅卷》，中國財政經濟出版社2001年版，第271頁。

其三，建立從中央到地方的酒稅徵收稽查機構，確保酒稅制度施行。1927年10月，財政部便成立菸酒稅處，以程叔度為處長，負責綜理全國菸酒稅收事務，各省菸酒事務局多沿用舊制，在省局以下設分局、分棧支棧。1929年12月，公布《財政部菸酒稅處組織章程》，明確菸酒稅處組織機構及其業務範疇，各省設直屬財政部之菸酒事務局，專門管理徵收菸酒費稅各項事務，各省財政廳負有協助省局菸酒稅費稽徵事宜之責。各省局根據產銷情形，分區域設置分局，在產銷較少不具備設置分局條件的地區設稽徵所，分局局長、稽徵所主任由省局委派並報財政部備案。各分局、稽徵所應按月將本區域內菸酒產銷情形和市價漲跌狀況上報省局，由省局報部備查；各分局每十日將所收菸酒稅費款項解省局一次，最長不超過半月一次，省局隨時匯總繳交國庫存儲。〔註18〕

1930年，菸酒稅處與印花稅處合併為印花菸酒稅處，各省機構也合併為印花菸酒稅局。各省印花菸酒稅局之職掌有如下兩點變化。一是地方官廳負有協助菸酒稅收事宜之責。財政部公布之《各省印花菸酒稅局組織章程》第四條規定：「各省地方官廳對於印花菸酒稅事務有協助進行之責，各省局長得隨時發布局令諮行地方官廳或督飭縣長協助辦理之」。是則「地方官廳」也負有協助之責，而不限於原定各省菸酒事務局事宜由財政廳協助。二是為配合菸酒產銷狀況調查，各省局之職掌漸趨繁複。其第五條規定，各省印花菸酒稅局派員分赴各市縣調查印花推銷狀況及菸酒產銷種類、性質、數量、商鋪牌號、製醸方法、成本市價等情形，並每月一次填報各稽徵所之菸酒費稅稽徵情形，遇有各地關於菸酒稅收事宜的興革意見，得隨時擬具節略上報。〔註19〕

1932年7月，印花菸酒稅處與統稅署合併，改組為稅務署，酒稅相關事宜統歸稅務署管轄，唯地方仍由各省印花菸酒稅局主管。財政部稅務署印花菸酒稅科，綜理全國印花菸酒稅務相關事宜。諸如稅務設計、稅率審定、檢查漏稅、取締走私、違章處罰、稅務糾紛、稅政考成、酒商登記、營業狀況、市價情形、統計報表等事務，均由稅務署印花菸酒稅科辦理。全國性管理機構的建立和演變，體現了南京國民政府「稅收管理機構按稅種設置」的

〔註18〕程叔度、秦景阜總纂：《菸酒稅史》上冊第三章「稅制·組織」，大東書局1929年版，第12～14頁。

〔註19〕稅務署編：《財政部稅務署章則彙編》，財政部稅務署1933年版，第16～17頁。

總體原則。〔註 20〕

其四，建立酒商登記管理制度，加強稅源掌控。財政部長宋子文認為，「菸酒稅務，歷十四年而成績不著，綜其大端，屬於上者，由各省之費率不一；屬於下者，由商包之專重比較，不事整理。票照既等具文，虛實難於稽核，而苛擾偽袒，串通中飽，種種流弊，緣此以生。知非實地調查，將菸酒產銷之多寡、價格高下、商戶之資本大小、營業盛衰，著之於冊，不足以劃一徵收，從事整頓。」〔註 21〕1928 年 12 月 4 日，財政部正式公布《辦理全國菸酒商登記章程》20 條，以「整頓全國菸酒費稅，規定登記辦法，以調查產銷實數，改革徵收方法為宗旨」。《章程》規定菸酒「製賣商」（從事製造者）和「販賣商」（從事批發零售者），均需進行登記。各省所設菸酒事務分局為登記機關，登記管理由各分局長和縣長共同負責進行。「製賣商」應登記商號名稱、地址、經理人姓名、出產種類及數量等信息，「販賣商」應登記商號名稱、地址、經理人姓名及營業種類，拒不登記者處 10 元以上 100 元以下罰金，登記不實者處 5 元以上 50 元以下罰金。菸酒商登記每年進行一次，逾期未申請登記者照章處罰，再犯者加倍。菸酒商申請登記後，登記機關應 3 日內辦理登記，登記結束後將登記結果公布，本年度內不許變更。〔註 22〕

第三節　土酒定額稅的開徵

通過前述系列整頓措施，國民政府將徵稅權從駐軍和承包商手中逐步收歸稅務機關，部分地區菸酒稅制改進取得一定成效。但國民政府對菸酒稅整頓的範圍，僅限於其直接控制的江蘇、浙江、安徽、江西、福建、湖南、湖北、河北等省，其他派系和地方勢力控制的省區，仍沿用北京政府舊制徵收。同時，菸酒稅、菸酒公賣費、菸酒營業牌照稅分別徵收、附加徵收苛雜等情形仍然存在。且各地酒稅徵收情形不一，重複經徵等現象較為普遍。為更進一步推進酒稅制度改革，增加酒稅收入，財政部在 1933 年 6 月 11 日核准《土酒定額稅稽

〔註20〕付志宇：《中國稅收現代化進程的思想史考察》（第 2 版），西南財經大學出版社 2015 年版，第 124 頁。

〔註21〕程叔度、秦景阜總纂：《菸酒稅史》上冊第一章「沿革」，大東書局 1929 年版，第 11～12 頁。

〔註22〕程叔度、秦景阜總纂：《菸酒稅史》上冊第三章「稅制·公賣費」，大東書局 1929 年版，第 7～8 頁。

徵章程》，於同年 7 月 1 日起在江蘇、浙江、安徽、福建、江西、河南、湖北七省施行。〔註23〕《土酒定額稅稽徵章程》規定，在七省範圍內生產和銷售的「土酒」（即國產酒類），均需完納土酒定額稅。除了菸酒營業牌照稅仍照舊章辦理外，公賣費稅和其他附加捐稅一律取消。七省之施行細則，由各省印花菸酒稅局根據地方情形制定後報稅務署核准施行。土酒定額稅徵收和稽查，涉及如下數端：

一、稅率。土酒定額稅稅率，由各省印花菸酒稅局根據轄區內土酒產銷狀況，分類擬訂後由稅務署呈財政部核准施行，每年修訂一次。土酒定額稅採取從量徵收辦法，以實業部公布的市秤為標準。散裝土酒半斤以下者免納土酒定額稅，半斤以上者以 1 斤計，但原裝者不足 1 斤時仍需按 1 斤納稅。

二、徵收。土酒定額稅以省為單位徵收，完納土酒定額稅後，除關稅外本省境內不再重徵。土酒製造商應於每月或新酒釀成時，將所釀製土酒之類別、名稱、數量、容器裝盛數量、散裝零星銷售數量上報當地稽徵機關，依土酒定額稅稅率完稅。納稅後由經徵機關發給財政部稅務署頒發的定額完稅證，下發商號時加蓋經徵機關和日期戳記。有包裝的土酒，將完稅證黏貼包裝容器封口處，在騎縫處加蓋製造商號戳記。散裝零星售賣者，由經徵機關核明數量按率納稅。經徵人員當場將完稅證對角撕開，一半交商號留存查驗，一半上交省局存銷；散裝零星者僅限當地銷售，出運者以私售論。

三、運銷。已納稅貼證土酒，欲運往本省其他地方或省外銷售者，應報請當地稽徵機關驗明後填發本省運照或出省運照；在運輸途中或運抵銷售地點後，擬改銷出省者，可申請出省運照。在生產省份已經繳納規定費稅之土酒，輸入施行土酒定額稅省份時，應在第一道關卡根據稅率完納土酒定額稅；完稅土酒運經施行土酒定額稅省份時，經徵機關不得徵收費稅，但在出入省境時核查後在容器上加蓋機關和日期戳記，然酒商不得在途中加裝或售賣。過境土酒欲改銷本省，依章程申領本省運照；需再行部分改運或分運本省或他省者，依規定分別請領相應運照。家釀自用土酒，每年每家不得超過 100 斤；應在開始釀製前將釀製數量報請當地經徵機關核明，依據章程納稅，方准開釀，違者以私釀論處。

四、登記。新設釀酒商，應在開業前一個月將地址、牌號、釀製種類、名

〔註23〕稅務署編：《財政部稅務署章則彙編》，財政部稅務署 1933 年版，第 171～179 頁。

稱、釀酒缸或窖池尺寸、數量、釀酒數量、是否散裝零星售賣等情形上報經徵機關，經核查屬實後方准開業；新開業之土酒銷售商，應在開業前一月將地址、牌號、販賣土酒種類、名稱、產地、批發或零售等情況上報；已開始營業之釀酒商或販賣商，在本章程公布施行一個月內依前述辦法辦理登記。土酒釀製商如需暫停營業，應呈請經徵機關查明後由省局核准，將釀造設備封存，存酒限期銷售完畢，停釀期間禁止開釀，違者以私制論；每年停釀期間不得超過兩個月。製造商如需長期停業，應呈請省局核准後，封缸、封甑、毀平池、灶，非經申請復業禁止自行開釀。

五、稽查。在運輸銷售過程中，均應持相應票證，由當地經徵機關查驗屬實後加蓋戳記；各省印花菸酒稅局和下屬稽徵機關，加強對私制、私運、私售土酒、以多報少、隱漏稅款等情形的稽查，必要時可調閱酒商帳簿和檢查貨品。土酒定額稅稽查人員執行任務時，應由主管機關發給檢查憑證，必要時由地方官署協助；不得需索留難酒商、不得串通舞弊，違者依法論處；任何人均可告發私制、私售土酒及隱漏稅款等行為。

六、處罰。對於私制、私售土酒，已裝盛容器而未加貼完稅證、將用過之完稅證揭下重用或塗改完稅證者，沒收涉案貨物，並處偷漏稅額 5 至 10 倍罰金；以多報少、隱漏稅款、通過本省土酒沿途加裝或銷售者，除沒收貨物外，處漏稅額 5 倍以下罰金。出運或改運土酒，沒有請領運照或改運證明書、貨證或運照及改運證明單不符、運輸土酒不報請查驗、抗拒檢查者，依情節輕重處 50 元以下罰金；如有涉及刑事犯罪的，移送法院查辦。對於前述各項，再犯者加倍處罰，三犯者加兩倍處罰並責令停業。稽徵機關所收罰金應填具相應表格，罰沒款項一半上繳，一半獎勵給稽查人員、協助警員和告發人員。

縱觀《土酒定額稅稽徵章程》，財政部實際上只是頒布了一個章程來規範七省區的土酒稅徵收原則，對於各省之酒類劃分及具體稅率，仍由各省分別頒布施行細則進行規定。因各省酒類產製情形不一，稅率亦大不一樣。如僅以釀酒原料分類，有以米釀製的紹興酒、仿紹酒之類，有以高粱穀類製成之高粱酒、大麴酒、燒酒、汾酒等，有以大小麥製成的土燒酒、小藥酒、雜燒酒等，有以黍等製成的土黃酒、土甜酒等，有以番薯製成的白番薯燒酒、紅番薯燒酒等。七省所產土酒種類及稅率詳情如表 4-1 所示。

表 4-1　1933 年七省土酒定額稅稅率表　　　　（徵收單位：每百斤／元）

省別	類　　別	稅率	所屬土酒名稱
江蘇	高粱色酒類	3.20	本產大麴、高粱火酒及原製果藥酒或原製有色酒類等，輸入大麴、高粱酒、汾酒、火酒及各種藥酒或有色酒類及山東、河北、廣東燒酒等。
	紹酒泡酒類	2.00	本產泡子酒，輸入泡子酒、各種紹酒。
	土燒仿紹類	1.40	本產小藥酒、土燒酒（米麥燒、秈燒、糟燒、雜糧燒）、蘇紹、仿紹。輸入小藥酒、土燒酒（米麥燒、秈燒、糟燒、雜糧燒）。
	土黃酒類	0.80	本產及輸入土黃酒、黃黍酒、甜酒釀、酒釀露。
	土酒水酒類	0.50	本產及輸入老白酒、菜酒、水白酒、水甜酒、水酒、生酒。土甜水酒類加裝成用泥封口之壇者，應依土黃酒類稅率徵收。
浙江	紹酒類	1.40	
	土黃酒類	1.00	
	生酒類	0.30	
	燒酒類	2.00	本產土燒酒、糟燒酒及輸入高粱酒、蘇燒、藥酒、色酒。
安徽	燒汾雜酒類	3.00	本產高粱酒、大麴酒、各色藥酒、桂花燒酒、玫瑰酒、金波酒、五加皮酒及輸入高粱酒、汾酒、各色藥酒、露酒、五加皮酒。
	紹酒類	2.30	輸入紹興酒、蘇酒。
	土燒小曲米麥酒類	2.00	本產米酒、麥酒、小曲酒、小藥酒、小吊酒、沖蘇酒。
江西	漢汾紹酒類	2.80	輸入漢汾酒、紹酒、漢白汾酒、漢紅白玫瑰酒、漢碧黃酒、漢白乾酒。
	土燒酒類	1.60	本產土高粱酒、土燒酒、穀燒酒、麥燒酒、堆花燒酒、桂花燒酒、土燒紅桂酒、土燒碧綠碧黃酒、土燒紅白玫瑰酒、土燒五加皮酒、糟燒酒、高粱土燒及輸入五加皮酒、玫瑰酒、湘酒。
	土甜水酒類	0.50	本產土甜酒、土水酒、封缸甜水酒、冬酒、水酒、雙料水酒、益精酒、甜娘酒、鬱金酒、米甜酒、札酒、穀酒、夾水酒。
	土紹酒類	2.25	本產土紹酒、省黃酒、淹糟丁黃及輸入土紹酒。

福建	燒酒類	7.00	輸入高粱酒、汾酒、玫瑰露酒、五加皮酒、史國公酒、生春堂藥酒、土高粱藥酒、露酒、粵產雙蒸酒、周公百歲酒。
	紹酒類	4.00	輸入太雕、花雕、寧波土酒、紹興酒、仿紹興酒。
	土燒酒類	3.00	本產土廣酒、土高粱酒、頂刀原刀燒酒、綠豆燒酒、國公酒、糯米酒、黑米酒、紅白番薯燒酒、桔燒、蔗燒、汽酒、龍眼酒、荔枝酒、米酒、番薯燒、米燒酒、土瓜燒、糯米燒、麴米。
	土黃酒類	1.60	本產土燒酒、雞老、參老、寶圓老、壇老、福老、老酒、盆酒、紅酒、生紅酒、黃酒、白米酒、紅老酒、綠豆酒、桂花時老酒、冬老酒、青紅酒、紅白雙料酒、陳冬酒、土黃酒、白酒。
湖北	汾紹陳佘酒類	2.13	本產漢汾酒、陳臘酒，輸入浙紹酒、佘店酒。
	土紹南酒類	1.25	本產南酒、土紹酒，輸入湘紹酒。
	米酒類	0.60	本產米酒。
	雜色酒類	3.60	本產各種色酒、露酒、藥酒。輸入天津五加皮、玫瑰酒、大麴酒、青梅、馮了性酒、克米酒、黑糯米酒。
河南	燒汾露料酒類	6.80	本產大麴燒、小曲燒、燒酒、乾酒、蒸燒、大麴酒、小曲酒、料酒、玫瑰露、五加皮、白乾酒、紅薯酒、高粱酒、碧綠、碧黃、碧紅、白酒、綠酒、紅酒、白玫瑰、紅玫瑰、木瓜露、佛手露、小藥酒。輸入大麴燒、小曲燒、紹酒、汾酒、潞酒、露酒、紹酒、漢口仿紹。
	土黃酒類	3.00	本產土黃酒、黃酒、甜黃酒。
	酩醯酒類	2.00	本產酩醯酒、糯米水酒、小米水酒、元米水酒。
	南紹酒類	9.80	

資料來源：稅務署編：《財政部稅務署章則彙編》，財政部稅務署 1933 年版，第 179～181 頁。

　　1937 年 10 月 13 日，根據國民政府新規，各省土酒定額稅、公賣費，均按照原定稅額或費率、稅率一律加徵 50%，原定章程和徵收程序不變。各省此前未及廢除的酒類附加捐稅，仍按向例徵收，但不隨同加徵。〔註24〕國民政府此番加徵，主要基於兩個方面的考慮。一方面，抗戰全面爆發後，財政需用浩繁，加稅是不得已的選擇；另一方面，由於受到市價上漲和通貨膨脹的影響，酒類銷售價格在數年間發生了較大的變化。故財政部認為，「雖表面已經加重，

<hr>

〔註24〕 重慶市檔案館編：《抗日戰爭時期國民政府經濟法規》（上冊），檔案出版社 1992
　　　　年版，第 377～378 頁。

而實際原訂稅率，歷時已久，售價方面，已有變遷。如予復實改訂，於稅收方面不無裨益。」〔註25〕除加徵外，財政部擬調查土酒之種類、產銷狀況、批發零售價格，進一步修訂稅率；將土酒定額稅徵收辦法，推廣到四川、陝西、甘肅、寧夏等省。1940 年，財政部在陝西、甘肅、寧夏三省推行土酒定額稅徵收辦法。所徵土酒定額稅，由正稅和加徵兩部分組成，其他徵收程序與方法未發生變化。〔註26〕其具體稅率如表 4-2 所示。

表 4-2　陝甘寧三省土酒定額稅稅率表　　　　（徵收單位：每百斤／元）

省別	類　別	所徵稅率	加　徵	所屬酒類
甘肅寧夏	燒酒類	6.60	3.30	本產及輸入高粱酒、汾酒等。
	青稞酒類	6.20	3.10	本產及輸入青稞酒、糜子酒等。
	土黃酒類	4.00	2.00	本產及輸入米製黃酒。
	雜色酒類	7.80	3.90	本產及輸入各種露酒、色酒、紹酒、藥酒等。
陝西	鳳燒大麴酒類	4.50	2.25	鳳翔燒酒及關中所產燒酒並陝南所產大麴酒。
	小曲雜色酒類	2.40	1.20	小曲、高粱酒、包穀酒、次土燒酒、甜酒、苦南酒、黃酒、秧酒、稠酒、柿酒、料酒等。
	果藥酒類	16.00	8.00	虎骨酒、木瓜酒、玫瑰酒、五加皮酒、馮了性酒、活血酒及果子酒等。
	果紹酒類	6.00	3.00	山西汾酒、浙江紹興酒等。
	水酒類	0.40	0.20	

資料來源：中華民國工商稅收史編委會編：《中華民國工商稅收史·貨物稅卷》，中國財政經濟出版社 2001 年版，第 289 頁。

在將土酒定額稅推廣到陝甘寧三省的同時，財政部亦謀提高此前七省土酒定額稅稅率。1940 年 9 月 15 日起，財政部大幅度提高江蘇、浙江、安徽、福建、江西、河南、湖北七省土酒定額稅稅率，保留此前所採從量徵收辦法，仍以每百斤為徵稅單位。如江蘇一省，高粱酒 1933 年初行土酒定額稅時每

〔註25〕財政部：《財政部第二期戰時行政計劃實施具體方案》，財政部印，1938 年版，第 20～21 頁。
〔註26〕中華民國工商稅收史編委會編：《中華民國工商稅收史·貨物稅卷》，中國財政經濟出版社 2001 年版，第 289 頁。

百斤徵稅 3.2 元，1940 年提高到每百斤 8.64 元，紹酒類從 2 元提高到 5.4 元，土燒酒、仿紹酒類從 1.4 元提高到 4.2 元，土黃酒從 0.8 元提高到 2.16 元，土酒、土水酒類從 0.5 元提高到 1.2 元。其他各省針對不同酒類，稅率也有不同幅度的提高，多為 1933 年稅率 2 到 3 倍不等。〔註27〕其具體稅率如表 4-3 所示。

表 4-3　1940 年七省土酒定額稅稅率表　　　　（徵收單位：每百斤／元）

省別	類　別	應徵稅額	非常時期加徵	共徵稅額	1933 年稅率
江蘇	高粱色酒類	5.76	2.88	8.64	3.20
	紹酒泡酒類	3.60	1.80	5.40	2.00
	土燒仿紹類	2.80	1.40	4.20	1.40
	土黃酒類	1.44	0.72	2.16	0.80
	土酒水酒類	0.80	0.40	1.20	0.50
浙江	紹酒類	2.80	1.40	4.20	1.40
	土黃酒類	1.80	0.90	2.70	1.00
	生酒類	0.80	0.40	1.20	0.30
	燒酒類	5.00	2.50	7.50	2.00
安徽	燒汾雜酒類	5.40	2.70	8.10	3.00
	紹酒類	4.14	2.07	6.21	2.30
	土燒小曲米麥酒類	3.60	1.80	5.40	2.00
江西	漢汾紹酒類	5.60	2.80	8.40	2.80
	土燒酒類	2.88	1.44	4.32	1.60
	土甜水酒類	0.80	0.40	1.20	0.50
	土紹酒類	4.05	2.03	6.08	2.25
福建	燒酒類	9.00	4.50	13.50	7.00
	紹酒類	7.00	3.50	10.50	4.00
	土燒酒類	3.00	1.50	4.50	3.00
	土黃酒類	1.80	0.90	2.70	1.60

〔註27〕《修訂各項統稅暨七省土菸特稅土酒定額稅之完稅價格及稅級稅額表（1940年 9 月 15 日起實行）》，《中央銀行月報》1941 年第 10 卷第 3 期，第 394～395頁。

湖北	汾紹陳佘酒類	4.26	2.13	6.39	2.13
	土紹南酒類	2.30	1.15	3.45	1.25
	米酒類	0.80	0.40	1.20	0.60
	雜色酒類	6.48	3.24	9.72	3.60
河南	燒汾露料酒類	6.80	3.40	10.20	6.80
	土黃酒類	4.50	2.25	6.75	3.00
	酩醯酒類	3.60	1.80	5.40	2.00
	南紹酒類	9.80	4.90	14.70	9.80

資料來源：《修訂各項統稅暨七省土菸特稅土酒定額稅之完稅價格及稅級稅額表
　　　　　（1940 年 9 月 15 日起實行）》,《中央銀行月報》1941 年第 10 卷第 3 期,
　　　　　第 394～395 頁。

第四節　國產酒類稅沿革

　　酒稅稅率雖經 1937 年和 1940 年兩次加徵,並將土酒定額稅制從 1933 年
試行的七省擴展到十省。但隨著抗日戰爭進入更為嚴酷的階段,國民政府面臨
的財政危局越來越嚴峻。一方面,國民政府直接控制的區域,被壓縮到西南一
角;另一方面,施行土酒定額稅稅制之外的其他地區,仍行菸酒公賣制。稅制
未能劃一,仍是國民政府面臨的一個嚴重問題。土酒定額稅採從量徵收辦法,
雖規定稅率根據產銷狀況每年核定一次。但在實際操作中,很難得以實行。如
1933 年確定稅率後,只有 1937 年加徵 50%,至 1940 年方重新擬定稅率。從
量稅徵收難以趕上物價上漲和貨幣貶值的速度,每年改訂稅率又存在困難。在
放棄酒類專賣設想後,如何在全國範圍內採取統一的稅制、稅率和徵收方法,
並與時值物價掛鉤,是國民政府酒稅設計的發展趨勢和面對的焦點問題。

　　1941 年,國民政府有意將從量徵收稅種,全行改為從價徵收,以應對飛
漲的物價。1941 年 8 月 7 日,財政部公布《國產菸酒類稅暫行條例》,自是年
9 月 1 日起施行。〔註28〕與舊制相比,新稅制有著如下突出特點:1. 規定國
產菸酒類稅徵收對象及其性質。國內產製之菸酒類,均應依本條例分別徵稅;
菸酒類稅為國家稅,暫由財政部稅務署所屬稅務機關徵收;國產菸酒類稅由產
地一道徵收,行銷國內或轉口時不再重徵任何捐稅。2. 稅率及其計算。酒類稅

〔註28〕《國產菸酒類稅暫行條例》,《甘行月刊》1941 年第 6 期,第 70 頁。

按產地核定完稅價格徵收 40%；以出產地附近市場近六個月平均批發價格作為完稅價格；平均批發價格包括完稅價格、原納稅款、由產地運達附近市場所需費用（估定為完稅價格的 15%）；財政部稅務署下設評價委員會，負責菸酒售價調查、物價指數編制、完稅價格評定及修訂等事宜。3. 證照。由財政部稅務署統一下發完稅證，作為完納稅款憑證；完稅後在包裝物或包裝容器封口處黏貼印照；散裝零星售賣酒類，無法實貼印照，稅務機關只下發完稅證。4. 酒商登記。經營酒類生產和銷售的商人，均應報請當地酒稅稽徵機關轉請省稅務局核准登記，並由局彙報稅務署備查。

　　同時，財政部公布施行《國產菸酒類稅稽徵暫行規程》48 條，詳細規定了國產酒類稅徵收程序、酒類起運和改裝、證照（包括完稅照、分運照、印照、改裝證、改制證）、酒商登記、酒稅稽查、違犯處罰等內容。將其與前述《土酒定額稅稽徵章程》對照，可以發現二者之間明顯的沿革關係。不同之處在於，國產酒類稅明確只針對製造商徵稅；銷售商購入已稅酒類改制為藥酒、色酒等其他酒類，若成品未超過原來重量者免稅，超出部分按率徵稅；家釀自食者仍定每戶每年不超過 100 斤，以冬季三個月為釀製時期；酒商銷售酒類，必須開出正式發票。《國產菸酒類稅稽徵暫行規程》還詳細規定了違反者的處罰辦法。若有私自釀製、私售私運未稅酒類、偷漏酒稅、以高價酒類冒充低價酒類、篡改或重複使用完稅照（或分運照、印照、改裝證、改制證）、印照（或改裝證、改制證）未黏貼在包裝物或容器上、偽造或使用各種印照及機關戳記者，除將貨物沒收外，處偷漏稅額 3 倍以下罰款；觸犯刑事部分，依據《刑法》處理；偷漏酒稅之貨物若已售出，依上述規定處罰，沒收貨款並責令補稅。酒商運銷完稅酒類未報請徵稅機關查驗、完稅酒類分運或改運未換領分運照、運輸完稅酒類途中銷售未報請當地稽徵機關核准、未申領登記證或登記信息變化而未重新申領登記證、抗拒酒稅稽徵機關檢查者，處 10 元以上 100 元以下罰款；涉及刑事犯罪者，依據《刑法》處置。〔註29〕

　　根據《國產菸酒類稅暫行條例》，在不同地區實行的土酒定額稅、菸酒公賣費稅以及各地方徵收的菸酒附加捐稅等全部廢除，一律按照新稅制由產地一道從價徵收。1941 年 8 月 26 日，財政部又公布相關規定，重申菸酒類稅加徵五成的規定，國產酒類稅實際完稅稅率為從價徵收 60%，各種酒類完稅價格

〔註29〕《國產菸酒類稅稽徵暫行規程》，《中央銀行經濟彙報》1942 年第 5 卷第 4 期，第 126～130 頁。

以縣為單位進行核算上報，由淪陷區輸入的酒類在第一道關口照當地稽徵機關核算價格依率納稅。〔註30〕國產酒類稅改變此前實行的產銷分徵、重複徵稅、各省稅率不一的情形，實行產地一道從價徵收，通行全國不再徵收稅費；將國產酒類稅明確為國家稅，地方不得再對酒類徵收其他苛雜。至此，酒稅徵收方法臻於統一，與統稅原則一致。

　　1944 年 7 月 22 日，財政部將《國產菸酒類稅暫行條例》修正為《國產菸酒類稅條例》。將國產酒類稅正稅稅率明確為從價徵收 60%，將原《國產菸酒類稅稽徵暫行規程》中對違犯者的處罰辦法移入《國產菸酒類稅條例》。與《暫行條例》相比，其變化的內容為：將酒類稅率按照產區核定完稅價格徵收 60%。規定菸酒商如有私製菸酒者，以未稅菸酒私售私運者，運銷貨件並無照證或貨照不符確係漏稅者，以高價菸酒類冒充低價菸酒類者，將完稅照或分運照、印照、改裝證、改制證改竄或重用者，印照或改裝證、改制證不實貼於包件或容器上者，偽造完稅照、分運照、印照、改裝證、改制證或機關戳記及使用者，沒收其貨件，並處以比照所漏稅額 3 倍以下罰款，其觸犯刑事部分，應依刑法處斷。其漏稅貨物，如已出售不能沒收者，除依法處罰並追繳貨價外，應責令補稅。菸酒商運銷完稅之菸酒不報請查驗者，完稅之菸酒分運或改運他處未經換領分運照者，運輸完稅之菸酒中途銷售未經報請當地稽徵機關核准者，未經請領登記證或所領登記證有變更時不為變更登記之申請者，抗拒檢查者（其涉及刑事者，應依刑法處斷）處以 10 元以上 100 元以下罰款。〔註31〕

　　1945 年 10 月 19 日，財政部修訂《國產菸酒類稅條例》，規定國產酒類稅完稅價格為產地附近市場最近 3 個月平均批發價格，若價格變動幅度超過 25%時，財政部隨時進行調整；國產酒類稅沒有繳稅 2 次，或逾期未繳納稅款者移送法院追繳；逾期一個月者，處欠稅 15%罰金；逾期兩個月及以上者，處欠稅 30%罰金，並勒令停釀；罰款及欠稅追繳，由法院裁定後限期執行，逾期未執行者，由法院強制執行；對結果有異議的酒商在 5 日內可向上級法院申訴，上級法院裁定結果為最終裁定結果。〔註32〕

〔註30〕中華民國工商稅收史編委會編：《中華民國工商稅收史·貨物稅卷》，中國財政經濟出版社 2001 年版，第 293 頁。

〔註31〕《國產菸酒類稅條例》，《中農月刊》1944 年第 5 卷第 7 期，第 112～113 頁。

〔註32〕《國產菸酒類稅條例》，《法令週刊》1945 年復刊後特刊第 4 號，第 23～24 頁。

　　1946 年 8 月 16 日起，財政部將國產酒類稅稅率提高到從價徵收 80%。〔註33〕為配合國產酒類稅的施行，稅務署於 1946 年底擬具《菸酒類稅改進稽徵計劃》，提出新的酒稅徵收設想，對符合駐廠徵收標準之釀酒商派員駐廠徵收，產製集中區域則派員駐場徵收，零星地區仍採取查定徵收辦法，嚴格控制家釀自食酒類釀製，年產低於 2.4 萬斤的釀酒商只准其酒類在本地銷售，新設立釀酒商年產低於 2.4 萬斤者不予登記。〔註34〕

　　1947 年 3 月，財政部認為「國產菸酒，過去產製零散，管理稽徵至感不易，違章私漏時有所聞。目前採用查定額徵辦法，雖一再督飭，力求核實，但以各地情形不同，核計產量每難精確一致。勝利復員以後，各地生產事業漸次恢復，亟應配合實際情形，重加整頓，務期產製逐漸集中，俾能納入貨物稅之合理規模」。是年貨物稅收入預算異常龐大，菸酒兩項為各局該稅之普遍稅源，以產製零散，辦理稽徵每欠核實，除修訂條例及稽徵規則外，下發《國產菸酒類稅條例補充六條》，要求各所屬單位切實遵辦，以健全稅政增裕稅收〔註35〕。規定凡月產超過 1 萬斤者派員駐廠徵收，對駐場徵收、查定徵收、酒商登記的進行詳細規定，其要點如下。

　　第一，各地規模較大之酒廠（燒鍋或糟房）產量甚豐，覈其稅收情形，已足夠派員駐徵之條件，稅務署於《修正駐廠場礦稅務員巡派駐標準》時，增列酒廠（燒鍋或糟房），凡平均每月產酒 1 萬市斤，均得專設駐廠稅務員。應由各地貨物稅機關查明轄境內之菸酒廠，凡符合上項駐徵標準者，應即派員駐廠徵收。在條例未修正公布之前，暫准援照貨物稅出廠徵收成規，由廠商於菸酒出廠前填具申請書送請駐廠員核明按照當時稅額填寫繳款書，交由廠商依照《公庫法》自行繳庫，持憑收據聯送由駐廠員核發完稅照，監貼印照，方准出廠運售。駐廠員並應隨時考查菸酒廠商釀製情形，依照規定格式按填表說明之規定逐月分別填列報核。

　　第二，偏僻鄉區零星產製不合駐徵標準之釀戶仍暫照本條例規定，按月查定徵收。酒類方面，應先切實查明當地酒廠釀製各種酒類使用之不同原料，其

〔註33〕《國產菸酒類稅條例》，《西南實業通訊》1946 年第 14 卷第 1、2 期，第 46～47 頁。

〔註34〕財政部財政年鑒編纂處：《財政年鑒三編》下冊第八篇「貨物稅」第十五章「國產菸酒類稅」，財政部財政年鑒編纂處，1948 年版，第 66～67 頁。

〔註35〕《國產菸酒類貨物稅條例案》，貴州省檔案館，館藏號 M46-1-31，第 101～104 頁。

釀具容積每一立方尺（指酒桶缸窖容積而言）月產酒若干市斤核定。某種酒類使用某種原料之標準產量（如燒酒以玉米為原料者每立方尺可出酒 5 斤，以大麥為原料者可出酒 6 斤），當地有駐廠徵收者，可以駐徵之酒廠釀具每立方尺之產量為核定標準產量之參考。實際查定時，即考查釀戶使用釀具（桶缸窖池）數目、每個容積若干立方尺、合計釀具總容積若干立方尺數，並查明當地酒戶月釀次數，以其總立方尺數乘每立方尺標準產量再乘以每月釀酒次數，即為該釀戶之查定額。其公式如下：

釀戶酒桶缸窖總容積立方尺數×每立方尺標準產量（市斤）×每月釀酒次數＝查定額（市斤）

酒類標準產量為適應各地實際情形起見，應由各貨物稅區局（或管理局）及直轄局就轄境情形，分別考查擬訂報核。如果轄區地域較廣，氣候水土及釀製情形仍有差別，其每月釀酒次數暨每立方尺出酒斤量亦有不同者，得察酌實情分區擬定。各區局（或管理局）、直轄局應於奉文兩個月內根據考察實情分別擬定酒類產量查定標準表，依照規定格式詳細填列報部核奪。

第三，不闔第一項派員駐廠標準而菸酒產銷集中稅源豐富地區，應依照稅務署頒發修正駐廠場礦稅務員巡派標準之規定核設駐場員駐場徵收，其稽徵手續仍照前述查定辦法辦理。

第四，各局奉令後應即通飭所屬普查，釀戶如尚未完全辦理登記者，統限於奉令兩個月內辦竣。新設立之釀戶應遵照《管理酒類製造商辦法》，年產不足 2.4 萬斤者一律不准登記。已設立之舊釀戶，不足上項標準者，暫准臨時登記，由局察酌實際情形，限期增產。並分別依照規定核發登記證及臨時登記證（此項釀額限制各局有已請准單行辦法，其限額超過每年 2.4 萬斤之規定者，仍照原請准辦法辦理）。登記辦理完竣後，無論已報未報，一律依照規定格式列具釀戶登記清冊轉報備查。嗣後釀戶如有新設、停業、頂讓、增產等異動情形，應由各分局按照規定格式逐月填具異動表，報由該管區局（或管理局）轉報稅務署查考。當月無異動情形者免填。所有以前各地按月呈報之酒稅額徵表、釀戶清冊等於前項附表呈報後停止填報，以歸一致。

第五，各級貨物稅直接經徵機關（直轄局分局或辦公處）對於前述查定額徵之釀戶於奉令之次月起，應於每月五日前將直接經徵各釀戶名稱、戶製酒類、查定斤量列榜公告（或刊登報章），各鄉區並應分別將查定該區內釀戶依照上列項目榜示公告，藉照大公，並以便利各級督察人員隨時抽查。所有前項查定公

告之各釀戶，應由該管經徵機關於每月 10 日前繕列副本，分寄該管上級機關及主管區局查考。並由區局或直轄局於月底前依照規定格式，匯列簡表呈報稅務署備核。此項規定對於釀造有季節性酒類（如紹酒、仿紹酒、土黃酒等），准由各直接經徵機關編查後一次公告，並仍照向案規定造具編查清冊免填簡表。

1947 年 7 月，財政部改進國產酒類稅徵收辦法。在生產量較大的酒廠或產量集中的地區，由稅局派員駐廠或駐場徵收；季節性釀製酒類，由當地稅局分期徵收酒稅；駐廠或駐場徵收標準由財政部劃定。同時，加大違反國產酒類稅的處罰力度，將此前規定的違反條例規定者處以 3 倍或 100 元罰款的上限，分別提高到 10 倍或 5000 元。此外，酒類經紀人必須將經手的買賣數量，報請當地稅務機關查核；若隱匿不報或上報不實，處 5000 元以下罰款；再犯者視情節輕重，除依法處罰外，可取消其經紀人資格。〔註 36〕

1948 年 4 月 2 日，國民政府又再次修訂《國產菸酒類稅條例》。一是進一步提高稅率，酒類稅按照產區核定完稅價格徵收 100%。二是分別徵收情形。為便利稽徵起見，徵收國產菸酒類稅之貨品，財政部得斟酌情形採行分類分級課徵。分為幾種徵收方式：1. 駐廠徵收。大規模酒廠，應由各該管貨物稅分局派員駐廠徵收。2. 查定徵收。產量零星不合駐廠標準之釀戶，應由該管貨物稅分局查定產量，按月徵收。不合駐廠標準，而菸酒產製集中稅源豐富地區，得由該管貨物稅分局派設駐場員，仍分別查定產量，按月徵收。3. 分期徵收。固定於冬季釀製，且有久存性之酒類，得視其產額分期徵收。派員駐廠駐場之標準，查定產量之手續，及冬季釀製酒類徵收之分期，由財政部核定。三是再次加大違犯處罰力度。菸酒商及貨物持有人有未遵規定手續報告或報告不實者、運銷完稅之菸酒不報請查驗者、完稅之菸酒分運或改運他處未經換領分運照者、運輸完稅之菸酒中途銷售未經報請當地稽徵機關核准者、未遵規定辦理登記及停業時不報請注銷登記者、私自增加釀具未經報明者、抗拒檢查者（其觸犯刑事部分，應依刑法處斷），處以 500 萬元以下罰款。〔註 37〕1948 年 7 月 30 日，財政部將原國產菸酒類之完稅價格以出產地附近市場每三個月內平均批發價格為完稅價格之計算根據，改為按每月平均價格計算。〔註 38〕

〔註 36〕《國產菸酒類稅條例》，《公信會計月刊》1947 年第 11 卷第 2 期，第 37～38 頁。

〔註 37〕《國產菸酒類稅條例》，《工商法規》1948 年第 1 年第 6 號，第 208～210 頁。

〔註 38〕《國產菸酒類稅條例第四條修正條文》，《公信會計月刊》1948 年第 13 卷第 2 期，第 34 頁。

第五節　國民政府酒類專賣制度構想

　　1941 年 3 月，國民黨召開第五屆八中全會，通過了《籌備消費品專賣以調節供需平準市價案》，擬具專賣辦法要點五條。一,「政府專賣,擬先從鹽、糖、菸、酒、茶葉、火柴等消費品試辦」；二,「政府專賣物品,以統制產製整購分銷為初步實施辦法,其零售業務,仍利用現有商店經營,但須經政府登記給予特許營業證,並須按照政府規定辦法經營買賣」；三,「政府專賣以使人民得公平享受公平負擔為要旨。專賣物品寓稅於價,實行專賣以後,不再對物課稅」；四,「專賣事業有全國普遍一致之性質,應歸中央統一辦理,各級地方政府不得為之,並不得對於專賣物品課徵捐稅」；五,「財政部專賣事業設計委員會對於專賣事業之一切制度章則及其他必要事項,應於四個月內計劃完成,即籌設主辦機關,實施專賣」。〔註39〕根據國民黨第五屆八中全會決議,對鹽、糖、菸、酒、茶葉、火柴六類消費品進行專賣。

　　時論認為,「專賣為理財之良策,其性質較租稅更為積極,其收入亦較一般稅收為豐富。」然專賣政策亦較為複雜,其一,「專賣政策與民生主義有密切關係」,中國「為民生主義之國家,實行專賣,既可創造國家資本,節制私人資本,又可消滅居間剝削階級,使財政經濟,均得調劑」。其二,「專賣政策與社會經濟亦有密切關係」,專賣「可以減少無益之消費」、「可以管制價格」、「可以適合消費者之負擔能力」、「可以提高品質,以保護人民福利健康及發展國際貿易之基礎」。其三,「專賣政策與財政收入亦有其根本密切關係」,專賣之根本使命在增加財政收入,因專賣「產銷合一,集中經營可節省經費」、「專賣收入除相當於租稅部分以外,更包括企業利潤在內,故收入較多」、「徵稅制度之下,節節統制監督,其徵收費必高。」〔註40〕專賣制度之實施,在國計與民生方面均為得宜,為「財政史上一大改革」〔註41〕。

　　同年 5 月,財政部成立專賣事業設計委員會,負責專賣事業制度章則制定及其他必要事項。到 1941 年底,鹽、糖、菸、酒、茶葉、火柴六類專賣物品之專賣條例、施行細則及其附屬法規、實施方案、機構組織等制度設計基本完

〔註39〕中國財政學會：《專賣政策及其條例要旨》附錄,大東書局 1942 年版,第 2～3 頁。
〔註40〕財政部專賣事業司編：《二年來之專賣事業》,中央信託局印製處 1943 年版,第 2～3 頁。
〔註41〕荊磐石：《中國之專賣制度與日本之公營事業》,中國編譯出版社 1941 年版,第 1 頁。

成。〔註42〕1941 年 7 月 25 日，專門委員惲寶懿對酒類專賣實施步驟提出初步構想。惲寶懿認為，「我國菸酒產製向取放任主義，已成積重難返之勢，一旦加以管制本非易事」。民國初年「一度舉辦公賣」，然其「僅利在課徵，而未達到公賣之實」。歷年之菸酒稅收整頓，「鑒於產製散漫已定有製賣商販登記之法規，亦不外俟明瞭產銷實況之後，再予逐步統制。」今雖確定實施酒類專賣，然「在未具有自製自銷之實力以前，計惟有採用商製官銷或商製而官督商銷之一法」。惲寶懿認為，無論是「商製官銷」還是「商製而官督商銷」，都「必須先統制其產製，然後乃能推行盡利與稅政上所定方針，不致牴觸」。最好在第一年「督促實施初步統制工作」，第二年「辦理統銷與課稅與徵取利潤並行，使國家收入預算有所保障」，第三年「察酌情形實施專賣，循序推進較為穩妥」。〔註43〕惲寶懿所提酒類專賣制度設想，要在如下幾個方面：

　　一，製賣商登記。「我國釀戶或原開設糟坊或在家庭釀製，而販賣者或原專營或係兼營。窮鄉僻壤，所在皆有，最為散漫，稽查維艱」。為整頓酒類稅收，曾頒定《全國菸酒商登記規則》，菸酒商經報請登記發給登記證後，方准營業。菸酒商登記「不特為便於管制，防杜偷漏，抑且於產銷數量，得所稽考」，而「在舉辦專賣，考查產銷數量，尤足奠初步之基礎」。但以往辦理不徹底，各地視為具文。嚴格執行菸酒商登記管理制度，可為酒類專賣之施行奠定良好基礎。

　　二，限制釀造。「施行專賣應從整理釀戶入手」，應限制釀戶數量，「以舊有之家數為限。非經特許，不得再行添設」。同時，設定最低釀造數額，「凡報釀不足規定者，應限令擴充。其確因資本不敷，無力多釀者，得斟酌情形限令合併或停止其釀造」。如此一來，可以控制釀酒戶數，使酒類釀造趨於集中，「以往零星渙散之習慣，可逐漸革除而趨於集中，以收統制之效」，以利於專賣事業的開展。

　　三，確定釀額。釀戶登記後限定其最低釀額，在限額內其產量可自由伸縮。然在推行過程中，須確定其每年釀製數額。如浙江編查釀缸、四川查定酒桶，一經編查確定後，不得任意增減。

〔註42〕劉振東：《〈菸類專賣公報〉發刊詞》，《菸類專賣公報》1942 年第 1 卷第 1 期，第 1 頁。

〔註43〕《惲寶懿關於戰時菸酒類實施專賣進行步驟意見書（1941 年 7 月 25 日）》，見中國第二歷史檔案館編：《中華民國史檔案資料彙編》第 5 輯第 2 編「財政經濟」9，鳳凰出版社 1997 年版，第 74 頁。

四，推行製賣特許制度。酒類製造商經核准登記後，應發給特許製酒憑證，無證者不得從事酒類釀造。在推行專賣時，對酒販之專營、兼營者，「亦應同時查覈其資本及販賣情況分別發給特許販賣證」，「訂定販賣規章施行統制」。

五，設立酒公棧。酒類專賣可從「統銷入手」，國產酒類「名目繁多，品質高下相差亦遠」。浙江之紹酒、湖北之漢汾、四川之大麴、陝西之鳳翔、山西之汾酒、江蘇之蘇燒及仿照華北各省之高粱酒等「產銷大宗之酒類」，「由政府各於產區設立公棧，限定產酒之棧，按酒質登記，分別規定價格」。「准由特許販賣之商人承購運銷，其販賣之價格亦由公棧規定最高限制，務須劃一，至於產量無多，品質低劣，僅能供當地行銷之酒類，或即利用公會合作社之組織，就適宜地點設立公棧，或即以認額辦法飭繳專賣費用，限在當地行銷。」〔註44〕

1942 年，國民政府財政部制定《酒類專賣施行計劃》，認為國產酒類、機制洋酒類和火酒類，均不宜舉辦全部專賣，且現有管理體制為「一時之過程」，專賣為「根本之大計」。對於國產酒類，力主將「專賣成法略予變通，希望於施行之初不受阻撓，將來逐步向全部專賣之途徑改進」。〔註45〕以第一年為籌備期，「所有應行管理酒類產銷事項，不妨飭令稅收機關按設計方法切實遵辦」，第二年為計劃施行期，第三年為改進時期。因酒類專賣極為複雜，在施行過程中，均須視上一年施行情況，再行定奪具體施行步驟和實施內容。

根據《國民政府財政部酒類專賣施行計劃》，國產酒類專賣制度設計大體包括如下內容：

一，民制官收商銷制。因國產酒類「產銷向極散漫，官制官銷驟難議及」，「惟有先從官收著手，而於產銷方面加以限制」。所謂官收，「擬將其製成品收歸公家保管，取得統制之權」。其具體做法為：1. 營業特許。非經專賣機關核發營業特許證者，不得營業。2. 確定釀額。酒商全年釀酒數額，不得低於 1.2 萬斤，報請專賣機關批准後不得變更。釀不及額者，可以合併組織為生產合作社，以合作社名義報請登記，領取營業特許證，方得開釀。3. 產區限制。產量

〔註44〕《惲寶鎰關於戰時菸酒類實施專賣進行步驟意見書（1941 年 7 月 25 日）》，見中國第二歷史檔案館編：《中華民國史檔案資料彙編》第 5 輯第 2 編「財政經濟」9，鳳凰出版社 1997 年版，第 76～77 頁。

〔註45〕《國民政府財政部酒類專賣施行計劃（1942 年）》，見中國第二歷史檔案館編：《中華民國史檔案資料彙編》第 5 輯第 2 編「財政經濟」9，鳳凰出版社 1997 年版，第 120 頁。

達不到最低限額又有釀造必要者，專賣機關可准予登記，但指定釀製地點，並視其成品銷路，限制釀造或停止其釀造。4. 貨繳公棧。由各專賣機關根據各地產銷狀況分別設立公棧，所有當地出產和由外地輸入酒類，一律存儲公棧。由公棧發給棧單，憑單提貨。酒質低劣或容易變質之甜水酒等，可不入棧，由製造商繳納稅款和專賣利潤後在當地銷售。公棧管理員由專賣機關選派，酒業團體推薦二到三人入棧執行監察之權。窮鄉僻壤和不便設棧者，可根據實情指定儲酒處，委託鄉鎮長負責管理，由專賣機關隨時派人檢查。5. 經銷手續。繳存公棧之酒，允許商民自由交易。存棧之酒，貨主在買賣成交後呈報專賣機關核實無誤，貨款交清即填發出棧通知書交買主提貨。買主提貨後欲運往他處銷售者，應申請填發准運證。

二，酒類專賣價格。在酒類專賣施行之初，保留原有徵稅制度，加徵專賣利潤。酒類專賣價格應考慮商人之成本和合法利益、政府所徵稅款及專賣利潤。稅款在產地徵收，專賣利潤在銷售地徵收。因酒類製造和銷售情形千差萬別，難以核定統一價格，特作如下規定：1. 專賣價格估定，擬採用同業公議之法，由當地商會和酒業同業公會共同組成評價機構，核定本產酒類和輸入酒類之生產、運輸成本及合法利益。2. 專賣價格評定後，本產本銷、本產外銷酒類，核定成本、合理利潤及稅款，再加 40%專賣利潤，是為酒類專賣價格。其不同之處在於，本產本銷者在產銷地繳納稅款及專賣利潤，本產外銷者專賣利潤在銷售地繳納。3. 設想中的專賣，生產和銷售環節仍掌握在商人手裏。專賣機構所設之公棧，所執行職能類似於批發環節，零售環節仍須仰賴商人。故在最終銷售價格上，允許零售商有限度的提高價格，以保持其積極性。

三，酒類生產商可向專賣機關借貸。酒商釀製之酒，須繳存公棧，發給棧單。如釀戶資金缺乏運轉困難時，可持棧單向專賣機關申請貸金。專賣機關按棧單所列酒類估定價值後，付給不超過總價 30%的低息貸款。待釀戶繳存公棧之酒售出時，在價款內抵扣。

四，酒類改裝和再製。酒類銷售過程中，酒商往往在運輸中途或抵達銷地後進行改裝和再製，從而導致重量容量增加者。運輸途中意欲改裝者，應向產地專賣機關申請，在指定地點改裝，換發準運證，超出斤量照章補徵稅款。運抵銷地後欲行改裝或再製者，應將酒送棧繳存後，向當地專賣機關申請派員監視改裝，溢出斤量照章補徵稅款，銷售時按實際售價繳納專賣利潤。

五，貼用證照。酒類在產地繳納稅款後，實貼完稅證以資查考。繳納專賣

利潤後，貼發專賣憑證以資識別。零售商則稽考其原貼證照是否齊全，進貨簿據是否屬實。

六，專賣區域劃分。酒類專賣機關管理區域以省為單位，視各地酒類產銷情形設立下屬機關。在完全專賣實現之前，各地稅務機關兼司專賣職能。酒類產製集中區域，則設置專任機構負責辦理。

七，酒類運輸。酒類運輸仍交由商人自行辦理，然各種專賣物品有統一運輸辦法後，也可全行改為官運。因商運運費較巨，官運酌定運費，由販賣商承擔，亦可節約成本，且省去沿途查驗之繁。在有財力時應由政府舉辦官運為上。

八，專賣利潤收益估計。以 1939 年調查為據，大後方各省全年生產各種酒類 3671705 市石，售價較高的大麴酒、高粱酒每石可售 300 元到 400 元，售價較低的甜酒、水酒每石 20 餘元。專賣利潤之估算，以市價每石 40 元計，此項收入全年可達 14700 萬元，原有稅款尚不在內。待政府統制力度加強後，產量遠不止於此，故酒類專賣利潤也大有可觀。

九，專賣基金估定。酒類施行局部專賣，收存公棧之酒須預備酒類總價三成之貸金。公棧收存之酒隨存隨銷，銷售出之酒的稅款及專賣利潤可作為周轉資金。公棧設置，應以租用為原則，並採官商合作辦法，可以節省經費。故大後方 14 省，有 700 萬元酒類專賣基金便敷運轉。〔註46〕

無論是惲寶懿所提意見書，還是財政部的酒類專賣施行計劃，其內容與之前所施行的公賣制度有著諸多相似之點。從制度設計上言，民初施行公賣之制，其實質是想借由公賣從而走向完全專賣。因酒類產製分散，消費量大，其生產銷售遍及城鄉各地，若由政府控制生產、流通和消費各個領域，事實上存在極大困難。尤其是在民國初年中央政府權威下降、各地軍閥擁兵自重、省自為政的歷史環境下，想要對酒類施行完全專賣，不啻於癡人說夢。所謂的公賣制度，以官督商銷為宗旨，由公棧、支棧徵收公賣費，實質上淪為一種新的稅費負擔。抗日戰爭期間，國民政府財政日益困難，故決定對部分消費品施行專賣。這一時期酒類專賣制度設計，難脫此前公賣制度的影子，有著明顯的沿革關係。正因酒類生產、銷售和消費的具體情形，加上內外部環

〔註46〕《國民政府財政部酒類專賣施行計劃（1942 年）》，見中國第二歷史檔案館編：《中華民國史檔案資料彙編》第 5 輯第 2 編「財政經濟」9，鳳凰出版社 1997 年版，第 120～125 頁。

境的不斷惡化，國民政府最終決定「菸酒兩類暫緩施行」〔註47〕，最終在全國範圍內實行國產酒類稅制度。全國範圍內酒類專賣的實現，要等到中華人民共和國成立之後了。

第六節　南京國民政府酒稅制度之檢視

在國產菸酒類稅實施之前，國民政府便已將菸酒營業牌照稅劃歸地方。北京國民政府規定菸酒營業牌照稅屬於中央，南京國民政府成立之初亦照此辦理。1927 年 2 月 3 日公布的《營業稅法》規定菸酒牌照稅收入，除中央提留十分之一外，其餘撥歸各徵收地方，作為地方收入。財政部認為，菸酒營業牌照稅屬於菸酒稅的附屬收入，菸酒稅既屬中央，則牌照稅收入也歸中央。各地方認為，菸酒牌照稅為營業稅性質，應屬地方。故最後決定中央提留十分之一，其餘劃歸地方。然中央「以本身利害關係不切，辦理不力，成績甚壞。因管轄面積過大，交通不便，費用亦多，劃歸地方者，不過十分之五六，地方大受損失。」〔註48〕1934 年全國財政會議為加強地方財政，決議將菸酒牌照稅劃歸各省市政府徵收，自行支配。其徵收方法，應仍遵照部定章則辦理，以歸一致。中央所徵之菸酒牌照稅，1934 後一律移交各省市接辦。戰時改辦為營業稅，1942 年中央接收省稅，劃入直接稅範圍辦理。〔註49〕

首先，酒稅制度的施行取得了一定成效，主要體現在酒稅收入增加和酒稅相對位置變化上。國民政府財政顧問楊格意識到：「酒稅的改革特別困難，它的生產、分配、消費都不易集中」〔註50〕。但經過一系列努力，還是取得了一些成效，尤其體現在酒稅在貨物稅中所佔地位上。確如時論所言，菸酒稅收入是國民政府大宗收入之一。經過歷次整頓，酒稅收入不斷增加。據國民政府統計，菸酒稅收入總體上呈逐漸上升趨勢，在政府收入中佔有重要地位。據表 4-

---

〔註47〕《國民政府財政部戰時專賣制度實施概況（1942 年）》，見中國第二歷史檔案館編：《中華民國史檔案資料彙編》第 5 輯第 2 編「財政經濟」9，鳳凰出版社 1997 年版，第 86 頁。

〔註48〕馬寅初：《中國經濟改造》（1935 年），見《馬寅初全集》（第八卷），浙江人民出版社 1999 年版，第 418 頁。

〔註49〕財政部稅務署：《十年來之貨物稅》，中央信託局印製處印，1943 年版，第 6～7 頁。

〔註50〕〔美〕阿瑟·恩·楊格：《一九二七至一九三七年中國財政經濟情況》，陳澤憲、陳霞飛譯，陳澤憲校，中國社會科學出版社 1981 年版，第 24 頁。

4，1929 年菸酒稅收入 15916 千元，占貨物稅收入（61457 千元）的 25.90%；其後各個年份菸酒稅收入占比高低不一，抗戰爆發後，國民政府掌控稅源受限，菸酒稅收入在貨物統稅中的地位尤顯重要。1938 年菸酒稅收入約占統稅收入的 24.61%，1939 年起占比超過 30%，1942 年占 45.03%，1943 年占 61.74%，1944 年占 53.1%。〔註51〕

表 4-4　1929～1947 年菸酒稅收入及所佔貨物稅比重

年　份	菸酒稅額（千元）	貨物稅額（千元）	菸酒稅占比（%）
1929	15916	61457	25.90
1930	16490	79401	20.77
1931	9466	90021	10.52
1932	14169	106433	13.31
1933	10999	113876	9.66
1934	11508	130500	8.82
1935	12241	134246	9.12
1936	15277	181761	8.40
1937	15600	147742	10.56
1938	16669	67738	24.61
1939	18355	51157	35.88
1940	24057	65730	36.60
1941	63186	198771	31.79
1942	277504	616265	45.03
1943	1138687	1844386	61.74
1944	2993771	5638937	53.10
1945	9182737	27309222	33.63
1946	64006829	519810594	12.31
1947	101277147	781910281	12.95

說明：1947 年數額為 1～6 月份之稅額。

資料來源：中華民國統計部主計局：《中華民國統計年鑒》，中國文化事業公司 1948 年版，第 249～250 頁。

〔註51〕中華民國統計部主計局：《中華民國統計年鑒》，中國文化事業公司 1948 年版，第 249～250 頁。

　　因在徵收管理過程中，菸類稅收與酒類稅收都由同一機關徵收管理，是故在討論菸酒稅收入和管理的時候，也多是就二者而論。如表4-5所示，1943年酒類稅收入 679869183 元，占菸酒稅收入的 59.71%；1944 年酒稅收入 1949201000 元，占 64.50%；1945 年酒稅收入 4179300151 元，占 47.12%；1946 年酒稅收入 40068901601 元，占 67.77%。酒稅在菸酒稅中的占比多超過 50%，且有超過 2／3 者（1946 年），可見酒稅之重要。〔註52〕

表4-5　1943～1946 年酒稅情況

	酒稅（元）	菸稅（元）	菸酒稅合計（元）	酒稅占比
1943	679869183	458817863	1138687046	59.71%
1944	1949201000	1049570000	2998771000	64.50%
1945	4179300151	4685075189	8864375340	47.12%
1946	40068901601	19054631180	59123532781	67.77%

資料來源：財政部財政年鑑編纂處：《財政年鑑三編》下冊第八篇「貨物稅」第十五章「國產菸酒類稅」，財政部財政年鑑編纂處 1948 年版，第 68 頁。

　　其次，酒稅制度設計仍未能完全解決地方肆意加徵苛雜問題。1928 年，第一次全國財政會議明確菸酒稅為國家稅，菸酒項下地方不得再行加徵苛雜，原收苛雜由各省市政府自行籌劃抵補。1934 年 5 月 21 日到 27 日，第二次全國財政會議在南京召開。會議指出，多地在菸酒項下加徵附加捐稅和苛雜，如安徽、福建、湖南徵收教育附捐，甘肅徵收義務附捐，浙江在正稅項下加收二成。浙江印花菸酒稅局局長吳啟鼎言道：「各省菸酒附捐一項，既屬跡近苛雜，且在前次全國財政會議議決取消之列，自未便長此延宕，致妨稅政」，「應由各省就地方稅範圍以內，趕速另籌抵補，以便令飭各省局將前項菸酒附捐即日停止徵收。其未辦附稅地方，尤不得藉故舉辦，以紓商困而符原案」〔註53〕。

　　全國財政會議在對提案進行分組審查時，將《請取消菸酒項下地方附加案》作為各案之中心進行審查，後經大會議決交財政部辦結。時隔一年，財政部在《第二次全國財政會議決議案一年來實施報告》中概述經議決後的施行情況，謂：「由部呈請行政院通令各省市政府切實辦理」，然「菸酒項下附加均有抵用

〔註52〕財政部財政年鑑編纂處：《財政年鑑三編》下冊第八篇「貨物稅」第十五章「國產菸酒類稅」，財政部財政年鑑編纂處 1948 年版，第 68 頁。
〔註53〕全國財政會議秘書處編輯：《第二次全國財政會議彙編》第二編「審查報告及原提案」，財政部總務司 1934 年版，第 169 頁。

之項，未能即時廢除，復經部諮行各該省政府迅速抵補，遵案取消」。〔註54〕在歷次酒稅整理或稅制更變中，財政部都以取消菸酒類附加苛雜為鵠的。但即便是公賣辦法重新頒行，1933 年在七省試行土酒定額稅制後，且經第二次全國財政會議議決，但菸酒項下地方附加之取消，仍面臨著如此難題。財政部在報告中言「遵案取消」，但 1941 年暫行國產酒類稅時，仍在強調取消國產酒類附加之苛雜。國產酒類在中央正稅之外徵收苛雜問題，幾與民國相始終。酒類項下苛雜取消之難，印證了民國時期中央和地方財政劃分體制施行受諸多條件之限制。〔註55〕酒稅雖為國家稅，地方為增加收入，自然在國稅之外肆行加徵。

　　第三，受稅政竄敗影響，酒稅制度施行效果未達制度設計者的初衷。湖南省沅江貨物稅辦公處主任稅務員吳敬邦，深刻認識到基層酒稅徵收之竄敗情形。一、鄉區酒稅稽徵人員，「對於稅收實況，盡力秘密」，甚則「與製酒商聯合舞弊，以多報少，利易（益）均分。或竟袖大口寬，全數中飽」；二、稽查人員到達時，酒商「饋送旅費，兩个相煩，或濫娛闊賭，使之無清查稅收之機會」；三、稅收徵收和稽查人員對於有勢力的酒商「不敢問津，免稅優待，以相狼狽」；四、對付上級，則「節序饋贈，往反（返）應酬，或明致孝敬，幕夜犖金，或暗實錢物於禮品之中，佯送微情，暗伸賄賂」；五、酒稅徵收人員「不克分身兼理稅務，則臨時雇人代為經徵」，臨雇人員「四處敲詐，侵虧稅款」，「影響所及，民怨沸騰」。〔註56〕其他弊端，所在多有。酒稅執行效果未達制度設計者之初衷，「豈政令之尚未普遍推行？抑人民之未盡納稅義務？」究其癥結，「在現行稽徵制度之未能臻於盡善」。稅務機關「例編歲入概算，估定各徵收單位應徵各稅比額」，然「率皆儘量減少該項產量之估計，希圖稅收比額之減低」；「涓介者即以派員自徵足額，合乎要求，責任已盡，僅致力稽徵於城市。……狡黠者則明委暗包，從中漁利，稽徵人員爪牙密布，鄉愚易欺，繳納稅款，多不制票。此輩徵足比額，即朋分中飽，商民之稅款全部已完，政府之收入十不啻一，惠不及民，徒滋苛擾」。〔註57〕甚而至於，「山嶺偏僻之

〔註54〕財政部：《第二次全國財政會議決議案一年來實施報告》，財政部 1935 年版，第 86 頁。

〔註55〕杜恂誠：《民國時期的中央與地方財政劃分》，《中國社會科學》1998 年第 3 期。

〔註56〕吳敬邦：《鄉區酒稅稽徵情形及改進意見》，《湖南區貨物稅業務通訊》1946 年第 9 期，第 16～17 頁。

〔註57〕陳彌純：《改進國產酒稅稽徵制度之管見》，《湖南區貨物稅業務通訊》1946 年第 2、3 期合刊，第 3～4 頁。

地，挾有權勢者流，趁稅務機關注意所不及，往往假借名義，私收鄉稅，影響稅收稅譽」〔註58〕。

第四，酒商登記管理效果不彰，影響了酒稅制度的施行效果。1928 年底財政部頒行的酒商登記章程，由各省自行舉辦，各省當局視若具文。酒商自行申請登記，成效不彰。1931 年財政部復設全國菸酒商登記總所，頒行《菸酒商登記規則》23 條，在江蘇、浙江兩省派員舉辦。與 1928 年所公布的登記章程相比，此次有了一些新的變化。一、強制規定「凡在國內以製造或銷售菸酒為營業之商民」，均應遵照規定進行登記，加重對拒不登記或隱匿不報者的處罰力度，初犯者處以罰金並責令登記，再犯者停止其營業。二、登記事務管理機關有所變更。在財政部印花菸酒稅處附設登記事務總所，各省分期分區設置登記事務所，為菸酒商登記管理機關，由財政部直接監督管理，各地方縣政府和公安局負有協助之責。三、具體登記信息更為詳盡。酒類製造商和販賣商均應登記商號、地址、店主或經理人姓名、資本額、營業狀況等信息，酒類製賣商還需登記製造種類、製銷數量、行銷價格、行銷區域、製造方法、原料來源，酒類販賣商尚需登記銷售種類、銷售數量、銷售價格、銷售區域、貨物來源等信息。四、登記規則更為合理。規定了登記完竣後之新開業、變更營業、經營地址變動及停業歇業、製造銷售數量增減等情形的登記程序，完善調查表、登記證、登記查驗牌、登記簿、登記總簿等表證單據。然在江浙兩省試行登記之後，「初值水災，繼遭兵患，主辦之員又復敷衍塞責，未克盡其職責，而立法之精意遂泯滅無存矣。」〔註59〕設想中的全國酒商登記，也難得以完全施行。

財政部已然認識到，要推行酒稅制度改革，加強對酒稅掌控，必須精確掌握全國酒商生產、銷售等情形。故在施行國產酒類稅後，復於 1942 年 9 月頒訂《管理國產酒類製造商暫行辦法》，規定重新舉辦釀戶登記，每戶每年以 2.4 萬斤為最低產量，不滿此數者不准登記；凡經核准登記之酒類製造商，除核發登記證外，由當地稅務機關製備木製釀戶門牌，編號後交由商戶訂於門外；酒商產量變化，應提前一月申請換發登記證；非遇有重大事故報經核准或禁釀，不得停業。〔註60〕但在具體登記實際中，因酒類產製分散，對於年產低於 2.4

〔註58〕 王平恭：《推進本區酒菸稅稽徵芻議》，《雲貴貨物稅訊》1948 年第 3 卷第 1 期，第 1 頁。
〔註59〕 賈士毅：《民國續財政史》（二），商務印書館 1933 年版，第 324～327 頁。
〔註60〕 財政部稅務署編：《貨物稅法規彙編》，財政部稅務署 1947 年版，第 269～270 頁。

萬斤的釀戶，亦予以登記。同時，由於戰事影響，酒商登記辦理實際效果有限。

縱觀國民政府時期的酒商登記管理，其實效頗值得懷疑。正如財政部所認識到的，「管理稽徵至感不易，違章私漏時有所聞」，「各地情形不同，核計產量每難精確一致」〔註61〕。也正如江蘇省貨物稅局所認識到的，國產酒類雖為蘇省「大宗稅源」，然「產製場所散漫不堪」，「不易統計，控制尤感困難」，加之「交通不便，清查產量，更屬不易」。故每年所進行的產量調查，「僅就可以達到控制稅源之數加以統計，並不十分準確」。或有「因米麥價貴，燃料缺乏，中途停釀者；或有因改用雜糧釀製以致出酒減少產量降低者」。其所期望者，在於「內戰停止，交通暢達，稅務工作人員能深入鄉區，則產製可以徹底查清，稅源亦能相當控制」〔註62〕。可以說，國民政府時期的酒稅稅源調查統計，實際效果未達設計者初衷，所推行的酒稅徵收管理之制，實際效果大受影響。

第五，酒稅徵收過程中採取的「招商承包」「認額包繳」「認額擬繳」等辦法，產生了較大的弊端。為了配合酒稅制度的施行，設立了從中央到地方的酒稅徵收和稽查機構。但在酒稅徵收實際中，採取了諸如「招商承包」「認額包繳」「認額擬繳」等辦法。北京政府頒行的《全國菸酒公賣暫行簡章》，其第五條規定「公賣分局於所管轄區域內，分別地點，組織菸酒公賣分棧，招商承包，由局酌取押款，給予執照，經理公賣事務」〔註63〕。南京國民政府成立之初，沿襲北京政府「招商承包」之法。然承辦之商往往「以多報少，勾串買放，減折招來，得賄分肥」，「所有損失完全在公而不再商」。變更之法，在於「由商人自行認額包繳」，「就其設備狀況，計算出產數量，認定稅額，按月包繳」〔註64〕。

1928年，財政部通令各省菸酒事務局廢止公賣商包制度及提成辦法，對已承包者，承包期屆滿，即行撤消，推行認額包繳辦法。1941年，財政部推行國產酒類稅「認額擬繳」辦法。由各縣酒業同業公會依財政部核定比額，召集同業根據營業大小分別認額擬繳；比額確定、市價評估、酒類之改運、分運、

〔註61〕《國產菸酒類貨物稅條例案》，貴州省檔案館，館藏號M46-1-31，第101～104頁。

〔註62〕第一科撰述：《江蘇貨物稅稅源概述》，《江蘇貨物稅通訊》1946年第1卷第4期，第4～5頁。

〔註63〕江蘇省商業廳、中國第二歷史檔案館編：《中華民國商業檔案資料彙編》第一卷（1912～1928）（上），中國商業出版社1991年版，第358頁。

〔註64〕稅務署擬：《稅務署擬送整理菸酒稅務報告整理菸酒稅務節略》，見中國第二歷史檔案館：《中華民國史檔案資料彙編》第5輯第1編「財政經濟」3「稅制與稅收」，江蘇古籍出版社1994年版，第412～414頁。

改裝、改制以及產銷考查等事項，仍由稅務機關照章辦理。概言之，即由酒業同業公會認領比額，酒商攤繳，稅務機關監督考查。「認額擬繳」辦法在廣西試辦成績良好，後漸次推行到四川、西康、貴州、江西各省。認額擬繳辦法原意，「本在藉同業之相互監督，以期稅無隱匿」。但因「公會組織未臻健全，認額難期確實，攤繳常失公允」，且認額包繳辦法為「改制初期之臨時措施」。至1945年明令取消「認額擬繳」之制，改由稅局直接經徵。〔註65〕

「招商承包」，致使酒稅常為地方大戶所把持，稅務機關難以掌握稅收實情；「認額包繳」由酒商直接承擔稅額，但因酒商登記辦理效果欠佳，稅收機關往往難以掌控稅源實情；「認額擬繳」能在一定程度上實現增加酒稅收入的目的，但需藉由完善的酒業同業公會組織，且同業之間稅負公平如何實現，都是需解決的現實問題。

第七節　本章小結

從1927年到1949年的短短二十餘年內，酒稅制度從沿用北京政府公賣舊制、重新設計酒稅徵收制度、土酒定額稅制和酒類公賣制度並行，再到國產酒類稅制的變遷歷程。從國民政府時期酒稅制度的思想淵源看，能夠發現其仍受傳統中國對菸酒「寓禁於徵」思想的影響。國民政府對酒稅徵收制度的重新設計和施行，基本達到了增加財稅收入的目的。從總體上看，國民政府時期酒稅制度的演進歷程，符合近代稅制改革和發展的主要趨勢。尤其是國產酒類稅徵收稽查，完全與貨物統稅原則相符，其在制度建設史上的意義不容低估。然則國民政府時期酒稅制度之設計和施行，很大程度上受到近代中國政治結構和政治局勢的影響，酒稅制度施行之地域和具體效果受到中央政權直接控制區域範圍和控制力度強弱的制約。國民黨政權退居臺灣後，完全沿用國產酒類稅制，執行效果不可同日而語，或從另一個側面說明此點。〔註66〕在此，僅剖析國民政府時期酒稅制度變遷歷程，並對其進行檢視。一些更為具體的問題，如酒稅制度施行中地方的博弈、社會輿論之反響為何、酒稅收入之詳情、酒稅制度對後世有何啟示等，均有待於進一步的深入研究。

〔註65〕財政部財政年鑑編纂處：《財政年鑑三編》下冊第八篇「貨物稅」第十五章「國產菸酒類稅」，財政部財政年鑑編纂處1948年版，第55～57頁。

〔註66〕葉彥邦：《終戰初期臺灣的菸酒專賣事業之研究》，博士學位論文，「國立」政治大學，2006年。

第五章 「維民食」與「重國課」：
民國禁酒政策探析

　　在中國，禁酒有著悠久的歷史，文獻中早有「禹絕旨酒而疏儀狄」的記載，只是不知夏禹的「絕旨酒」是個人行為還是上升到了政令層面。據經典文獻記載，周王朝在推翻商紂的統治後，周公便曾下令在殷商遺民聚居地區實行禁酒。歷史上，各朝各代均曾實行不同程度和內容的酒禁政策。〔註1〕但並未能發展成為中國酒政的主流，對酒類的管理主要是以榷酤（專賣）和稅酒為主，以稅酒的時間為最長。〔註2〕清末民初以還，中國對酒的管理主要體現在如何增加酒稅收入上。偶會因災禁酒，但並未能形成全國性的禁酒運動。國人在冷眼觀察世界各國禁酒運動的同時，卻較少借鑒國外禁酒的相關經驗和教訓。到了 20 世紀 30 年代，中國因災荒和戰亂的影響，地方政府多將禁酒作為救濟災荒和節約糧食的重要法門。但中國禁酒實踐與美國禁酒運動相比，其立足點要單純得多，社會各界和政府對因飲酒而產生的社會問題，尚未有足夠深入的認識。以下就對民國時期禁酒政策的初衷、主要內容、財稅部門的干預以及各方人士的觀感與評判等進行初步的探討。

第一節 「以維民食」：民國時期禁酒的初衷

　　民國時期實行禁酒的最直接原因，是因為民食匱乏，禁酒以節約糧食消

〔註1〕 郭旭：《論禁酒相關問題——兼與楊永先生商榷》，《釀酒科技》2012 年第 12 期。
〔註2〕 楊印民：《從榷酤到散辦：元代酒課徵榷政策的調適及走向》，《中國社會經濟史研究》2009 年第 2 期。

耗。20 世紀前半葉的中國，地方不寧，各地匪徒蜂起，加之水旱災害頻仍，兵事連結，社會生產秩序大受影響。陝西自 1926 年起，「兵、匪、水、旱、歉、疫等災頻年蹂躪，十室九空，人民塗炭，朝不保夜。關中一帶，連年天道亢旱，夏秋歉薄，每畝僅得往年二三分。民間所藏罄盡，生命倒懸，已非一日。數年以來，有以草果腹而保存性命者，有賣妻鬻子而偷生者，時聞耳目。幼稚者、衰弱者轉途流亡載道，哭聲盈野，觸目傷心；壯者流為賊寇，國家之秩序，社會之安寧，因之而生莫大之影響。歷來之食於南北山者，絡繹不絕，犯此風霜，鐵石之心觀之，皆能為其感化而悲傷矣。」〔註3〕1931 年安徽省水災，全省 64 縣中 48 縣受災，3458 萬餘畝田地被水淹沒，215 萬餘戶農民無家可歸。〔註4〕懷寧、桐城、望江、當塗等 22 縣受災人口占到原有人口 50%以上，其中五河、鳳臺、懷遠等縣達 80%以上，當塗甚至高達 90%。安徽全省人口 21715396 人，受災人數 9632070 人，占總人口的 44%；待政府賑濟者 5741400 人，占總人口的 26%。約 60%的災民有待政府救濟。〔註5〕被災人口之眾，不特安徽一省。據國民政府賑災委員會的統計，1930 年代初江蘇、浙江、江西等 14 省遭受天災人禍之民眾接近 7000 萬人。其中河北 416 萬人，湖南 640 萬人，湖北 900 萬人，江西 600 萬人以上，素稱富庶的江蘇亦有 655 萬以上災民，浙江 300 萬人以上，陝西受水旱匪役風雹之災者 5584526 人，甘肅災情與陝西同，受災人數達 475 萬人，河南災民 13116115 人，山西災民 2103013 人，山東 4106013 人，四川 2598806 人，廣東 329946 人，其他各省市更有大量災民未統計。〔註6〕20 世紀 30 年代起，日本帝國主義步步侵吞，佔據中國社會生產力最為發達的中東部大片國土。大量人口輾轉遷移，集中到邊遠的西南一隅。雖有號稱天府之國的成都平原，然仍不足以維持大部人口及軍事戰爭的消耗。社會生產力的相對低下，又決定了人們在各種災害面前的抗擊能力有限。除因之而受到生命傷害之外，最直接的影響便是食物的匱乏。面臨這樣的嚴峻形勢，政府之所能為，只有開源節流而已。一面禁止糧食出口，廣泛尋找糧食進口路徑，如從美、英進口小麥等物資以為救濟之策；一面開展節約運動，諸如禁止釀酒、限制消費等。

〔註3〕 《陝省近年災況記》，《聖教雜誌》1932 年第 21 卷第 11 期，第 692 頁。

〔註4〕 《皖災善後刻不容緩》，《河北建設公報》1931 年第 4 卷第 2 期，第 12 期。

〔註5〕 《安徽各縣被災人口百分表》，《賑務月刊》1931 年第 2 卷第 10 號「調查統計」，第 1 頁。

〔註6〕 《我國的災民統計》，《東方雜誌》1934 年第 31 卷第 6 期，第 51 頁。

　　時人認為禁酒於「糧食問題，獲益非細。單就省垣（廣州）一方面而言，如果暫行禁甑，輔助糧食，亦甚巨大。因統計全城酒甑，實有一千餘個。每甑每日約可甑得酒四五埕，每酒埕須用米廿八斤至一二十斤方能釀成。即以一千甑而論，每甑每日甑酒肆埕計之，每日為此耗去之米額已有十餘萬斤，足十餘萬人一日之食矣。而況實數尚不止此。各屬一律概禁，尤不止乎此。抑雄於資本之甑戶，自以米貴，均已竭力預先購買穀米囤積。若實行禁甑，則彼所存之米，因有變壞之虞，斷難久貯，勢必亟謀出沽，此亦頗足濟平市價。故凡深悉米業情形者，均稱禁甑一事，為救濟糧食治標妙法，盼望當道立速實行。至日來米價，仍尚高增不已，粗米每元只得十二三斤，因之人心較前倍覺驚惶，貧民叫苦聲，亦已載道。嗟彼善團，何尚一籌莫展也。」〔註7〕如眾所知，中國釀酒業多是以糧食作為基本原料，這與以葡萄等果物為原料的果酒大為不同。黃酒固然是以糯米、稻米、粟米等為原料，燒酒亦多是以高粱、小麥、大麥、玉米、薯類及豆類為原料。雖所用多為雜糧，即便是以南米北麥為飲食習尚的中國，這些雜糧仍然是人們日常度日所需的食物，飢饉之年更是最可寶貴的活命資源。因災禁酒，便成為各級政府應對災害飢饉的不二之策。

　　江蘇省荒歉，尤以江北各縣為甚。江蘇省政府組織調節糧食委員會，委員周駿聲建議將查禁釀酒與禁運禁囤同時施行，以為救荒要圖。後經省政府交由調節糧食委員會擬訂辦法三項：一、著地方官訓導人民，將釀酒原料，留儲充饑；二、糯米應與食米一律嚴禁出境；三、著地方官於下種時，指導農民多種食糧，少種釀酒原料。前兩項為救濟辦法，第三項實為將來減少酒量增加食糧，於禁酒救荒可兼顧並籌。江蘇省政府據報後，決定「糯米一項，非奉政府核准，自應一律嚴禁出境外。至勸告及減種釀酒原料兩項，已令民政、農礦兩廳妥為辦理，並曾令各縣知照。」〔註8〕

　　江蘇省蕭縣救濟災荒委員會稱，1931 年入夏以來，「霪雨連綿，水勢浩大，高低田野，盡成澤國，所有秋禾，顆粒無存，災歉之巨，實為數十年來所未曾有。本縣向稱瘠貧，豐稔之年，食糧尤虞不足。值此奇荒，十室九空，無衣無食，嗷嗷待哺者，比比皆是。查糟坊蒸酒，損失甚巨。而酒之一物，又係消耗之品，與人民生計絕無絲毫關係。若不早為諭令停蒸，則消耗愈多，食糧愈感

〔註7〕《停釀莫如禁酒》，《光華衛生報》1919 年第 2 年第 1 期，第 51～52 頁。
〔註8〕《蘇省政府禁釀救荒》，《農礦通訊》1930 年第 17 期，第 3 期。

不足，民食愈難為繼。覆查無知小商，只圖牟利，不顧民生，往往販運糧食，出境售賣，冀獲厚利，影響民食，亦非淺鮮。」〔註9〕因此呈請政府准予令飭各坊停止蒸酒，以免消耗而重民食。

蕭縣縣長亦認為，其地「為產酒之區，每年釀酒，約需高粱六千石，以此巨量最寶貴之食糧，釀造害國害民之毒物，至胤傷痛！況今歲水災奇重，田禾淹沒，一般災民，所賴尚有些微之收穫，藉以維持生命者，厥高粱一種。倘並此些微之高粱，亦盡被有資產之糟坊收買而去，釀造害人毒品，則數十萬災民之生命，實不啻直接被其殺害。且以數十萬災民啼饑號寒，奄奄待斃，而坐視以大宗食糧釀造毒品，情何以堪！倘能令全縣糟坊，一律停止蒸釀，在一年之內，即可免耗高粱六千石，以每人每日需用糧麵一斤半計算，半年僅需 270 斤，如以停釀免耗高粱六千石，移為災民食用，即可全活災民二萬餘人。」〔註10〕他估計全國每年釀酒所耗糧食，在 5000 萬石以上。按照每位災民半年需糧 270 斤計算，可以存活災民 1800 萬人。時政府以 4000 萬鉅款向美國購買 756 萬石小麥，在全國災民「固覺杯水車薪，無以濟事，在國家則東塗西抹，羅掘已非易事。且政府竭力籌款，向外購麥，而各糟坊則日夜蒸燒，儘量消耗，此種現象，亦覺矛盾。倘能由國府通令全國，一律停止釀酒。則所費者不過一紙公文，而所全生命即可達 1800 餘萬人之多。較之發公債購外麥，其得失實不可以道里計也。經與地方各機關各團體，切實研討，僉謂停止釀酒一事，實為救災救國之要圖，亟應懇請鈞廳（民政廳），呈請省府轉呈國府通令全國一律停釀，一面先令本省各縣盡先辦理，藉全災黎而保國本。」〔註11〕江蘇省政府和民政廳同意停止釀酒，節省糧食消耗以救濟災荒，通飭各縣縣長遵照執行。

第 33 師師長馮興賢電云：入夏以來，各省水旱成災，救濟難周。腹地各省，每年釀製酒糖醋醬，需穀頗巨。若能禁釀此等不急之物，似可稍裕民食，且為實行新生活之先聲。懇請國民政府通令一體禁止。1934 年 8 月 30 日蔣介石在一項命令中要求各省政府「審察該省各屬被災程度輕重，糧食供

〔註9〕 《令禁釀酒救濟災荒》，《浙江省建設月刊》1932 年第 5 卷第 7 期「農林專號」，第 24～25 頁。

〔註10〕 《令禁釀酒救濟災荒》，《浙江省建設月刊》1932 年第 5 卷第 7 期「農林專號」，第 24～25 頁。

〔註11〕 《令禁釀酒救濟災荒》，《浙江省建設月刊》1932 年第 5 卷第 7 期「農林專號」，第 24～25 頁。

（應）盈虧各情形，妥予參酌辦理為要」。〔註12〕並令江蘇、浙江、江西、安徽、湖北、河南等省政府遵照實行。財政部財政特派員公署認為：禁釀固與酒稅收入有關，但不能不兼顧民食。擬請西南政務委員會轉令廣東省政府，如此後各縣有呈報因災禁釀之案，先函公署飭令印花菸酒稅局詳細調查，確應禁釀，然後轉復省政府核准照禁；如可不復禁釀，則請省府將案駁回，以昭審慎而崇功令。〔註13〕

雲南建水縣士紳給政府的呈文稱：「自比年來，旱潦不時，農產稅（銳）減。近因時局緊張，不惟各縣特徵壯丁集中訓練於此，而商旅之疏散，因籍者日益增多，生寡食眾，供不給求。自冬季春米價奇漲，中米一斤售舊幣一元七角，兩升重三斤四兩，計合舊幣五元六角有奇，實屬空前未有。由茲再增，匪伊胡底，由是民心皇皇，恐慌萬狀。擬請核轉核予嚴禁以穀煮酒，藉恤民瘼。」雲南省建設廳廳長張邦翰1939年5月12日在給雲南省政府的呈文中也稱：「釀酒耗糧，關係民食至巨。當茲非常時期，增加農產尚恐力有未逮，曷容再事消耗。職廳早已一再禁令在案。再查糧價高漲，現已成為普遍現象，不特建水一縣。擬請鈞府通飭各縣一律禁止以穀釀酒，至於高粱、雜糧，不在此限，而資救濟。」〔註14〕雲南省政府主席龍雲批示准予照辦。1940年，雲南昭通縣禁止煮酒三月，以維民食。〔註15〕1943年，雲南省政府又禁止除高粱以外的雜糧釀酒。「為節約消耗，儲備民食起見，曾經提會議決除高粱一項照常釀酒外，其他各項雜糧，一律禁止釀酒。……此項禁令，在明白伐責事理之官紳固能實力奉行，不待督責。其有只顧私利者，或不免陽奉陰違，藉此斂財。亟應嚴事防維貫徹禁令，除諮請中國國民黨雲南省執行委員會轉飭各市縣局黨部盡力協助隨時派人四出偵查，如遇有不法之徒即於舉發送縣懲治外，應飭各該地方官恪遵前令，嚴密查禁，倘敢陽奉陰違，

〔註12〕《訓令蘇浙贛皖鄂豫省政府據馮師長代電呈以本年各省水旱成災請通令禁止釀製酒糖醋醬不急之需以裕民食等情令仰妥予參酌辦理》，《軍政旬刊》1934年第33、34期合刊，第20頁。

〔註13〕《奉省府令奉西南政務委員會令知此後有呈報因災禁釀之案須先函財政部特派員公署詳細調查由》，《廣州市政府市政公報》1934年第485期，第55頁。

〔註14〕《雲南省政府訓令秘字第二三一號 令省內外各機關》，《雲南省政府公報》1939年第11卷第44期，第13頁。

〔註15〕《雲南省政府訓令秘內字第一○四八號 令昭通縣》，《雲南省政府公報》1940年第12卷第17期，第22期。

瞻顧徇情，查明即予重懲不貸。」〔註16〕

　　四川省為珍惜食糧，特一再通令各縣市嚴禁以食糧熬糖釀酒及飼養牲畜，頒行以來，各縣率能認真執行，收效甚宏。〔註17〕抗戰期間，以酒精代替燃料是一個普遍的選擇。中國酒精工業落後，使用燒酒提純酒精是很多酒精廠的不得已之法。但釀造燒酒需要耗費大量的糧食，為了平衡酒精供應與糧食消耗，1941年7月1日國民政府頒行《禁釀區內糟坊製造酒精原料使用食糧管理辦法》。規定酒精廠自設或約定生產酒精原料的糟坊，使用糧食生產燒酒必須予以登記。其制釀燒酒及使用糧食數量，均嚴格規定。所釀製的燒酒必須全部供應酒精工廠，不得作為飲料酒出售或移作其他用途。〔註18〕

第二節　禁釀與限飲：民國禁酒的主要內容

　　民國年間禁酒的主要內容，則為禁釀與限飲，而以禁釀為主。首先是禁釀，如廣東省之禁酒。韓江上流各縣「原非產米之區，米糧自難自給自足。值此戰時交通困難，接濟不易，缺糧現象，尤為普遍。近日政府為統籌民食，一面成立東江糧食運銷處，向各方採購米糧接濟；一面禁止釀酒，藉以節約糧食消耗。……至禁酒一項，省府所頒辦法，甚為周詳。」〔註19〕其要點有：一、各縣屬各區鄉自布告後，無論使用黏米糯米釀酒及以營利為目的，或自製自食者，均一律禁止。二、規定1940年1月1日起為實施禁釀日期。三、各區禁釀事務，附城警察所及各警察派出所所在地，由各該所長、巡官、警長負責辦理，其餘各區署派員督飭各鄉鎮公所分任調查，責限申報登記及執行封甑。四、各甑戶應於禁釀期前，前往執行禁釀機關申請登記，將酒甑點明封存（封條由各執行機關制用），列表彙報縣府備查。五、各甑戶逾期未報請登記者，一經查出或被人舉報屬實，每甑處罰國幣20元，並將原甑沒收。六、自實施禁釀

〔註16〕《雲南省政府代電　為嚴禁各項雜糧一律禁止釀酒等因一案代電恪遵前令嚴密查禁》，《雲南省政府公報》1943年第15卷第12期，第41期。

〔註17〕《川省禁止釀酒飼畜》，《陝行彙刊》1941年第5卷第3、4期合刊，第55頁；《珍惜食糧川省禁止釀酒飼畜》，《農業院訊》1941年第2卷第4、5期合刊，第21頁。

〔註18〕《禁釀區內糟坊製造酒精原料使用食糧管理辦法（1941年7月1日）》，《經濟部公報》1941年第4卷第15、16期合刊，第460～461頁。

〔註19〕思烈：《省府嚴屬禁止釀酒》，《抗戰週刊》1939年第20期「新年特大號」，第4頁。

後，如有膽敢私行釀製者，一經發覺，處國幣 20 元以上 100 元以下罰金。時人認為「各級自治警察機關倘能切實執行，則禁釀可收實效。惟梅屬各縣習慣，每屆年冬，家家戶戶，均必釀酒度歲，藉曰生活極度困難，亦不願或缺。此種惡習，戰時早應禁止，當米糧缺乏之今日，尤應懸為屬禁。惟以地域遼闊，窮鄉僻壤，查禁工作，進行匪易。故願各鄉紳耆鄉保甲長暨教育界人士，一致洞鑒時艱，倡導節約，本身先行自禁釀酒度歲，造成風氣，然後普及平民，則釀酒之風，不禁自絕，糧米節約，可收實效。」〔註20〕

次則禁釀、禁運並禁售。如廣西省以「天旱米貴，先將受災最重四十八縣呈准禁熬」。後因「晚稻失收，災區遼闊。加以收復淪陷各區，率皆田園荒蕪，糧食缺乏，亟應全省禁止熬酒，以維民食。惟同時禁止運售，於酒商生計不無影響。」所以規定分期施禁辦法如下：一、禁熬自 1941 年 1 月 1 日起，無論已禁未禁各縣以及城鎮鄉村，一律禁止以穀米雜糧熬酒，並由各縣將各熬戶存酒及酒飯分別登記，限期熬竣，即予封熬。二、禁運由 2 月 1 日起，凡有未銷售酒類，只准酒戶就地銷售，不准運往他區縣，更不准輸出省境。外省之酒，亦同時不許輸入，以杜動銷。三、禁售由 3 月 1 日起，所有各熬戶或售酒商店存酒，不分土製舶來，概由各縣一律封存，不准發售，違者分別處罰，處罰辦法另訂。四、禁期俟秋穀登場，米價恢復常態，再由省政府體察情形，定期弛禁。廣西省政府並電廣東、湖南、雲南、貴州等各省政府，要求各省電令相鄰區縣屆時不再運酒進入廣西省行銷。〔註21〕

再則禁釀、禁售、禁飲、禁運。如福建省為節約糧食消耗以足民食，制定有《戰時福建省禁酒暫行辦法》。規定凡以穀類雜糧或糖料釀造各種白酒、色酒供作飲料者，一律禁釀、禁售、禁飲、禁運，但釀造酒精及供醫藥用之跌打酒，由省府另訂製售辦法管理。釀戶所存之酒及酒麴，應在禁酒施行後 20 日內向當地主管機關（市、縣政府，特種區署，福州警察局）申請登記，將釀酒用具予以封存禁止。釀戶及零售酒類商店存酒，准在禁酒施行日起兩個月內就地銷售，但禁止運往他縣，期滿登記封存，不准發售，同時禁止飲酒。主管機關辦理禁酒事宜，應先期將禁酒意義普遍宣傳，一面由省府函請財政部福建區稅務局，

〔註20〕思烈：《省府嚴屬禁止釀酒》，《抗戰週刊》1939 年第 20 期「新年特大號」，第 4 頁。

〔註21〕《1939 年 12 月稅二字第一一四八八號馬代電 電知禁止熬酒並禁運禁沽一案》，《廣西省政府公報》1940 年第 968 期，第 7 頁；《廣西省府通令禁止熬酒》，《地方政治》1941 年第 5 卷第 1 期，第 30 頁。

並令財政廳分別轉飭稽徵土酒特捐人員協助。違反本辦法私自釀造、運輸、販賣及宴飲酒類者，予以嚴處。釀造、運輸或販賣酒類者，處 20 元以上 500 元以下罰款，並沒收其酒類及釀酒器具。宴飲酒類者，處宴會主人 50 元罰款，主人如在 4 人以上者，其罰款總額不超過 200 元。多數人聚餐飲酒，無從分別主客者，各處 20 元以下罰款。釀戶及零售酒商，隱匿不報或私擅揭封者，以釀造及販運酒類論。凡違禁私釀、私運、私售、私飲酒類者，無論何人，均得負責舉發，一經查獲，所處罰款及沒收物變價，應以 3 成解庫，3 成獎給舉發人，2 成給緝獲機關，2 成給處理及執行機關。如無舉發人時，其 3 成獎金並給緝獲機關。在禁售期內所獲私酒，應存候弛禁時，方得變價分配。禁酒緝私，由主管機關負責主辦，各市、縣、區稅捐機關、警察局所及鄉鎮保甲長，均負協助之責。稽查人員如有包庇賣放、藉端需索或其他不法情事，一經查覺依法懲處。稽查人員查獲私酒，應一律送由主管機關辦理，不得擅自扣押罰鍰，違者以舞弊論。各主管機關辦理禁酒事宜，應按旬列表呈報省政府備查。在禁酒期內，本省封存酒類，不許輸出他省，他省之酒，亦禁止輸入，違者按釀造、運輸或販賣酒類論處。在糧食供需平衡、米價恢復常態時，由省府以命令弛禁。〔註22〕

最後是限製酒類消費。抗戰期間，行政院頒行酒食消費限制的命令，規定除招待外賓、因公集會或婚喪慶典可報警察局登記後置備宴會外，其他各種宴會一律取消；規定各餐館飲食店肆置辦宴會的規模、就餐人數及菜品規格，菜品必須使用國貨、不得燒烤乳豬；各餐食店不得出售或代購酒類，顧客並不得飲酒。如果商家違反，處 100 元以上 1000 元以下的罰款，並視情形勒令停業或歇業；顧客如有違反，則每人處 20 元以上 200 元以下的罰款，並斟酌情節輕重處以拘役，如係公務人員者，報請長官嚴厲處罰。〔註23〕江西省除規定菜館、食店不得售酒、顧客不得飲酒外，還規定酒店不得供給顧客任何菜肴，顧客亦不得自攜菜肴在酒店內食用。〔註24〕

民國時期的酒禁，並未能發展成為如美國一樣的全民禁酒運動。〔註25〕

〔註22〕《戰時福建省禁酒暫行辦法》，《福建省政府公報》1941 年第 1132 期，第 3940～3941 頁。

〔註23〕《修正非常時期重慶市取締宴會及限製酒食消費暫行辦法（1942 年 3 月 23 日行政院頒布）》，《河南省政府公報》1942 年第 2404～2406 期合刊，第 15～16 頁。

〔註24〕《非常時期江西省省會取締宴會及限製酒食消費辦法（1943 年 9 月 5 日修正公布）》，《江西省政府公報》1943 年第 1289 期，第 12 頁。

〔註25〕郭九林：《美國市民與禁酒》，廈門大學出版社 2012 年版。

與美國禁酒運動相比，中國禁酒多是暫時性的，且其行為僅限於地方政府，未有全國性禁酒的情況發生。與其他歷史時段相比，民國年間的酒禁亦有其自身特點。首先是救荒性。如上所述，多數禁酒都是因受災後糧食短缺，政府將禁酒作為節約糧食以賑濟災民的手段之一。其次是臨時性。即各地禁酒，都是為了應對突發的自然災害或人禍所帶來的糧食問題。在相應的問題得到緩解或解決後，酒禁自不能再繼續維持。第三是地域性。全國各省幾乎都有禁酒情形發生，如廣東、廣西、河南、湖北、江西、江蘇、浙江、福建等省，都不同程度的實行過禁酒之策。雖則禁酒地域甚廣，但未能匯聚為全國性禁酒。第四是持續時間不一。如江西省某些地方的禁酒，則只持續數月，前引雲南昭通亦只是禁酒 3 個月。貴州 1937 年禁酒 4 個月，1939 年復屬行禁酒，其後一直斷續延至國民黨貴州政權垮臺。

第三節 「以重國課」：財稅部門對禁酒的干預

民國初年，北京政府對酒稅制度加以改革。在承認原有酒稅、酒捐的基礎上，開徵菸酒牌照稅，規定凡經營菸酒者均須領有牌照方得營業。同時新徵菸酒公賣費，實行類似於專賣的公賣制度。南京國民政府成立後，對酒稅徵收制度進行了重新設計和整頓。1933 年起在浙江、安徽等中央政令能夠通達的七個省區實行土酒定額稅，其餘地區則仍實行酒類公賣制度。1941 年，財政部頒發《國產菸酒類稅暫行條例》及施行細則，對本國出產之菸酒徵收統稅，方實現酒稅一道徵收。〔註26〕國民政府財政收入之主要來源，為關稅、鹽稅和貨物統稅，其中菸酒稅收入又佔據統稅收入相當比例。以 1943 年為例，當年酒稅收入 679869183 元，菸稅收入 458817863 元，兩稅合計 1138687046 元，酒稅占菸酒稅收入的 59.71%。〔註27〕同年全國貨物稅收入為 1844386000 元，菸酒兩稅占到統稅收入的 61.74%，酒稅收入占貨物統稅收入的 38.86%。〔註28〕酒稅在財政收入中的重要地位，使得財政稅收部門對酒稅稽徵管理相當重視，

〔註26〕 中華民國工商稅收史編委會編：《中華民國工商稅收史·貨物稅卷》，中國財政經濟出版社 2001 年版，第 223～303 頁。

〔註27〕 財政部財政年鑒編纂處：《財政年鑒三編》下冊第八篇「貨物稅」第十五章「國產菸酒類稅」，財政部財政年鑒編纂處 1948 年版，第 68 頁。

〔註28〕 中華民國統計部主計局：《中華民國統計年鑒》，中國文化事業公司 1948 年版，第 250 頁。

對各地政府實行的禁酒，便往往從財稅收入的角度加以干預。

財稅部門首先是設法將禁釀之權收歸中央，由財政部和內政部核准報行政院批准後方得實行。財政部和內政部在給行政院的一項呈文中稱：「酒稅為國庫直接收入，地方遇有水旱偏災，必須禁止釀造者，應以中央命令行之。民國二十年，南北各省，火水為災，係奉鈞院通令禁釀，固不應由地方政府各自為政，致紊行政系統。祥熙近據安徽、江西、湖北、湖南等省印花菸酒稅局先後呈報，各該省地方，或因水患，或因旱災，縣政府紛紛布告禁釀。查本年入夏以來，雨陽失調，各該省間有受災地方，事所難免。在牧民者主張禁釀，雖為維持民食起見，惟一經禁止釀造，稅收固受影響，而釀戶生計所關，亦應一併加以顧慮，如果被災之區，糧穀缺乏，實有禁釀之必要者，應由縣政府呈報該省政府查明屬實，諮由內政、財政兩部核明，轉呈鈞院，俟奉准後，方可實行。其或雖有災袋，而釀造不以食糧為原料，無損於民食者，不得概行禁釀，致妨稅收。由祥熙諮商內政部與紹雄意見相同，擬請鈞院通令各省政府遵照辦理，似此於國計民生，兩有裨益。」〔註29〕強調禁酒之權應收歸中央，不得由各地方政府自行其是。且應報由財政部和內政部核准後方得施行禁釀，其不以糧食為原料者不得輕易禁釀，「致妨稅收」。

在另一件公文中，財政部認為「酒稅為國庫大宗收入，釀業為商民生計所繫。值此全面抗戰之際，安定民眾，以勿使失業為務；籌措餉需，以保持稅源為要著。故非萬不得已，不宜輕議禁釀。前奉行政院頒布之總動員計劃大綱，亦規定於必要時得禁止米糧釀酒。各省誠宜仰體斯旨，權衡情勢之緩急，以定禁弛之標準。」但據鄂、豫、湘、贛、四川等區稅務局和浙江、福建、安徽、廣東等省印花菸酒稅局先後呈報各省禁釀情形，其中或有逕由縣政府及各團體自動宣告禁釀，肆意苛擾，而酒業商民復以禁止釀造造成酒商失業請求救濟。「非常時期民食固屬重要，而軍需尤為緊急。酒稅係中央歲入主要部分，目前正在積極整理，力謀增益。一旦紛紛禁釀，不但直接損害國庫稅收，間接減少抗戰餉需。即釀戶生計，遭受打擊，增加失業恐慌，於社會秩序，亦有可虞。凡此諸端，均宜考慮，現在各省既經中央飭令設立糧食管理委員會，則一省糧食之盈虛該會自有精密之統計，倘事實上有禁釀之必要者，應由該會通盤計劃，擬議適當之處置，期於兼籌並顧。且釀酒所用原

〔註29〕《奉省府令奉行政院令知災區禁釀應由縣府呈省轉呈院核准方得實行由》，《廣州市政府市政公報》1934 年第 483 期，第 36 頁。

料，非必盡屬主要糧穀，或有無損於民食之品，似須加以區別，不能籠統請禁。前者粵省請准禁釀，俟經廣東印花菸酒稅局查明該省土酒，多有以糟質雜糧為釀造之原料，與民食無關。商准廣東省政府議定，凡非以稻米釀造者，不予限制。各省類此情形者，正復不少」。財政部請求軍事委員會通令各省政府，「倘於必要時暫禁釀酒，應根據糧食管理委員會之調查報告，先行諮商內財兩部，再予實行。並須查明無關主要之民食，而可供釀酒原料者一律免禁，庶於國計民生，兩有裨益。」國民政府軍事委員會辦字第 1009 號訓令認為財政部所言「尚屬實情，應予照辦，除指令並分行外，合行令仰該省府遵照，並轉飭所屬一體遵照」。〔註 30〕

其次是直接干預地方政府的禁釀。1934 年，財政部以手續不合為由，要求江西省東鄉、清江、萍鄉、宜春、分宜、萬載、武寧、靖安、高安、浮梁、萬年、餘江、餘干、奉新等縣弛禁。江西省政府無奈，只得分令各縣縣長迅速撤銷釀酒禁令，以重國稅。若因災歉致糧食匱乏，應即「迅將被災輕重，暨存糧若干，依人口比例，預算至次年六月底止，短少糧食若干，以及必須禁釀理由，詳細呈報。」〔註 31〕1938 年 3 月 18 日廣東省民政廳發布第 5216 號訓令，認為廣東禁止釀酒，有第四路軍總司令部並實業部、財政部、軍政部會核意見，由軍事委員會第四部呈奉蔣介石批准辦理。但後來廣東印花菸酒稅局奉財政部電令和廣東省財政特派員公函均認為，廣東省禁釀「不特有妨國課民生，且影響抗戰餉源。應量予弛禁，或限製酒商領照，特購洋米復釀。」〔註 32〕廣東省糧食委員會擬請弛禁並提請省務會議決定，第四路軍總司令部也同意廣東省政府察酌辦理。後經廣東省政府第八屆委員會第八十一次會議議決「准予弛禁」。

1929 年安徽皖北地區的禁釀事件，最能見出財稅部門對地方禁釀政策的影響。阜陽、懷遠、泗五、壽縣、六安、太和、蒙城等縣菸酒事務分局呈文稱，「皖北各縣原為釀酒之區，而稅之來源亦即取於釀戶。今皖北各縣紛紛禁釀，則稅收又從何而出？茲分局等已就所在各縣地方之本年秋收豐歉詳加考察，咸以為均無禁釀之必要。因即不得不將實在情形為鈞局陳之。伏查皖北今年春

〔註 30〕《令各省禁釀及禁種菸葉應根據糧食管理委員會之調查報告辦理等因令仰遵照》，《江西省政府公報》1938 年第 1021 期，第 8～9 頁。

〔註 31〕《江西省政府訓令民三字第二三五〇號 令各行政督察專員公署、省會公安局、南昌九江兩市政委員會》，《江西省政府公報》1934 年第 29 期，第 4 頁。

〔註 32〕《准予弛禁釀酒》，《廣東省政府公報》1938 年第 401 期，第 37～38 頁。

麥秋秔尚佳，其歉收者亦只黃豆一種，究與民食無關。此而云荒，則凡雜糧之中設遇有一種稍歉之年，均可以荒呈報。況皖北民食本以小麥為主要品，而釀酒原料係以大麥、高粱為主要品。果本年大麥與高粱收成均歉，則出產既少，而釀戶亦即不待禁而自禁。此又自然之趨勢也。今皖北各縣未及詳察本年大麥與高粱是否歉收，但以維持民食為題，實行禁釀，固非分局等所可力爭。而默不上陳，又恐致干譴責。抑分局等更有進者，查各邑書吏與地方董保，往往假禁釀之名，朋比私徵。而釀戶亦知有利可圖，遂不惜因緣為奸，互相勾結。分局等縱能查獲，而禁令不開，實於國稅前途影響甚巨。思維再四，可否仰懇轉呈財政部諮行安徽省政府通令六十縣縣長派委員切實查明，凡已出布告禁釀各邑，苟非全遭災患，應將布告撤回，以免損礙國稅。以後實係災重之區，不得不設法禁釀者，並應由縣會同菸酒分局呈明總局出示布告，庶國稅賴以維持。」〔註 33〕

　　安徽省菸酒事務局局長沈樂康、副局長吳孝勉認為，「皖省春夏以來，雨澤稀少，旱魃肆虐，收成歉薄。各縣多徇地方民眾或各團之請求禁止釀酒，而各縣漕坊紛請歇業，時有所聞，稅收頓蒙影響。職局曾業於十月十二日將霍邱、合肥、六安各局禁釀情形併入呈報匪災旱蝗文內詳細呈明鈞部在案。局長就任伊始，深知縣政府禁止釀酒與稅收極有影響，正擬設法限制。又據阜陽、懷遠、泗五、壽縣、六安、太和、蒙城等局呈報前來。覆查皖北各局，向以酒稅為收入大宗，今既弛禁無期，誠恐他縣一律援案普禁，更於稅收前途不堪設想，今各分局公呈前項辦法，洵屬扼要可行。除由職局諮請安徽財政特派員公署先行通令各縣縣政府遵辦外，擬懇鈞部轉諮安徽省政府通令六十縣，凡出示已經禁釀，苟非全遭災患，應即開禁。以後果有災重之區，應先會同菸酒分局呈報職局核准方可示禁，以重國稅。」〔註 34〕

　　財政部認為，「皖北各縣因災禁釀，其立意雖為顧全民食。然應詳察各地災情輕重，分別實施。釀酒原料本以大麥、高粱為主，與民食小麥本無關礙。今各該縣本年春麥秋秔，既未歉收，而竟遽行禁釀，誠如來呈所稱，設或不肖書吏與地方董保乘機勾結，各釀戶朋比私征。是公禁未弛而私釀充斥，倘其他各縣相率踵行，於民食則毫末無補，於國課則損失良多。據呈前情，除咨請皖

〔註33〕《財政部訓令第一三一六七號 令安徽省財政特派員》，《財政公報》1930 年第29 期，第 18～21 頁。
〔註34〕《財政部訓令第一三一六七號 令安徽省財政特派員》，《財政公報》1930 年第29 期，第 18～21 頁。

省政府通令各縣酌量弛禁，並指飭該局就近商承省政府辦理。」〔註35〕到了年底，皖省豐收，新穀登場。財政部指令安徽菸酒事務局，「業經轉諮安徽省政府查明豐收各縣，令飭弛禁。該局職司菸酒稅收，省令禁釀，不過一部分收入減少。現在軍需孔急，局長應即督飭所屬認真稽查，隨時按照派定解款盡力籌解，毋任藉延，實為至要，切切此令。」〔註36〕

第四節　民國禁酒的貴州案例

　　早在 1937 年，貴州省政府就曾頒布《違禁釀酒處罰規則》10 條，由省府委員周恭壽及民財兩廳咨文財政部，因「災區甚廣，食糧缺乏，急於禁止釀酒，並因期間僅訂四月，未及先行諮轉核准，請念邊省特殊情形，准予變通辦理。」財政部認為：貴州省政府關於禁釀事項，「未經諮部轉呈核准，即行示禁，手續自有未備。惟原諮以禁釀期間，僅訂四月，若待核覆始行，深恐緩不濟急，亦屬實情。此次似可通融照准，一俟月底期限屆滿，即由該省府按照原定禁釀實施辦法，查看情形，分別弛禁。嗣後該省地方，如再遭遇水旱災祲，有禁釀之必要者，務須依照規定之禁釀程序辦理，以符通案。」〔註37〕行政院 1937 年 5 月 1 日以第 1819 號指令准予備案。其中規定對違禁釀酒者「除將酒沒收變價及封禁器具外，並依釀酒量，按當地酒價，處 2 倍以上 4 倍以下罰金，再犯者，處以 4 倍以上 8 倍以下罰金」。〔註38〕

　　1939 年，貴州省政府制定《貴州省禁止釀酒熬糖辦法》，經國防最高委員會備案後於同年 12 月 16 日起施行。其內容為：

　　　　第一條　本省政府為儲備戰時糧食起見，所有全省各縣一律禁止以米麥及包穀三種糧食釀酒或熬糖。

　　　　第二條　凡違禁以米麥及包穀釀酒或熬糖者，一經查覺或被舉發，除將酒糖及釀熬器具連同準備釀用之米麥及包穀一律沒收外，

〔註35〕《財政部訓令第一三一六七號 令安徽省財政特派員》，《財政公報》1930 年第 29 期，第 18～21 頁。

〔註36〕《財政部指令菸字第三二二二三號 令安徽菸酒事務局》，《財政公報》1930 年第 39 期，第 41 頁。

〔註37〕《財政部覆貴州省政府諮》，《內政公報》1937 年第 10 卷第 5 期，第 141～142 頁。

〔註38〕貴州省地方志編纂委員會編：《貴州省志・糧食志》，貴州人民出版社 1992 年版，第 55 頁。

並照《農礦工商管理條例》第三十二條之規定，處一年以下有期徒刑、拘役或一千元以下罰金。

第三條　前條沒收之酒糟等及罰金，以三成至五成獎給舉發人，餘數解庫。

第四條　查禁釀熬事宜由各區長、保長、甲長負責辦理，各縣長應指派縣府職員認真稽查，本省政府並隨時派員密查。

前項縣派稽查人員由縣政府發給稽查證以資識別。

第五條　違禁釀熬無論何人均得向縣政府或該管區保甲長舉發。

第六條　稽查人員或區長查獲違禁釀熬之戶，應報告縣政府。保甲長查獲者應遞級呈報縣政府懲辦。

第七條　區保甲長或稽查人員如有包庇釀熬之戶或扶同隱匿者，由縣政府予以撤職或罰鍰之處分。其涉及刑事者並送法院懲辦。

第八條　查禁釀熬事宜各縣長奉行不力者從嚴議處。

第九條　本辦法自二十八年十二月十六日施行。〔註39〕

1943 年，抗日戰爭進入最為艱苦的一年。作為大後方的貴州不但在兵力補充和逃難人員安置上出力甚巨，且需要向前線源源不絕的輸送糧食。貴州省政府乃於 12 月 9 日頒布《貴州省禁止釀酒辦法》十條，嚴厲禁止釀酒。其內容為：

第一條　本省本年因災歉收，為節約糧食消耗起見，全省各縣市一律禁止以稻穀、苞穀、食米釀酒。

第二條　在禁釀期內，各縣市境內酒精廠（已領有登記證者為限）依照《禁釀區內糟坊製造酒精原料使用食糧管理辦法》之規定，准以苞穀製造酒精。

第三條　凡違禁以稻穀、苞穀、食米釀酒或酒精廠以苞穀為酒精原料未依前條規定辦法辦理者，經查覺或被舉發時，即將釀製成酒或酒精及釀造器具連同準備釀造之原料一律沒收，並照《農礦工商管理條例》第卅二條之規定處以一年以下有期徒刑或科一千元以下罰金。

〔註39〕《貴州省禁止釀酒熬糖辦法》，《司法行政公報》1943 年第 1 卷第 10 期，第 79 頁。

第四條　前條沒收之酒及原料器具，應即售與當地或附近領有登記證之酒精廠，如無酒精廠，即由縣市政府妥為保存，俟釀禁解除後公開標賣，所得價款，援照《非常時期取締日用重要物品囤積居奇辦法》第廿一條之規定，分別提成給獎、解庫。其解庫之款即撥作地方公用經費，並造具收支追加概算呈核。

第五條　查禁釀酒事宜，各縣（市）政府除應依《禁釀區內糟坊製造酒精原料使用食糧管理辦法》認真管理外，並應由各縣（市）長負責指派職員認真稽查，省政府隨時派員密查。

第六條　凡有違禁釀造者，無論何人，均得向省政府各區專員公署、各縣市政府秘密檢舉，各級政府對於檢舉人姓名，應負絕對保守秘密之責。但檢舉人如有挾嫌誣告情事，依法治罪。

第七條　稽查人員查獲違禁釀造之戶，應即報告所屬縣市政府，保甲長查獲者應遞級呈報縣市政府核辦，不得擅自處理。

第八條　執行查禁機關人員及稽查人員如有藉端勒索或其他不法情事，依法從嚴懲處。

第九條　執行查禁機關查獲違禁釀造案件，除將查獲之酒或酒精及原料釀造器具沒收外，應即將人犯交由司法機關審判，並遵照本府頒發各縣（市）辦理違犯酒禁案件月報表或將沒收物數目及執行情形按月呈報。

第十條　本辦法自公布之日施行，應報行政院備案。〔註40〕

因為糧食歉收，貴州省政府方制定《貴州省禁止釀酒辦法》，施行禁酒之策。規定不准以稻穀、苞穀和食米釀酒，同時規定了違禁案件處理辦法與程序，以及查禁機關工作人員違法情形的處理辦法。若照規定條文來看，其規定較為詳盡，但是也有遺漏之處。為了解決汽車燃料問題，當時的做法是普遍設立酒精廠，而酒精生產最為簡便的方法是利用燒酒提純。允許酒精廠以苞穀釀酒，但是誰能保證酒精廠所釀造的酒最後是用於提煉酒精還是作為飲料酒？所以這一禁酒辦法，施行起來難度不小。好在糧食問題稍微緩解之後，還是會開禁釀酒的。而且禁酒還面臨來自酒民和酒商的巨大壓力，也不是長久之計。

貴州省政府當局也曾一度廢止禁酒辦法。1945年，貴州省政府在致財政

〔註40〕《禁止釀酒有關法規》，貴州省檔案館，館藏號M46-1-4，第35～37頁。

部《本府（貴州省）委員會議決廢止前頒禁止釀酒辦法函》中如是說道：「本省於卅二年因災歉收關係，為節約糧食消耗充裕軍糈民食起見，經制定《貴州省禁止釀酒辦法》公布施行。以省糧一（卅四）字第 4086 號將辦法檢送查照在案。頃據貴陽市政府呈轉貴陽市醬酒商業同業公會呈稱：查抗戰期間，政府為節約糧食消耗，曾頒令禁止以稻米苞穀釀酒。本市同業均恪遵奉行。茲以抗戰勝利，八年艱苦一旦解除，人民聯歡祝捷，胥賴於酒。鈞府原頒厲行節約取締宴會及限製酒食消費辦法亦經明令宣布廢止。而本年苞穀等已告豐收，稻穀亦收成有望。酒禁似可於此時予以開放。近據各會員來會請求，理合備文呈轉鑒核示遵等情。據此，經飭據貴州田賦糧食管理處答稱，現值抗戰勝利，據報各縣包穀收成甚佳。關於本省前頒禁止釀酒辦法是否應行廢止之處，乞核示到府。查所呈各節，尚屬實情，經提出本府委員會第 1156 次會議准予廢止，紀錄在卷。除通令各縣市政府、專員公署遵照外，相應函請查照為荷。」〔註41〕省政府呈請廢止禁釀辦法的理由為如下幾點：一、糧食豐收；二、抗戰勝利，人民歡慶全賴於酒；三、商業同業公會特別是貴陽市醬酒商業公會的影響。1945 年 12 月 16 日，財政部就此事做了如下批示：「准此」，並令抄發原函。據財政部貴州區貨物稅局都勻、盤縣、畢節、遵義、貴陽、鎮遠、銅仁各分局的報告，貴州省 1945 年共生產酒類 2814018 斤，其中燒酒 1685692 斤，土水酒 77416 斤，高粱酒 3000 斤，茅酒 31289 斤，其他酒類 1016621 斤。〔註42〕

　　1946 年 4 月 6 日，省政府又將《貴州省禁止釀酒辦法》通飭各縣遵照執行。我們尚不知道省府再次頒行禁酒令的原因，但推測仍然不外乎糧食問題。雖然省政府在給財政部公函中曾描述了糧食豐收景象，但這只不過是假象而已。據《貴州省志·糧食志》的統計，1943 年貴州糧食產量為 57.25 億斤，1944 年為 55.01 億斤，1945 年為 54.29 億斤，1946 年為 54.83 億斤，1947 年為 53.54 億斤，1948 年為 53.07 億斤。〔註43〕從以上數字來看，省府宣布禁酒的 1943 年糧食產量最高，其後呈逐年下降趨勢。我們有理由推測省府再次禁酒的真正原因仍是糧食問題。

〔註41〕《黔各局呈報禁釀》，貴州省檔案館藏，館藏號 M43-1-31，第 14 頁。

〔註42〕《菸酒法令》，貴州省檔案館藏，館藏號 M46-1-779，第 33～58 頁。

〔註43〕貴州省地方志編纂委員會編：《貴州省志·糧食志》，貴州人民出版社 1992 年版，第 11 頁。

　　1946 年，貴州省政府在給行政院的一份公函中如是說道：「本省本年各縣雜糧豐收，且稻穀存量亦足以應付軍糧撥補。所有收穫雜糧，若不設法利用，必將使公私蒙受損失，為權衡緩急，當提經本府委員會第 1192 次及 1193 次會議議決『准許苞穀雜糧釀酒，稻穀食米禁釀』等語，並將本省《禁止釀酒辦法》重加修正。」〔註44〕在這份公函中，省府再次重申糧食豐收，若不加以利用，則會使公私蒙受損失，卻不再提其曾經命令廢止禁釀辦法，只是說將其修訂。省府態度前後不一，可以看出其行政的混亂。1946 年 8 月 16 日，公布《修正貴州省禁止釀酒辦法》十條。此次修訂和原辦法不同之處在於，鑒於前述原因，允許利用苞穀釀酒。但此辦法在報行政院批準備案時，行政院將其改為《貴州省節約糧食消費辦法》，並飭令貴州省政府重行修正。1947 年 2 月貴州省修正公布《貴州省節約糧食消費辦法》九條。全文如下：

　　第一條　本省為節約糧食消費充裕民食起見，特訂定本辦法。

　　第二條　全省各市縣一律禁止以稻穀食米小麥釀酒，在禁釀期內，各酒精廠不得以糧食釀酒。

　　第三條　違反前條之規定者，依行政院執法規定處罰，其罰鍰數額在罰金罰鍰提高標準條例有效期間從其規定。

　　第四條　查禁止釀酒事宜應由各縣市長負責指派人員認真稽查，省政府隨時派員密查。

　　第五條　凡有違禁釀造者，無論何人，均得向省政府各專員公署、各縣市政府秘密檢舉，各級政府對於檢舉人姓名，應絕對保守秘密之責，但檢舉人如有挾嫌誣告情事，依法治罪。

　　第六條　稽查人員查獲違禁釀造之戶，應即報告所屬縣市政府，保甲長查獲者，應遞級呈報縣市政府核辦，不得擅自處理。

　　第七條　執行查禁機關人員及稽查人員如有藉端勒索或其他不法情事，依法從嚴懲處。

　　第八條　依本辦法處分之罰鍰，照左列標準提獎。

　　一由檢舉人檢舉而查獲者，給予百分之四十，查獲機關給予百分之十。

　　一由執行機關逕行查獲者，給予百分之三十。

〔註44〕《禁止釀酒有關法規》，貴州省檔案館，館藏號 M46-1-4，第 50 頁。

給獎外之餘額，應由縣市糧政管理機關備作糧食平價資金。

第九條　本辦法自公布之日施行。〔註45〕

　　此次修訂，和原規定不同之處有如下幾點。首先是小麥也在禁止之列，這對以小麥造麴的酒類之生產，打擊是致命的。其次是酒精廠也不再擁有任何特權，同樣不能利用糧食釀造。這主要是因為抗戰勝利後，對酒精的需求不再迫切之故。第三是明確規定了檢舉告發及查獲違禁釀酒的罰金分成，有助於社會的監督及稽查機關的有力稽查。從《貴州省禁止釀酒辦法》到《貴州省節約糧食消費辦法》，看似條目的變更，卻有著更深層次的含義。首先，《禁止釀酒辦法》名不副實，它只是限制釀酒的原料，並沒有將釀酒完全禁絕。其次，也部分的說明了禁酒的不得人心。酒是大宗消費品，普通民眾消費極為普遍。政府對其生產加以限制，勢必會影響到酒類商品的供應，這自然會受到民眾不同程度的抵制。將禁止釀酒辦法變更為《節約糧食消費辦法》，更具有隱蔽性，不易受到牴觸。

　　那麼禁酒的效果如何呢？我們來看一下正安縣的情況。財政部稅務署在1945年8月9日給湘黔貴區貨物稅局的訓令中如是說道：「本署前為整頓酒稅，電飭各稅務分局清查釀戶報釀數量辦理登記並飭各前稅務管理局督促辦理在案。茲據前桐梓稅務徵收局呈覆以據政安（正安）查徵所呈報，政安縣府因連年荒歉，於去年度一再嚴令禁釀禁售，酒稅一項，毫無收入，轉呈鑒核等情。查各分局自此改組以後，轄區已有變更，應由遵義貨物稅分局就現在轄區實況切實查報，合行令仰該局轉飭遵照。再，黔省禁釀，原案以米麥包穀為限，其他雜糧，不在禁止之列。該政安縣所產土酒，向以何種糧食為原料，該縣府禁釀禁售究竟是何實情，並仰一併查明具覆。此令。」〔註46〕10月6日遵義分局的呈函稱：「（一）正安縣城距離綏陽二百華里，本稅貨品，向以酒為大宗。惟近年來貴州省以歉收關係，通令禁止釀酒，歷經張周兩縣長嚴格執行酒禁以來，前查徵所對此項稅收幾等於無。至土酒原料大宗，賴包穀為主體，於雜糧釀酒，尚未得到釀製之法。（二）正安地處偏僻，復以距離酒精廠所在地較遠，是故無較大釀戶。兼之本縣嚴格禁止釀酒命令，以致毗鄰川省之輕稅燒酒高粱酒儘量傾銷，使縣境內較大釀戶無法生存。」〔註47〕從這件檔案材料來看，正

〔註45〕《禁止釀酒有關法規》，貴州省檔案館，館藏號 M46-1-4，第 96～98 頁。
〔註46〕《黔各局呈報禁釀》，貴州省檔案館藏，館藏號 M43-1-31，第 2 頁。
〔註47〕《黔各局呈報禁釀》，貴州省檔案館藏，館藏號 M43-1-31，第 5～6 頁。

安縣的禁酒應該是比較嚴格的。民國酒稅稅率是很高的，從價徵收 40%，後來提高到 60%，一度還達到 100%。酒稅是其大宗收入之一，在財政收入中佔據極大的比例。禁酒自然會影響財政稅收，引起了稅務署的關注。貴州省禁酒一個意想不到的後果，就是川酒在黔省境內的傾銷。因為貴州此度的禁酒，只是禁止釀酒，對於飲酒，尚沒有加以禁止。

貴州的禁酒，可作為全國酒禁的一個縮影。在大變局的歷史時代，很難說毫無成效。其禁酒辦法最後在何時取消，尚沒有發現具體的檔案材料，合理推測應該是隨著國民黨貴州政權而去了。

第五節 「停釀莫如禁飲」：對民國禁酒的考察

我國酒品種類繁多，釀酒所用原料不一，且其釀製週期較長，政府即便宣布禁釀，而其中尚有未能蒸釀成酒之醅，也只能格外分別處理。如廣東省本自 1937 年 12 月 1 日起除酒精一類仍准製造外，其餘各種酒類一律禁止釀造。然「實行施禁日期，甚為速迫，各釀酒商人在 11 月 30 日以前所製酒飯，屆時或未用罄，應准將存飯釀造完畢，始行禁止。惟自 12 月 1 日起，一律不准繼續製造酒飯，以杜取巧而維禁令。」〔註48〕甑戶在未奉通告禁釀以前所儲酒飯，係已製成發酵之造酒原料，與民食無關，自應准予一律釀造完畢，以免商人損失。先商准省政府主席同意照辦，並令飭所屬各稽徵所分所遵照辦理。

廣東印花菸酒稅局「經營徵稅酒類，其在本省製造者，大別為土酒與土製洋酒兩類，土酒又分為米酒、黍酒、花酒三種。除米酒、黍酒之釀造原料，係用粳米外，其餘花酒一種，照章雖難以米酒之糟粕糖質（即桔水）為原料。惟單純桔水亦可製成，且較雜用糟粕為經濟。故花酒甑戶，類皆摒去酒糟，而完全採用桔水，此土酒中之非用稻米釀造者。至土製洋酒，其原料屬於果類，凡含多量糖質之植物，如薯類、木薯、粟類、玉蜀黍，均可用以釀酒，並非限於稻米。此次禁釀原為裕儲糧食起見，其非用米釀造之酒，原與儲糧一事無關，應否並在禁釀之列，不無研究之處。各花酒甑戶亦紛以上述事理來局請示。並以花酒為製造醬料及一切醃製品所必需，若一律禁止釀酒，則醬園醃製營業並受連帶關係。且據調查所得，近年因米價增漲，沽價較賤之米酒，往往以花酒

〔註48〕《非以稻米釀造之酒類不在禁釀之列》，《廣東省政府公報》1937 年第 389 期，第 35～36 頁。

摻和，故花酒一種，亦已成為飲料。現如一併禁釀，於飲料用途，可置勿論，惟醬園醃製各業不免大受影響，是亦應考慮者也。」〔註49〕

政府在禁酒的時候，還得考慮這一政策對相關從業人員的影響。故廣東省政府後來放寬禁令，「非以稻米釀造之酒類，應准免予限制」。〔註50〕在稽查禁酒的過程中，難免出現一些問題，諸如稽查人員之敲詐勒索與酒商私釀。如河北玉田，「禁止釀酒，在民六民九兩年均曾試行之，其結果明禁暗燒。各縣政府又或代酒商呈請，以為酒糟均已釀成，不堪食用，請緩禁一月或二月。各縣警察甚或借查禁釀酒敲詐錢財，未必利民，轉足病商。蓋燒鍋雖多，而所用之糧，若攤之民間，實無所加損也。該縣原有麴房，既經查禁，准予照辦。至禁釀一層，應由該縣長斟酌當地情形辦理，毋庸通令各縣一體查禁。」〔註51〕

另一方面，禁酒在民間也實際上沒有得到強烈的支持，禁而不止的情況遍及各地。一位記者1942年第一次從上海到內地，經過廣東曲江，應友人邀請入席小宴，點菜時友人低聲要侍役「來兩杯開水」。他「初不知其何意，繼而侍役捧茶盞來，視之則赫然酒也。蓋是時廣東禁酒，呼開水乃得酒；直呼酒，查房掉頭而去。繼至後方其他各城市，始悉均如此。」他由貴陽沿川黔路至重慶途過遵義，其時貴州亦禁酒，然整瓶者仍有出售。重慶亦名為禁酒，「市面既有瓶裝之酒發售，亦有酒肆可縱飲。酒肆稱為冷酒店，限制只准花生豆乾之類，禁食葷腥，亦禁備酒。故入冷酒店，只能效孔乙己之以手指拈豆入口佐酒也。警察巡視頗嚴，故酒鋪多不敢犯令。菜館飯館店則嚴禁售酒。此種禁例，究何用意，反思不得其解。」實際上平日宴席，但呼開水，也可得酒，惟不用酒壺酒杯。日本投降之訊至，市面處處狂飲，然亦未正式頒令弛前禁例。故記者認為，官僚統治下，「凡為政令，細察之，每條皆滑稽，禁酒其一例而已」。〔註52〕

1941年珍珠港事變後日軍佔領香港，曾任中央大學教授的王新命一行七人從香港輾轉逃到貴陽，寫下了《貴陽印象》一文。他們甫到貴陽便往訪《中

〔註49〕 《非以稻米釀造之酒類不在禁釀之列》，《廣東省政府公報》1937年第389期，第35～36頁。

〔註50〕 《非以稻米釀造之酒類不在禁釀之列》，《廣東省政府公報》1937年第389期，第35～36頁。

〔註51〕 《河北省民政廳指令 民字第五七五三號 令玉田縣長》，《河北省政府公報》1929年第403期，第10頁。

〔註52〕 記者：《大後方之禁酒》，《消息半月刊》1946年第8期，第128頁。

央日報》的王亞明、丁宋鎮、卜少夫各位先生，很不客氣的向他們索要「白開水」。貴州當時在吳鼎昌的治理下，厲行禁酒。然正如王新命所言「禁者國法，飲者人情」。他解釋說這是因為吳鼎昌的政令只一個簡字，「簡則易行而不擾，人民樂於服從。譬如酒政，吳氏只有三禁：禁賣、禁釀酒、禁在旅館酒家飲酒。而對於過去儲酒在家中小飲，則無禁止的明文。這一來我們自然還能得到飲的機會。」〔註53〕

　　1942 年夏，頗喜飲酒的葉聖陶從成都經重慶、貴陽至廣西桂林，對各地之酒禁狀況皆有所記，頗可見出各地禁酒與飲酒之間的緊張關係。1942 年 5 月 3 日日記云「重慶近為令人節約，茶館內不准喝酒（但酒店仍許賣酒）」。5 月 7 日記曰：「自菜館不許飲酒以來，酒店之生意大好，客恒不斷，幾如茶館。例不許售葷菜，只備花生豆腐乾。」貴陽「如重慶，禁酒甚嚴，而松鶴樓仍可致酒，次等茅臺一瓶值六十元，可謂貴矣。余飲約四兩。」（1942 年 5 月 25 日）廣西「前曾禁酒，今已開禁。宴集時有酒，便覺像個樣子。」（1942 年 6 月 5 日）〔註54〕雖則禁酒，而飲酒者尚能尋得各種酒品飲用。王新命「禁者國法，飲者人情」一語，頗揭示了當時禁酒的尷尬：在「國法」與「人情」之間，人們似乎更重人情。

　　有研究者認為民國年間以高粱釀酒不存在浪費糧食，影響人民生計的問題，而是農民、釀酒業者、政府三方共贏，對社會和經濟的發展大有裨益。〔註55〕若從當時的歷史情形立論，作為一種節約糧食消耗賑濟民食的臨時手段，禁酒政策自不應輕易否定。但也正如當時的論者所指出的，「菸與酒無益物也，鴉片交涉禁絕矣，紙菸學界禁食矣，獨至酒而未有人提禁者，豈真明於彼而昧於此耶。頃者美之酒禁，風行全國，而未嘗有積重難返之歎，視力行何如耳。今以糧食問題，而議暫停釀酒，是從糧食打算，非從衛生著想也。（著重號為原作者所加）停釀者只須省垣一隅，而四鄉勢難止其不釀，其為糧食輔助者亦僅此數，則何不趁此時機，法美國之酒禁，使一舉而兩益哉。」〔註56〕他所希冀的是完全禁止飲酒，而不是單純的禁釀。

〔註53〕 王新命：《貴陽印象》，《中央日報》1942 年 3 月 9 日。

〔註54〕 葉聖陶：《我與四川》「容桂往返日記」，四川人民出版社 1984 年版，第 185～216 頁。

〔註55〕 肖俊生：《民國傳統釀酒業與糧食生產的相依關係》，《社會科學輯刊》2009 年第 2 期。

〔註56〕 《停釀莫如禁酒》，《光華衛生報》1919 年第 2 年第 1 期，第 51～52 頁。

第六節　本章小結

　　民國時期，南京國民政府表面上統一中國。廣袤的國土上，天災人禍不斷發生。為了節約民食以救濟災荒，各級地方政府多實行酒禁政策。其方法或為禁止釀酒，或禁釀、禁運、禁售並行，或釀造、運輸、售賣、飲用均行禁止，或在特定場所和時段限製酒類消費。鑒於酒稅在財政收入中所佔的重要地位，財稅部門對禁酒政策頗為不滿。首先是設法將禁酒之權收歸中央，由財政部會同內政部審批後報行政院通過，地方才能施行酒禁。同時，也對各地酒禁政策的施行加以直接干預。在禁酒政策的施行過程中，迫於現實考慮和稅務部門的壓力，各地並不能貫徹酒禁政策，而是採取了一些變通的措施，諸如只對部分糧食原料釀酒施禁。令行而禁不止的情況，較為普遍。這一時段內，幾乎每個省份都曾禁酒，但卻未能發展為全國性的運動，且其究竟節約了多少糧食，對災荒救濟有著多大的作用，禁酒政策對釀酒業的發展產生了何種影響，因資料的缺乏，一時尚難以定論。

第六章 中國近代新式酒類和進口酒類管理制度

　　鴉片戰爭後，中外經濟文化交流漸趨頻繁。外國侵略者先是用兵艦和大炮轟開中國的大門，繼而要求中國開放通商口岸，控制中國海關，便利其貨物輸入中國。在此背景下，中國進口酒洋酒數量不斷增多，引起了國內製酒業者和部分有見之士的關注與不滿。輸入洋酒因有協定關稅的保護，在入口時繳納 5% 關稅，行銷中國內地時加徵 2.5% 的子口稅，綜合稅率僅 7.5%。相較而言，國產酒類稅負遠高於洋酒。同時，洋酒的輸入引起部分民族工商業者的擔憂，他們在挽回利權的號召下，投資興建工廠，以張裕、醴泉、雙合盛等為代表的新式民族製酒工業企業出現。值得注意的是，在政府管理制度設計中，對這些新出現的酒業（啤酒、葡萄酒、仿製洋酒），與「國產」「土酒」相對應，一律冠之以「洋酒」的稱呼，只是在不同的時代有些許差別。在酒類管理制度不斷完善的過程中，逐漸將啤酒、洋酒、進口酒類區分開來，分列專章管理。中國實現關稅自主權後，進口酒類關稅自主方才得以實現。在此，簡要探討近代中國新式酒類和進口酒類管理制度演變，並試圖在大歷史背景下來理解中國近代酒類管理體制建構的努力。

第一節　從「機製酒類販賣稅」到「洋酒類稅」

一、北京政府的「機製酒類販賣稅」

　　在 1920 年代之前，中國新式製酒業極不發達，政府並未定有專章加以管

理。1926 年春，江蘇、河南等省先後舉辦洋酒瓶酒等稅。然各自為政，辦法紛歧。1926 年 7 月，北京政府開徵「機製酒類販賣稅」。據《徵收機製酒類販賣稅條例》規定，凡在中國境內銷售之「機器製造酒類」（包括由各國進口的洋酒、外人在華製造酒類以及華人仿造的洋酒類），從價繳納 20% 機製酒類販賣稅。機製酒類販賣稅「直接徵之販賣商人，間接徵之飲戶，即就當地營銷之商店稽徵之」，未納稅洋酒一律不許入市銷售。機製酒類販賣稅納稅憑證為長條式印花，由全國菸酒事務署印製發給指定機關發售給特許商店代銷，納稅後裹貼於容器上，在本省區內不再重徵。各省區局查酌情形，定期或不定期展開稽查。裝盛容器除進口原裝者外，應選擇能封口之容器，其容量最少以 1 斤起算（不足 1 斤按 1 斤納稅貼花）。各洋酒商店應備進貨簿、銷貨簿、存貨簿、購入印花簿。〔註 1〕

同時，財政部公布《徵收機製酒類販賣稅罰金規則》。規定凡銷售未繳納機制酒類販賣稅和未貼花之洋酒者，處 1 元以上 50 元以下罰金，再犯者加倍處罰，違犯兩次以上者加 10 倍處罰；貼花不足、揭下已貼用印花重用者，除補貼外，並處 10 元以上 100 元以下罰金；不置官定帳簿或帳簿記載不實者，處 10 元以上 100 元以下罰金；不服從稽查人員查驗者，除責令按規定手續辦理外，處 50 元到 100 元罰金，再犯者加倍處罰，違犯兩次以上者加 4 倍處罰並責令停業；偽造或私改納稅印花者送交法庭依法嚴懲；違犯兩條以上者，按各條規定分別處罰。〔註 2〕

1926 年 8 月，在全國菸酒事務署內附設機製酒類徵收總處。並察酌情形，視事務之繁簡，在各省或設徵收分處，或由該省菸酒事務局兼辦。財政部公布《機製酒類徵稅分處稽查徵稅規則》，規定無論洋酒批發及專銷商店，兼銷及零銷洋酒商店，飯店及旅館，飯莊及餐館，凡銷售洋酒者均屬於機製酒類徵稅分處稽查範圍。分處每月兩次定期派員協同巡警執行，臨時稽查不拘時日，稽查後應出具報告書。分處發給稽查員相關憑證，執行稽查任務時需先出示（秘密稽查時除外）。稽查員驗明洋酒貼花足額無誤者，加蓋戳記，如欲調閱帳簿，洋酒商店不得違抗。稽查人員如有需索留難商人，准商人據實控告，查實後嚴

〔註 1〕程叔度、秦景阜總纂：《菸酒稅史》上冊第三章「稅制‧洋酒類稅」，大東書局 1929 年版，第 5～7 頁。

〔註 2〕程叔度、秦景阜總纂：《菸酒稅史》上冊第三章「稅制‧洋酒類稅」，第 9～10 頁。

處；洋酒商人不得與稽查員串通舞弊，一經查實後嚴處。警廳警員和商會職員有協同稽查之責，分處隨時分派稽巡隊稽查私行買賣未貼花之洋酒，必要時由警廳加派巡警協助。洋酒漏稅、納稅不足稅率、私行買賣無印花洋酒者，任何人均得告發。〔註3〕

同時，財政部菸酒事務署頒訂《機製酒類出廠捐施行規則》，對在華「用機器製造之酒類出廠銷售者」徵收出廠捐，其捐率為10%。在本地銷售者，出廠時貼機製酒類出廠捐印花；運外銷售者，出廠時繳納捐款，經徵機關填給三聯捐單，外運時並填發四聯運單，每單以50箱為限，與捐單配合使用。違反者援照《徵收機制酒類販賣稅罰金規則》處理。〔註4〕機製酒類出廠捐先在京兆試辦，然其餘各省或因無機製酒廠，或因時局關係，多未能遵行。

開徵之初，洋商藉口條約群起抗議。菸酒事務署會同外交部交涉，同時嚴密稽查，凡查獲漏稅者，照章予以扣留罰辦。英、日、意、德諸國酒商，次第遵辦。〔註5〕國民黨控制下的廣東省，頒行洋酒牌照簡章，規定洋酒牌稅分為按月徵收及按貨帶收兩種。販售洋酒商戶所領洋酒牌照分為兩個等級，甲等適用於批發洋酒商戶，每月徵洋10元；乙等適用於零售洋酒戶，每月徵洋4元。領有甲等牌照酒戶如販運洋酒入口時，須持關單赴該管酒稅局報驗後，按照規定條件完納稅款，乙等牌照不得報運洋酒入口。凡領有甲等牌照商戶在報完牌稅領照後，如有輾轉販賣，概不重徵牌稅。若洋酒原箱發售未經開箱者，如有轉售，須連同該管酒稅局所發之票交付，准由開箱之戶照額黏貼。如有隱瞞藏匿、入口不報者，除將酒類充公外，處100元以上1000元以下罰款；儲藏或發售未貼牌稅票之洋酒，處50元以上500元以下罰款；貼票不足額者，處30元以上300元以下罰款。牌稅及罰款一律以大洋完納。〔註6〕

二、南京國民政府初期的「華洋機製酒類營業牌照費」

國民政府奠都南京後，關於洋酒徵稅一仍舊貫，只是將北京政府所定章則稍行修改頒布。1927年11月21日，國民政府頒行《華洋機製酒類營業牌照

〔註3〕程叔度、秦景阜總纂：《菸酒稅史》上冊第三章「稅制·洋酒類稅」，第7～8頁。
〔註4〕程叔度、秦景阜總纂：《菸酒稅史》上冊第三章「稅制·洋酒類稅」，第10～11頁。
〔註5〕楊昌祐：《中國貨物稅史》，中宣部國民印刷所南京分廠1948年版，第46頁。
〔註6〕《修正洋酒牌稅簡章》，《廣東財政公報》1926年號外，第115頁。

章程》7 條。〔註7〕章程規定售賣華洋機製酒類者，須一律遵章領取營業牌照；機製酒類營業牌照由財政部頒發各省菸酒事務局分別發給。營業牌照分批發、零售兩種。批發牌照分兩等：一等為各機製酒廠、進口商、酒廠分公司及獨家經理，每季繳納牌照費 50 元；二等為各分代理及批發機製酒類商店，每季繳納牌照費 10 元。零售牌照也分兩等：一等為各酒樓、旅館、酒吧等，每季繳納牌照費 10 元；二等為零售機製酒類商店，每季繳納牌照費 5 元。同時兼營批發零售之商店須分別領照；營業牌照不得轉賣、讓與或貸用；違犯章程規定者，處以應納牌照費 1 倍以上 10 倍以下罰金。

同時，頒行《華洋機製酒類營業牌照施行細則》。〔註8〕規定凡經營華洋機製酒類者應向各省局、分局依式呈請，照章發給營業牌照；每季以 1 月、4 月、7 月、10 月之 1 日至 10 日為換領新照時期；商人停業時須將牌照繳還注銷；營業牌照一經核准發給後，如欲變易種類或更換等級，須於一個月前申請核辦；領有牌照商人遷地營業時須呈報該管機關登記，並由該管機關通知所遷地之管轄機關備案，換領新照者納換照費 2 角；營業牌照須張貼店內醒目地方，以便檢查；牌照污損時須申請補發，遺失者繳費領取新照；違犯者依照《華洋機製酒類營業牌照章程》處罰，以罰金之 4 成賞給告發人；牌照費由經徵機關另設帳簿分別登記。

三、「洋酒類稅」的開徵

1929 年 5 月 1 日，財政部整理菸酒稅務委員會召開會議，討論菸酒稅務整理事宜。會議主席由財政部菸酒稅處處長秦景阜充任，出席會議的委員有姚大中、方家巽、鄧邦道、吳孝勉、賈士毅等二十餘人。〔註9〕財政部長宋子文蒞臨並發表講話，其整理內容包括洋酒類稅徵收章則釐訂。會議認為，「華洋機製酒類稅一項，從前北京菸酒事務署曾經釐訂專章，其稅率係規定為值百抽二十。迨後省自為政，此項定率竟致輕重不一。惟商民負擔不均，且易啟徵收員司舞弊之機。現整頓時期，亟應查照從前舊例，參酌各省現在情形，將此項

〔註7〕 《華洋機製酒類營業牌照章程（1927 年 11 月 21 日）》，見：《中華民國法規大全》第三冊「財政」，商務印書館 1936 年版，第 2998～2999 頁。
〔註8〕 《華洋機製酒類營業牌照施行細則（1927 年 11 月 21 日）》，見《中華民國法規大全》第三冊「財政」，商務印書館 1936 年版，第 2999 頁。
〔註9〕 《財政部整理菸酒稅務委員會會議記錄續》，《財政日刊》1929 年第 436 期，第 8～9 頁。

章則分別賡續釐訂，以期整飭而資遵守。所有洋酒及防（仿）製洋酒等稅率，概定為百分之三十，案（按）價抽收，火酒一項（即奧加可）暫定為每百斤徵稅二十元。嗣後每年修正稅率一次，先期由省局酌情擬訂呈候核定施行，以符特種消費科稅從重之通例。再查我國土酒，亦有出於機制者，而仿造酒或有非出於機制者，原定華洋機製酒類名稱或尚有未能統括之處，應改名為洋酒類以期確切。」〔註10〕會議通過《洋酒類稅暫行章程》13 條、《洋酒類稅稽查規則》9 條、《洋酒類稅罰金規則》12 條，後經財政部以部令形式於 1929 年 6 月 3 日公布，同年 7 月 1 日起開始施行。

　　《財政部洋酒類稅暫行章程》規定，凡在我國境內銷售洋酒類均須按照章程規定依率納稅，洋酒類包括外人製造、華人仿造以及舶來品。洋酒類稅稅率暫定為從價徵收 30%，酒精每百斤徵稅 20 元，由各省菸酒事務局稽徵。具體稅率每年修正一次，由省局酌量情形擬定，呈請財政部核定施行。洋酒類稅直接向販賣商人徵收，間接徵之消費者。財政部印製各種憑證交各省菸酒事務局發行特許商店代銷，代銷規則由各省局自定，為徵收稅款之證據；其憑證為長條式，分為 1 分、2 分、3 分、5 分、1 角、2 角、3 角、5 角、1 元九種。凡遵照章程繳納過洋酒類稅者，由經徵機關將憑證按納稅數交與商人張貼盛酒容器之上，准其陳列銷售，且行銷內地不再徵稅。除原裝進口酒品之外，在華中外商人製造的洋酒類均須選用能封口的瓶罐等容器，其容量至少為 1 斤（不足 1 斤的以 1 斤計算），繳稅貼照後，方能開啟容器銷售，違反者將處以罰金。各商店均須預備進貨簿、銷貨簿、存貨簿、購入憑證簿，載明洋酒存銷等數，以備查驗。施行細則由各省局按照地方情形詳細規定，呈請財政部核准施行。〔註11〕

　　《洋酒類稅稽查規則》規定，各省菸酒事務局及所屬經徵局所，為預防洋酒類稅之隱匿偷漏，應隨時派人稽查。稽查人員執行任務時應由主管機關發與稽查憑證，以資識別，當地警察隨時協助。稽查憑證不得轉借他人，違者嚴行處罰。稽查人員緝拿大批未稅洋酒時，當地縣警應隨時撥警力協助。對於已貼財政部制發憑證者，經稽查人員驗證後加蓋驗訖戳記。稽查人員可隨時調閱洋酒商店各式帳簿，商人不得無端抗拒。稽查人員不得需索及任意留難營銷商

〔註10〕《華洋機製酒類稅章則應賡續釐訂案》，《財政日刊》1929 年第 437 期，第 9 頁。

〔註11〕《財政部洋酒類稅暫行章程》，《財政日刊》1929 年第 438 期，第 6～7 頁。

人，不得串同舞弊。若洋酒類偷稅或納稅不足定率及私行買賣無憑證之洋酒類者，無論何人均得告發。〔註12〕

《洋酒類稅罰金規則》規定了違反《洋酒類稅暫行章程》《洋酒類稅稽查規則》的處罰辦法。商人未在盛酒器具上張貼憑證或是將已經用過之憑證撕下重貼者，將貨物沒收，並處貨價2倍以上5倍以下罰金；貼用憑證不足者，責令照數補貼，並處漏貼憑證稅額10倍以上20倍以下罰金；不購置帳簿或帳簿記載不實者，處2元以上20元以下罰金；不服從稽查人員查驗帳簿者，除責令遵照規定手續辦理外，處5元以上50元以下罰金，再犯者加倍處罰，三犯者加四倍處罰並責令停業；有抗拒稽查者，除強制執行外，視其營業大小處3元以上30元以下罰金。偽造或私改洋酒類稅憑證者，照偽造有價證券律懲治。違反多條者，按各條規定分別處罰。所處罰金由稽徵機關將數字填入財政部制定之五聯罰單內，以五成充公，五成獎勵查獲人員或告發人，每屆月終將充公款項上繳。〔註13〕

在執行的過程中，各地也有不同疑義。如北平總商會替雙合盛酒廠呈文，申請運外銷售之酒，出廠時貼用憑證5%，至銷售地之後再行補徵25%。財政部稱其「事近產銷分徵，與洋酒類稅章則不符，未便照准。」〔註14〕財政部在給山西省菸酒事務局的公文中說，「查洋酒稅章程第七條所載『得行銷內地』一語，乃指國內各地，並非限於一省以內。如慮收入減少，可用採運護照辦法，其仿造之葡萄汁，如實與作葡萄酒無別，即須照章徵稅。此外各酒，准如所擬，以釀製原料為區別，仿洋酒與否之標準，即由局詳為規定，另訂施行細則呈核。」〔註15〕這樣明顯的用語，都還需要上級部門的詳細解釋，可見各地方在執行過程中的懵懂。

與前所頒行的華洋機製酒類稅相關章則相比，這幾項章程規則有如下不同。首先，將「華洋機製酒類」改為「洋酒類」。機製酒是由其製造方法而論，正如財政部整理菸酒稅務委員會指出的，國產土酒有用機器製造者，同時仿洋

〔註12〕《洋酒類稅稽查規則》，《財政日刊》1929年第438期，第8～9頁。
〔註13〕《財政部洋酒類稅罰金規則》，《財政日刊》1929年第463期，第4～5頁。
〔註14〕《令河北菸酒事務局為呈擬國產洋酒憑證貼花辦法事近產銷分徵未便照准至請給獎金一層應俟統籌全局再為訂定仰即分別妥辦具報》，《財政公報》1929年第26期，第43頁。
〔註15〕《電覆山西菸酒事務局解釋洋酒稅章程第七條及華洋機製酒類牌照稅章程》，《財政公報》1929年第26期，第113頁。

酒也有未用機器製造者。這給稅務機關在具體的稅收稽徵造成了不便。這裡的洋酒類，包括了外國進口的酒類及外人或國人在華設廠製造的洋酒或仿洋酒，其所指相對明晰，以與國產酒類相區別。第二，洋酒類稅的直接徵稅對象是販賣商戶，間接徵稅對象是具體的消費者。對具體販賣商戶徵稅，實在是不得已而為之。其時外國貨物在華享有關稅特權，中國收回關稅自主權的談判尚在艱難進行中。如果直接對進口洋酒或外人在華設廠製造者徵稅，容易造成糾紛。財政部權衡利弊，方採取這種徵稅方法。但具體販賣銷售洋酒的商戶零散，對稅源的掌控也是一個難題。

第二節　統稅原則下的洋酒啤酒類稅

一、洋酒類稅駐廠徵收和啤酒稅分徵

　　1931 年 5 月起，財政部分別派員向各啤酒及洋酒廠商接洽，試行就廠徵稅，以便加強對洋酒類稅稅源的控制和管理。1931 年 12 月 21 日，頒行《就廠徵收洋酒類稅暫行章程》18 條和《財政部徵收洋酒類稅駐廠員辦事規則》17 條。《就廠徵收洋酒類稅暫行章程》規定，在部分洋酒廠設駐廠員負責洋酒類稅徵收。〔註16〕其主要內容有：

　　一、稅率與徵收程序。章程規定應徵之洋酒類稅，由財政部印花菸酒稅處派員就廠徵收；在廠一次徵足後通行全國，不再重徵。洋酒類稅就廠徵收稅率，仍按《洋酒類稅暫行章程》規定為從價 30%，於駐廠開徵時按照躉售市價為標準，估訂各種洋酒每一容量單位應徵稅額，分列等級核實徵收，躉售市價每六個月重估修訂一次。

　　二、納稅憑證與驗單。洋酒類稅各級憑證，以甲乙等為序樣瓶，憑證以樣瓶二字為識，統由印花菸酒稅處制定，發交廠商按照等級實貼瓶頸，洋酒類稅印照由財政部制定鈐蓋印花菸酒稅處關防，發交駐廠員實貼於箱桶或甕之上，駐廠員月終將各種憑證印照貼用數目列表，呈報印花菸酒稅處。洋酒類稅驗單由部制定，鈐蓋部印，發交駐廠員填發，於每月終將填發數目列表呈報。洋酒出口所用外洋藍色報單，由印花菸酒稅處制定，發交廠商填用。

　　三、出廠與運銷。各廠產製洋酒，廠方應於駐廠員監視下在瓶頸實貼洋酒

〔註16〕《財政部就廠徵收洋酒類稅暫行章程（1931 年 12 月 21 日）》，《法令週刊》1932 年第 111 期「法規」，第 14～15 頁。

類稅憑證。由箱、桶或甕盛裝者由駐廠員實貼洋酒類稅印照，加蓋驗訖戳記，方准出廠。運往國內他埠者，應由駐廠員填發洋酒驗單，交商執運，以備沿途查驗。廠商應將各種洋酒出廠運銷數量，逐日據實通知駐廠員查明登記。廠商在月終時，應將產製數量及應納稅額據實填報，並將稅款匯解印花菸酒稅處。

四、免稅。完稅洋酒運銷外洋及大連、澳門時，除海關出口稅仍照向章辦理外，其已納之洋酒類稅准予如數退還。已稅洋酒出廠後因酒質變壞或容器破碎以致不能銷售而退回者，或行銷全國時有重徵情形者，均可依據相關規定，辦理退稅手續。但退稅洋酒總量不得超過本月出廠總數的 1%。

五、違犯處置。完稅之洋酒報運外洋及大連、澳門後重行運回國內各地者，除海關進口稅仍照向章辦理外，應照洋酒類稅率向印花菸酒稅處補繳稅款。違者除洋酒類稅仍責令補繳外，處貨價 1 倍以上 3 倍以下罰金。已稅洋酒報運外洋及大連、澳門後私行運回國內各地藉圖漏稅者，以偷稅論，將涉案貨物沒收，並處貨價 2 倍以上 10 倍以下罰金。完稅洋酒在國內各地行銷時，如查有瓶頸未貼憑證或所貼憑證等級不符及箱、桶或甕之上未貼印照者，以偷稅論，處貨價 2 倍以上 10 倍以下罰金。

《財政部徵收洋酒類稅駐廠員辦事規則》對駐洋酒廠之駐廠員辦事程序作出了詳細規定。洋酒類稅駐廠員由財政部印花菸酒稅處委派長駐，專任監查及辦理洋酒出廠各項事宜，每一洋酒廠設主任駐廠員一人，事務較繁之廠添設助理駐廠員一人至二人。廠商黏貼洋酒類稅憑證時由駐廠員監視逐瓶按等實貼，方准裝箱。箱裝、桶裝、甕裝洋酒出廠時由駐廠員驗明數量，於箱、桶、甕等容器上親自黏貼洋酒稅印照，加蓋驗訖戳記，方准出廠。已貼憑證印照之洋酒運銷外埠時，由駐廠員查明核發驗單；已貼憑證印照之洋酒運銷外洋及大連、澳門時，廠商填具洋酒出口外洋藍色報單正副本，由駐廠員驗明簽字蓋章；裝運洋酒之瓶、箱、桶、樽等容器退回原廠時，駐廠員責成廠商將舊貼憑證印照剷除淨盡，方許入廠；駐廠員應將各種洋酒出廠運銷數量所貼憑證等類、應繳稅款數目、貼用各種憑證印照、填發驗單數目逐日登記，於月終呈送印花菸酒稅處查核。駐廠員對於下列事項應隨時報告：發現偽造憑證及舊憑證重用，新出洋酒牌名、價目及裝置，廠商營業運銷情形與稅收有重要關係者，洋酒廠開工、停工之日期時間。駐廠員應長期駐廠，不得擅離，如有要事請假，須先呈奉印花菸酒稅處核准方得離廠；印花菸酒稅處派員到廠查察時，須將情形詳細報告；如有不遵定章規定辦理或其他串同舞弊

偷稅者，除免職外，依法懲辦。〔註17〕

　　就廠徵收與非就廠徵收洋酒，其管理方法稍有不同。「就廠徵收洋酒，與非就廠徵收洋酒，稅率雖同為值百徵三十，而辦法稍有不同。一為就出品市價，核定應徵稅級，按級徵稅；一系照市價直接按值百徵三十課稅。」〔註18〕採就廠徵收洋酒類稅之洋酒廠，至 1936 年底僅煙臺張裕、光華兩家。「非就廠徵稅之洋酒，類多小資本經營……照章不能免除海關轉口稅，其待遇與就廠徵收之洋酒稍有不同。」除兩廠產品免徵轉口稅外，「其餘國內製造各種洋酒，均在適用代查辦法之列」〔註19〕。據此，非出廠徵稅洋酒不能享受轉口免稅，由關務署依照土酒代查辦法稽查。就廠徵收洋酒類稅，在出廠環節監督收稅，較之以前在販賣環節徵收，稅源容易控制，稅收亦漸有起色。

　　1931 年，財政部還頒行《徵收啤酒稅暫行章程》18 條和《徵收啤酒稅駐廠員辦事規則》17 條，開徵啤酒稅，其稅率及辦理方法均與前述洋酒類稅同。1933 年，財政部頒行《附注現行修正辦法》，對啤酒稅徵收進行改進。第一是變更稅率，從 1933 年 6 月 15 日起一律改為從量徵收，分箱裝及桶裝兩類稅率。其中箱裝分 48 大瓶和 72 小瓶裝兩種，每箱納稅銀元 2 元 6 角；桶裝按每桶淨裝容量計算，每公升納稅銀元 7 分。其次是變更印花及運照。自 1933 年 11 月 16 日起原用憑證印照均予廢止，改用印花，分箱花、桶花兩類。48 大瓶、72 小瓶裝每箱均貼箱花 1 枚，桶花分 1 公升、10 公升、20 公升、40 公升四種，按每桶淨裝容量搭配計貼。出運者不再填發驗單，改用啤酒運照，由啤酒商請領執運，經過海關時無論進口、出口、復進口、復出口、轉口，應由商家加填啤酒黃色報單，連同運照及海關報單一併送請海關代驗放行。原用啤酒出口外洋藍色報單亦即廢止，改用啤酒出口黃色報單。酒確已出洋後，由廠商取具海關出口證明文件，連同船公司提單副本及原領運照，一併送請稅務署核明填發，退回出廠時原納啤酒稅退稅證，准予抵繳下月應繳稅款。〔註20〕

　　關於啤酒稅之徵收管理，尚有如下幾點。其一，啤酒廠之工作時間及停工

〔註17〕《財政部徵收洋酒類稅駐廠員辦事規則（1931 年 12 月 21 日）》，見《中華民國法規大全》第三冊「財政」，商務印書館 1936 年版，第 2996～2997 頁。

〔註18〕《稅務署指令鄂東分區稅務管理所（1936 年 12 月 15 日）》，《稅務公報》1936年第 5 卷第 6 期，第 44～45 頁。

〔註19〕《稅務署致公函關務署（1936 年 12 月 11 日）》，《稅務公報》1936 年第 5 卷第 6 期，第 43～44 頁。

〔註20〕財政部稅務署編印：《財政部稅務署章則彙編》第二類「稅務」，1933 年版，第 167 頁。

復工管理。財政部稱，「啤酒廠之工作時間，以及停工復工，應報明駐廠員記載，依時監視各節，啤酒稅章程內未經訂明」。但「火酒、火柴等項統稅章則內既有詳細規定，自可援照辦理。」啤酒廠之每日工作鐘點，應由廠方規定，通知駐廠員呈報備案。「在規定工作時間以內，無論造酒灌酒以及洗刷容器等等，均應視為開工。超過規定時間延長工作者，謂之加工。如因假期或特別事故停止工作者為停工。凡變更工作鐘點，或加開夜工，或宣告停工者，廠方應隨時通知駐廠員轉報備案。其工作鐘點並無變更，間因事務清閒而無工作，不得謂為停工。」〔註21〕

其次，關於啤酒改裝折算辦法。中央啤酒廠所銷售之啤酒，「係向中國啤酒廠購進已稅桶酒，改用瓶裝發售」。因改裝後原有納稅憑證滅失，且根據啤酒稅相關管理辦法，箱裝和桶裝啤酒稅率不盡一致。若按淨容量計算，箱裝稅率較桶裝為重。「為避免他廠效尤起見」，特規定改裝啤酒，應以容量作為「扣算標準」。酒廠所購之已稅啤酒，稽徵機關可先登記其數量、稅額，待改裝完成後，「再准以登記原徵稅款抵扣應徵改裝之稅，其餘額仍令照繳現款」。〔註22〕

其三，啤酒滯銷退運回廠之退稅。已納統稅但在市上滯銷之啤酒，經銷商號在行銷地填具滯銷啤酒退運申請書，由當地稅收經徵機關查明屬實，發給滯銷啤酒退運證。經運送回廠後，可報請稅務署核實退稅。蒙混者除責令補繳已退稅款外，處貨價1倍以上3倍以下罰金。〔註23〕但具體退稅之操作辦法極為繁難，且數月後抗日戰爭即全面爆發，其實際效果值得深究。

二、1936 年的章程修訂

1936 年 7 月 3 日，財政部修正公布了洋酒類稅暫行章程、稽查規則與處罰規則。修訂後之《財政部洋酒類稅暫行章程》與此前所定章則相比，有如下幾點不同。第一，徵稅對象。規定凡在本國境內制銷之洋酒類，進口洋酒由海關依關章辦理，符合派員駐廠徵收之洋酒廠照《就廠徵收洋酒類稅暫行章程》辦理，其餘各種洋酒無論外人製造、華人仿造，均按章程規定依率納稅。第二，徵稽機關和稅價估定。洋酒類稅明確為統稅，由財政部所屬稅務機關經徵。

〔註21〕 《指令晉冀察綏區統稅局》，《稅務公報》1936 年第 5 卷第 4 期，第 23 頁。
〔註22〕 《指令蘇浙皖區統稅局》，《稅務公報》1936 年第 5 卷第 4 期，第 22～23 頁。
〔註23〕 《蘇浙皖區統稅局暫定啤酒滯銷退運回廠及退稅辦法（1937 年 3 月 8 日）》，《財政公報》1937 年第 111 期，第 46～47 頁。

1932 年統稅署和印花菸酒稅處合併改組為稅務署，各省稅務機構亦有相應調整。統稅稽徵和菸酒稅務尚未合併的省份，仍暫由菸酒稅徵收機關辦理。洋酒類稅率為從價 30%，稅價估定以當地海關徵收關稅估價表為標準，如無海關估價者，照批發市價核實徵收。第三，包裝及外運。洋酒稅憑證應裹貼於盛酒之單位容器上，其容器須選用能封口之瓶罐，如外運加裝木箱者，應報明經徵機關發給查驗證實貼箱面以便沿途查驗。已納稅貼證之洋酒擬運往他處銷售者，應領取洋酒運單執運。經徵機關填發之查驗證，應將裝置洋酒瓶數、貼用憑證枚數填明證內，並於運單內填入查驗證號碼，單貨不得分離。凡出運洋酒運抵銷地後，應憑運單報請當地經徵機關報驗相符方准銷售，如復擬改運或分運他處者仍須持原運單呈請批准方可起運。第四，整箱進口洋酒零售。各商店不得販賣未貼憑證之洋酒，輸入洋酒如將整箱拆散零售者，應將海關派司存候備查。並應於發賣時開明舶來品洋酒發票以備查驗，倘有發覺假冒情事，以漏稅論。〔註 24〕

　　《修正財政部洋酒類稅稽查規則》9 條，對洋酒類稅稽查規則進行了修正，規定稽查洋酒私製、私售及查驗出廠洋酒事項。凡已經遵照章程納稅黏貼憑證領有運單之洋酒，經查驗單貨相符，立予蓋戳放行。進口洋酒無憑證運單可驗者，屬於整箱或整批之洋酒，飭令繳驗海關派司；屬於拆箱零瓶者，以經銷商號發票為憑證。倘無海關派司及發票或核驗派司發票所載與貨品不符，應隨時報請稅務署核示再予處分。各省經徵機關為防止洋酒私製私售，得隨時派員稽查，必要時並得調閱酒商帳簿及檢查貨品，如遇經銷未貼憑證之洋酒，認為疑似進口洋酒時，應先將貨品名稱、商標及出品公司、經理商行逐一查明，報由稅務署向海關核查後辦理。稽查人員執行職務時，應由主管機關發給稽查憑證，並應知會當地警察予以協助。稽查人員不得向酒商需索留難，商人亦不得串通舞弊，違者分別究辦。稽查人員檢查帳簿時，酒商應儘量供給核閱，不得藉端抗拒。遇有洋酒類漏稅或納稅不足定率及私行買賣無憑證之酒類者，無論何人均得告發。〔註 25〕

　　《修正財政部洋酒類稅處罰規則》11 條，明確洋酒商人違犯情形的處罰

〔註 24〕　《財政部洋酒類稅暫行章程（1936 年 7 月 3 日）》，《法令週刊》1936 年第 330
　　　　　期，第 13～14 頁。

〔註 25〕　《修正財政部洋酒類稅稽查規則（1936 年 7 月 3 日）》，《財政公報》1936 年
　　　　　第 101 期，第 12～13 頁。

規則。商人未於封口盛酒容器上實貼憑證、或假託進口洋酒希圖漏稅、或將已經用過之憑證揭下重貼者，將貨物充公，並處貨價 2 倍以上 5 倍以下罰金；憑證貼不足數者，除責令照數補貼外，並處漏稅憑證稅額 10 倍以下罰金；不請領單證或單貨分離以及不報查驗者，處 2 元以上 20 元以下罰金；有抗拒行為者，除強制執行外，視其營業大小處 3 元以上 30 元以下罰金；偽造或私改洋酒類稅憑證者，照偽造有價證券律懲治；凡違反本規則兩條以上規定者，各依本條規定處罰。罰金之 5 成充公，5 成獎給查獲及報告人。充公之款應繳送主管機關，每屆月終匯解稅務署轉解部庫核收。〔註 26〕

同時，財政部還將《就廠徵收洋酒類稅暫行章程》《徵收洋酒類稅駐廠員辦事規則》《徵收啤酒稅暫行章程》《徵收啤酒稅駐廠員辦事規則》等規章修訂公布。《修正財政部就廠徵收洋酒類稅暫行章程》約束對象為本國境內設廠製造洋酒者，洋酒類稅由主管區局派員駐廠就廠，一次徵足後通行全國不再重徵。此次修正，與原章程相比，有兩點值得注意。一是增加了對整箱整件購買未稅洋酒者的處罰。其第十七條規定：凡購買整件之瓶頸未貼憑證或箱、桶、甕上未貼印照之漏稅洋酒者，除照章補稅外，並照所漏稅額處購買人 1 倍以上 3 倍以下罰金。二是洋酒類稅就廠徵收及稽查均依統稅原則辦理。其第十八條規定：「關於就廠徵收洋酒之出廠應由辦理統稅機關執行查驗，所有查驗手續及廠商登記各事項，均得參照統稅辦理，其違章應予處罰者亦同。」〔註 27〕而《修正財政部徵收洋酒類稅駐廠員辦事規則》與原規則相比則沒有任何變化。啤酒稅規章則確認了 1933 年所頒行的修正辦法的規定，只是同洋酒類稅一樣，增加對大量購買未稅啤酒者的處罰規定。「凡購買整箱或整盒整桶未貼印花漏稅啤酒者，除飭令照章程補稅外，並得照所漏稅額處罰買人一倍以上三倍以下之罰金」。〔註 28〕

三、抗戰勝利後之洋酒類稅

洋酒啤酒之產製，集中在青島、上海、北平、天津等地。全面抗戰爆發後，

〔註 26〕《修正財政部洋酒類稅處罰規則（1936 年 7 月 3 日）》，《財政公報》1936 年第 101 期，第 13～14 頁。
〔註 27〕《修正財政部就廠徵收洋酒類稅暫行章程》，《財政公報》1936 年第 101 期，第 10～12 頁。
〔註 28〕徐百齊、吳鵬飛：《中華民國法規大全》第五冊「補編」，商務印書館 1937 年版，第 473～475 頁。

沿海沿江大部國土相繼淪陷，洋酒類稅之稅源大都喪失。抗戰時期，僅重慶、成都、昆明、桂林等地略有出產，產量零星，洋酒啤酒稅稽徵困難。在戰時艱苦環境下，洋酒啤酒雖有稅目，稅收較少，幾可忽略不計。1941 年《貨物統稅暫行條例》公布後，洋酒、啤酒稅徵收，納入貨物稅辦理，其稅率為從價徵收60%，與國產酒類稅率一致。抗戰勝利後，洋酒啤酒稅徵收管理的首要工作是調查稅源。財政部制發簡明調查表式，飭令收復區稅務機關查報；規定廠商商號、商標登記書表，要求廠商進行登記，以加強對稅源的控制。戰後初期，全國洋酒啤酒廠共 257 家，年產洋酒啤酒共約 577 萬打。〔註 29〕

　　抗戰勝利後，洋酒啤酒類稅稽徵之規定主要有：一、徵收方法。凡洋酒啤酒廠平均月產洋酒或啤酒 200 打以上者，由貨物稅機關派設駐廠稅務員，負責稽徵事宜。每月產量較多、納稅數額較大之廠商，准予取具銀行公會會員銀行之書面保證，先行領花報運出廠，每月兩次結繳稅款。產量未達派員駐徵標準之小規模廠商，採取查定產額徵收辦法。二，退稅辦理。1. 出口退稅。國內製造已完貨物稅之洋酒啤酒運銷國外時，商人可申請退稅。2. 變質或破損退稅。洋酒啤酒納稅出廠，如因酒質變壞或容器破損，以致不能出售而退回者，仍按已往規定報請退稅。3. 重徵退稅。已稅洋酒啤酒行銷國內，如誤被重徵，酒商可報請退稅。三、免稅規定。駐華美軍向廠商訂購之洋酒、啤酒，應由美軍軍部正式具函，並開具清單，詳載品名、數量、廠商地點及收貨機關等項，送由稅務署或當地貨物稅機關核明，准予免稅出廠。〔註 30〕

　　但洋酒啤酒稅之憑證貼用，酒商頗感不便。「瓶裝洋酒啤酒裝箱出廠者，按瓶貼查驗證，箱面黏貼印花，其不用箱裝者，將印花貼於瓶上，桶裝啤酒則將印花貼於桶上，均不另貼查驗證」但南京等地反映，「按瓶貼花，配花困難」。故財政部稅務署規定：「洋酒啤酒以瓶盛裝者一律裝箱出廠，按箱貼花，按瓶貼查驗證，每箱裝置不能少於十二瓶，每次出廠不能少於一箱，以符統稅精神。」〔註 31〕規定以瓶裝置者一律改為按瓶貼小型查驗證，按箱黏貼印花；以桶裝置者，則將印花貼於桶上，不另貼查驗證。同時規定瓶裝者必須加裝木箱，每箱不得少於 12 瓶，每次出廠不得少於 1 箱，以利查驗。

〔註 29〕財政部財政年鑒編纂處：《財政年鑒三編》下冊第八篇「貨物稅」第四章「洋酒啤酒稅」，財政部財政年鑒編纂處 1948 年版，第 20 頁。

〔註 30〕財政部財政年鑒編纂處：《財政年鑒三編》下冊第八篇「貨物稅」第四章「洋酒啤酒稅」，財政部財政年鑒編纂處 1948 年版，第 21 頁。

〔註 31〕《洋酒啤酒納稅貼花辦法》，貴州省檔案館藏，館藏號 M46-1-20，第 5 頁。

1946 年《貨物稅條例》及《國產菸酒類稅條例》修正公布後，洋酒啤酒稅率改為從價徵收 100%，國產酒類稅率改為 80%。因稅率發生差別，致洋酒類中之國內仿製洋酒與土酒類藥酒、色酒，每易滋生混淆，有以土酒或飲用酒精改制洋酒者。而土酒改製藥酒、色酒，有按土酒課徵者，有按洋酒課徵者。致有以仿製洋酒冒充改制土酒，意圖取巧避稅。為防止弊混，經核定仿製洋酒與改裝土酒區分標準為：一、有標準裝置（如瓶、箱、桶等），二、有固定商標（經呈准商標局註冊者），三、沿用或近似外國酒類名稱，四、仿照外洋酒類製造方法者。凡採用標準裝置，有註冊商標，並冠以外國酒類名稱如白蘭地、威士忌等名，均屬洋酒類。但如有標準裝置，及註冊商標，雖不用外國酒類慣常名稱，另自設立名目，而其製造方法仍係仿效外國酒類，品質亦相同者，也按洋酒類納稅。〔註32〕

四、洋酒啤酒稅收入概況

洋酒啤酒稅收入，總體上效果不佳。1929 年洋酒類稅收入 291519 元，1930 年 353295 元，1931 年 154457 元，1932 年 118577 元，1933 年 99091 元。〔註33〕自 1931 年起，啤酒類單獨開徵啤酒稅，故洋酒類稅統計數字有所變化。1931 年啤酒稅實收 663175 元，1932 年 650800 元，1933 年 669094 元。〔註34〕啤酒稅收數穩定，說明這一時期啤酒產量和消費也較為穩定。1943 年洋酒稅收入 104963 元，啤酒稅 57080 元，兩項總計 162043 元。1945 年洋酒稅 49437257 元，1946 年 8033221126 元。但洋酒啤酒稅實際收入仍較少，在政府財政收入中占比亦極小。

在每年的各月份之間，洋酒啤酒稅收數不甚一致。以 1946 年為例，1 月稅收最少，為 135682535 元。其後逐月增加，到 8 月達到峰值 1048777221 元。然後逐月降低，11 月 765987779 元，12 月又有所上升，為 813409256 元（見圖 6-1）。除了通貨膨脹和貨幣貶值的原因外，如下兩個因素也是導致稅收變化的重要原因：首先，抗戰勝利後，對原日占區洋酒啤酒廠的收復和恢復生產有關。其次，洋酒啤酒生產和消費的季節性，夏季是洋酒啤酒消費旺季，是故廠方生產亦暢旺，稅收自然增加。氣溫逐漸降低，生產漸漸減少，稅收亦相應減少。到了年底，

〔註32〕財政部財政年鑑編纂處：《財政年鑑三編》下冊第八篇「貨物稅」第四章「洋酒啤酒稅」，財政部財政年鑑編纂處 1948 年版，第 22 頁。
〔註33〕政部財政年鑑編纂處編纂：《財政年鑑》，商務印書館 1935 年版，第 1107 頁。
〔註34〕政部財政年鑑編纂處編纂：《財政年鑑》，第 996～997 頁。

各處置備年貨，有一個洋酒啤酒消費的小高潮，是故其稅收也有所增加。

圖 6-1　1946 年各月洋酒啤酒稅收入變化圖（單位：元）

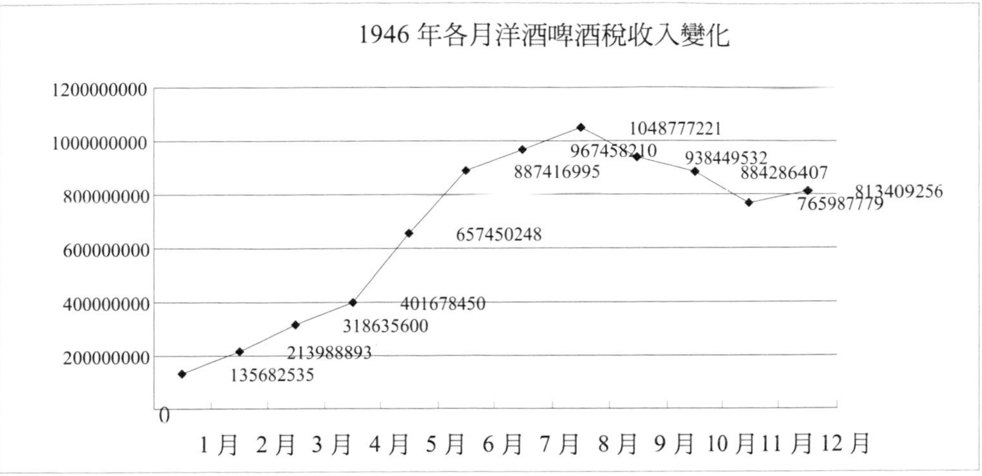

資料來源：財政部財政年鑒編纂處：《財政年鑒三編》下冊第八篇「貨物稅」第四章
「洋酒啤酒稅」，財政部財政年鑒編纂處 1948 年版，第 23 頁。

第三節　酒類關稅自主與進口酒類管理

一、中國進口酒類關稅自主的努力

　　對入口貨物徵收關稅，不但能充裕國庫收入，更是保護本國工商業發展的
重要手段。中國關稅自主權的喪失，始於 1842 年簽訂的《南京條約》。在開放
通商的廣州、廈門、福州、寧波、上海五個口岸徵收進出口稅，從五口進入中
國的外國貨物繳納關稅後，可由中國商人遍運天下，所經稅關不得加重稅率。
其後，英國又取得協定關稅權，海關總稅務司且長期由英國人擔任，中國關稅
主權和海關行政權完全喪失。外國貨物輸入中國，一般繳納 5%關稅，非由各
國列強承認，中國不得變更稅率；外國貨物銷行內地，在第一道關口徵收 2.5%
的子口稅（僅在通商口岸行銷者免納），其餘各內關免徵一切苛雜；中國不得
自由增加應稅貨品。中國關稅自主權的喪失，不但大大影響國庫收入，且進口
貨物合計只有 7.5%的稅負，造成外貨傾銷，使國內工商業發展遭受致命打擊。
〔註 35〕洋酒作為外國貨物中的一大類，自然享受關稅特權的庇蔭。

〔註 35〕仲堅：《關稅自主與中國前途》，中國國民黨中央執行委員會宣傳部 1928 年版，
　　　　第 1～21 頁。

　　清末思想家陳熾就已認識到，「約載西人食用之物，照例免稅，奇矣！天下之貨，安有出於食與用之外者？初以為西人之所食所用，華人決不需之耳，又安知今日之華人專取西人之所嗜者而亦嗜哉？」〔註36〕他進而寫道：「外洋食物，照約免徵，即以洋酒一宗，每歲入口，已及千萬，宜於十年換約，刪去此條。洋貨之入華者，設法以收利權；土貨之出洋者，減稅以輕成本，此將來之商務不可不開也。」〔註37〕外國進口的飲食等物，照條約規定，是免徵關稅的。最初外國食品進口，主要還是供洋人食用。然而隨著中外交流的不斷擴大，華人中亦有嗜好洋人物品從而消費者。「西人食用之品，照約免稅，而洋酒各物遂成絕大漏卮，無稅無釐，通行江海各埠，綜計入口成數，每歲不下數千萬金，物美價廉，盡奪華民之生計，尤宜擇其害民最巨、銷數最多者，仿洋藥之例，重徵其稅，以杜來源。」〔註38〕僅僅是洋酒進口一項，已然是大宗商品了，致使國家損失大部利源。針對進口稅則缺失造成的這種情況，陳熾認為應該廢除不平等條約，對進口物品設法收回利權，增加關稅；對出口物品減稅，以達到振興商務的目的。

　　其時國內釐金關卡林立，嚴重阻礙了工商各業的發展。陳熾建議：「宜令自某年月日為始，天下釐金，統減一成，而菸、酒、洋油、洋布落地稅，統加一成。刊刷謄黃，遍行曉諭，分年遞減，十載為期，撤卡裁丁，與民休息。其四項落地稅，責成牧令徵收，加至十年，適足與釐金相抵，國用不竭，國本不搖，而民氣日紓，民心日固也。」〔註39〕為了發展工商業，應將釐金廢除，由朝廷下詔，將釐金每年酌減一成；而菸、酒、洋油、洋布落地稅統加一成，則十年之後，釐金已廢而國用不竭。陳熾主張一面增加關稅，限制外貨進口；一面廢除釐金，使國貨暢銷，如此則可實現菸酒等項國貨的暢旺和其他工商業的發展。不能不說他的這一思想是很超前的，晚清民國時期的裁釐改革，幾乎沿襲了陳熾的這一思路。對某些物品如酒類增加稅收，以彌補裁撤釐金而造成的

〔註36〕陳熾：《續富國策‧飲食之工說》，見趙樹貴、曾麗雅編：《陳熾集》，中華書局1997年版，第216頁。

〔註37〕陳熾：《庸書‧商務》，見趙樹貴、曾麗雅編：《陳熾集》，中華書局1997年版，第84頁。

〔註38〕陳熾：《續富國策‧商改稅則說》，見趙樹貴、曾麗雅編：《陳熾集》，中華書局1997年版，第252頁。

〔註39〕陳熾：《庸書‧釐金》，見趙樹貴、曾麗雅編：《陳熾集》，中華書局1997年版，第29頁。

損失，但改革的結果卻是新稅開徵而舊釐未撤。〔註40〕

及至民國初年，對洋酒徵稅可資考證者有：京兆崇文門值百抽三，湖南值百抽二，熱河值百抽五；安徽則以打計，每打納捐自1角至8角；廣西每百斤納稅銀1兩4錢，其土產者則徵收機器仿製洋貨稅。與土酒稅率相較，輕重懸殊，故洋酒日益暢銷。〔註41〕各地尚無專章管理洋酒類的製造和運銷，一切均依菸酒特許營業牌照辦法管理。如山西省「僻處山陬，風俗儉樸。其洋菸洋酒之輸入者，歲既無多，專賣商戶更復鮮少。」山西菸酒公賣局「對於販賣洋菸洋酒商店，益當認真考查，照章辦理，期於無漏無偏，以仰副鈞部整理稅收，維持國貨之至意。」財政部指令山西省菸酒公賣局「仍照章認真辦理，以杜偷漏而裕稅收」。〔註42〕江西「洋酒一項，惟省會及繁盛之區略有銷場……均由各洋貨店販運而來，轉發各店攤市零售，並無整賣之戶。自三年二期財政廳開辦菸酒牌照稅以來，業經遵照部章按期完納。本局五年四月接管，悉係照舊章辦理。」〔註43〕

第一次世界大戰後，各國在巴黎召開會議重新安排世界秩序。中國作為戰勝國參加和會，在會議上第一次提出關稅自主問題，然列強以此不屬和會議題為由拒絕提交討論。1921年華盛頓會議上，中國代表團又再次提交關稅自主權議案，要求從1922年1月1日起將原名義上值百抽五的稅率改行實徵12.5%關稅；並要求在一定期限內實現稅率自主及海關行政權自主。但仍遭到各帝國主義國家拒絕，中國關於關稅自主的要求再次遭受失敗。1925年，段祺瑞執政府召集關稅特別會議，適度提高稅率。〔註44〕如菸酒兩項，關稅特別會議就曾提出專案。同年10月24日，臨時參政院議決《菸酒進口稅條例》4條，由臨時執政府公布。規定外國菸酒運進中國通商各口岸時，按照條例所定稅率徵收進口稅；菸酒進口稅率定為從價50%至80%；課稅價格之訂定、換算或改正，以最近一年內平均臺批市價為標準；施行日期以命

〔註40〕郭旭：《清末民初酒稅制度因革論》，《貴州文史叢刊》2011年第4期。

〔註41〕楊昌祐：《中國貨物稅史》，中宣部國民印刷所南京分廠1948年版，第45～46頁。

〔註42〕《山西公賣局呈報晉省販賣洋菸洋酒商店一律遵領營業牌照文（1917年9月7日）》，《菸酒雜誌》1918年第1年第4期「公牘新欄」，第3～4頁。

〔註43〕《江西菸酒公賣局呈覆洋菸洋酒一律徵收牌照捐遵辦緣由文（1917年9月8日）》，《菸酒雜誌》1918年第1年第5期「公牘新欄」，第17頁。

〔註44〕仲堅：《關稅自主與中國前途》，中國國民黨中央執行委員會宣傳部1928年版，第27～28頁。

令定之。〔註45〕因關稅權尚未實現自主，此一條例僅是空想。

國民黨通過北伐取得政權後，為了樹立「獨立國家」的全新形象，本著國民黨一大宣言所確立的廢除一切不平等條約的思路，於1928年拉開了「改訂新約」運動的帷幕。「改訂新約」運動的主要內容是爭取關稅自主權和廢除列強在華領事裁判權。經過一系列的磋商和談判，兩年時間內，中國與美、英、法、德、日等主要對華貿易國家簽訂了八個專門的關稅條約，明確了中國關稅自主權。新簽訂的系列中外通商條約，也明確放棄協定關稅，承認中國關稅自主。〔註46〕原則同意中國對洋酒等進口貨物徵收適度關稅，以逐步提高到50%到80%為目標。財政部鑒於洋酒入口完繳稅費，從未制有專用聯照，只是借用普通土酒執照發給商人。為納稅商人易於辨別起見，特別制定洋酒完稅執照。〔註47〕執照內以華洋文字刊印領照人國籍、住所、酒類、數量、稅費、年月日及酒稅局長、會計員等信息，以便中外洋酒營業商販觀看明瞭，咸知遵守。

二、「漢口未稅洋酒案」與關稅自主的波折

中國酒類關稅自主權的實現，並非一帆風順。就在中國與列強改訂新約的關鍵時刻，發生了漢口俱樂部未稅洋酒案。1928年10月，湖北菸酒事務局下屬機關進入漢口俱樂部（Hankow Club）稽查未稅洋酒，將違規未稅洋酒扣留。這一事件驚動了英國駐中國公使、副使以及駐漢領事，中國方面有國民政府主席蔣介石、中央政治會議武漢分會主席李宗仁、外交部長王正廷、外交部特派湖北交涉員甘介侯、湖北菸酒事務局局長等人捲入。使這起簡單的未稅進口洋酒稽徵案，演變成為中國外交及改定新約運動中的一大事件，最後以中國政府的妥協結束，也充分說明了新生的南京國民政府處境之尷尬。

這一事件的起因，是湖北菸酒事務局下屬機關稽查英國人所有的漢口俱樂部之未稅洋酒。湖北菸酒事務局認為，「徵收洋酒稅，係遵奉財政部規定條例辦理。凡屬中外商人營業洋酒，均應照章納稅，早經通告中外各商遵照在案。」湖北自設立專局稽徵洋酒稅以來，「對於外商方面，只係和平勸導，從

〔註45〕《菸酒進口稅條例（1925年10月24日）》，《司法公報》1925年第211期，第3～4頁。

〔註46〕程道德：《試述南京國民政府建立初期爭取關稅自主權的對外交涉》，《近代史研究》1992年第6期。

〔註47〕《制定洋酒完稅執照（1928年5月7日部令一三四四號）》，《廣東財政公報》1928年第86期，第2頁。

未稍加強迫。各外商馴服就範者固多，而狡黠抗稅設法偷漏者亦復不少。以致遵章納稅之戶營業日見衰落，每以擔負不均責難。」湖北菸酒事務局華洋機製酒稅分局在稽查過程中，「先後查獲英商閔橋暨洋商賽馬會販賣私酒抗不報稅各案，均係證據確鑿」。然因「案關外交，日久未遽執行。雖風聲所播，洋商頗知警惕，然以英領無埋庇護，相率觀望，稅收仍受影響。」其後，復探查得「英人所設波羅館（即漢口俱樂部）有大批私酒未經完稅」，「稽查員前往該館，乃閉門拒絕，聲色俱厲，遂爾中止」。根據慣例，湖北菸酒事務局「對於各國領事府及海陸軍自用之洋酒，凡係領事署聲請免稅，無不立予照准」，「於鄰交上曲盡友誼」。然英國領事「對於該國商人之抗稅，概行庇護。並張大其詞，蒙蔽政府以為要挾」，「實屬侵我國主權，本應飭令該分局照章執行」。唯因改訂新約的特殊時期，為顧全大局，「恪外忍耐委曲求全以免橫生枝節」。〔註48〕故令飭洋酒分局仰體政府意旨審慎和平辦理，並將詳情電告武漢政治分會。

　　但就是這樣的處置方式，引起了英國人的強烈不滿。英國駐漢口領事致電英國駐南京總領事，由總領事出面要求中國徹查此案。英國駐南京總領事將此問題向國民政府外交部交涉，外交部長王正廷認為該局所辦「實無不合」。英國駐漢口領事並致函中央政治會議武漢分會主席李宗仁，指責李宗仁「以酒稅既在條約之外，其辦理手續亦不受條約之拘束，認該局所行為有理」，要求「將所扣馬會之酒，無條件發還」。在電文中，針對漢口俱樂部未稅洋酒案，英國駐漢口領事還提出如下幾點：第一，「中央條約未經改變之前，中國官員無論何故何時，除經英國當局簽證准許外，毫無進入英人房舍之權」，「條約未經更改之時，英國僑民仍舊享有治外法權之憂利」。第二，「《天津條約》第十七條內載，如中國人民與英人發生糾葛，應由英國領事查核辦理」，「該項條約既仍有效，中英官吏自應遵守」。第三，「洋酒稅率徵收有理，數非過巨」，總領事「已勸英僑照納」，「無須法律手續，亦可令跑馬會照數完納其應納之稅」。漢口俱樂部之未稅洋酒發還後，如李宗仁「欲委查該會之已否完納，該會白願呈出一切憑據帳簿聽候委員勘閱」。第四，英國領事仍指責湖北菸酒事務局處置失當，以致釀成外交危機，並祭出中英改訂新約談判的殺手鐧。英國領事指出：「似此違法強迫，因之演成危機」，「英國政府視之極不滿意」，警告「倘再發生此種情事，恐將隨時釀出最重

───────────

〔註48〕《武漢政治分會代電》，《外交部公報》1929 年第 1 卷第 9 期，第 103～104頁。

大之影響」。並威脅道:「中英代表現正商訂關稅自主之合同」,因漢口未稅
洋酒一案,「交涉恐不免停頓,緣人所共知中國政府不能令行下級官員照約
辦事,縱立新約,亦屬無用」〔註49〕。英國駐漢口領事動輒以改訂新約相要
挾,戳中南京國民政府的痛點。

　　對於英國方面的諸端指責,國民政府特派湖北交涉員甘介侯據理力駁。甘
介侯認為,「英領事所言湖北菸酒事務局派人進入跑馬會調查洋酒為違犯中英
條約」,實屬錯誤。首先,英領事所言中國官員不能進入英人房舍於條約無據,
中國官員自有權力入內查驗。「查《天津條約》第九款內載英國民人前往內地
各處遊歷通商有不法情事,中國官員得先行拘禁,送交就近領事懲辦,並無英
國當局簽證准許之規定。是中國官員對於有不法情事之英國人民,既有拘禁之
權,則中國官員不經英國當局簽證准許,自有〔進入〕英人房舍之權,確無疑
義。」是故,湖北菸酒事務局「派員進入外國跑馬會檢查洋酒,按照現行中英
條約並無牴觸之處」。接著,甘介侯指出英領事誤解條約及治外法權。甘介侯
指出,英領事所言《天津條約》第十七條關於領事裁判權的規定,係指「中英
兩國民人間發生民刑訴訟案件而言」。「湖北菸酒事務局為政府機關,並非中國
民人,而提扣跑馬會洋酒,又係稅收行政處分。並非民刑訴訟案件,英領謂湖
北菸酒事務局應聽該領事查核辦理,未免曲解條約……殊屬強事牽混」。甘介
侯認為,本案「爭執要點,應在跑馬會是否違犯稅章偷漏酒稅,湖北菸酒事務
局對於本案是否按照稅章辦理」。英國領事指責湖北菸酒事務局「進入該跑馬
會為違背中英條約」,「實屬毫無理由。」〔註50〕

　　外交部雖知湖北菸酒事務局在查處漢口未稅洋酒案中屬正當行為,但處
中外交涉的關鍵時期,不想橫生枝節。故外交部長王正廷在給李宗仁的電文中
說:「漢口酒捐局派員至漢口俱樂部 Hankow Club 要求查驗洋酒。……查中英
條約正在談判,請即飭令酒捐局關於查驗洋酒一節務須和平審慎辦理,以免修
約發生阻力。」〔註51〕同時亦致電特派交涉員甘介侯,要其「速向酒捐局詳述
外交重要」,查驗洋酒當審慎辦理,以免「牽動修約談判」。〔註52〕在給李宗仁

〔註49〕《附駐漢英領致中央政治會議武漢分會主席函》,《外交部公報》1929 年第 1
　　　　卷第 9 期,第 95～96 頁。
〔註50〕《交涉署呈中央政治會議武漢分會文》,《外交部公報》1929 年第 1 卷第 9 期,
　　　　第 97～100 頁。
〔註51〕《致漢口李主席電》,《外交部公報》1929 年第 1 卷第 9 期,第 100 頁。
〔註52〕《致特派湖北交涉員電》,《外交部公報》1929 年第 1 卷第 9 期,第 101 頁。

的另一電文中，王正廷稱「漢口俱樂部洋酒案與中英修約問題關係甚巨，英使以漢口迭次發生此種事件，認為侵犯現行條約權利。如不得圓滿解決，修約談判勢將決裂，且於日後收回領判權亦有影響」。請求李宗仁「以外交全局為重，飭令酒捐局停止檢查，對於以前發生之此類事件，亦希設法轉圜，和平了結以免中英修約限於停頓」。〔註53〕

最後，英國方面承諾，以後關於菸酒稅捐當照章繳納，請求外交部與李宗仁商妥將所扣洋酒發還。蔣介石電令李宗仁與甘介侯轉飭湖北菸酒事務局將所扣洋酒發還。〔註54〕至此，鬧得沸沸揚揚的漢口俱樂部未稅洋酒案方告一段落，以中國發還被扣未稅洋酒，英國承諾照章繳稅結束。從交涉過程中，我們可以看出，正處改訂新約和尋求關稅自主特殊時期的南京國民政府，顯得十分被動。英國則動輒頤指氣使，對中國主權橫加侵犯。然在當時的歷史環境下，中國亦莫能奈之何。

三、實現關稅自主後的進口酒類稅率

漢口俱樂部未稅洋酒案只是中國實現關稅自主和改定新約中的一個插曲，雖則英方無端威脅挾制，但經過國民政府的不斷努力，中國最後還是基本上取得了關稅自主權，稅率制定也取得一定程度的自由。到1930年，國民政府改定海關關稅稅則，開始較大幅度提高稅率，酒類進口稅率隨之提高。大部分進口酒類按裝盛單位容器徵收，也有部分酒類根據價值大小採從價徵收辦法，其稅率約為從價50%左右（詳見表6-1）。

表6-1　1930年酒類進口關稅稅率表　　　　　　　　（單位：金單位）

稅　　號	酒　　類	計稅單位	稅　　率
367	香檳酒及標名香檳酒	箱12瓶或24半瓶	21.00
368	阿思梯汽酒	箱12瓶或24半瓶	9.20
369	他種汽酒	箱12瓶或24半瓶	10.00
370	紅白葡萄汁酒（甜酒不在內）		
	（甲）瓶裝	箱12瓶或24半瓶	7.20
	（乙）桶裝	英加侖	1.10

〔註53〕《致漢口李主席電》，《外交部公報》1929年第1卷第9期，第101頁。
〔註54〕《致特派湖北交涉員電》，《外交部公報》1929年第1卷第9期，第104頁。

371	布爾得葡萄酒		
	（甲）瓶裝	箱 12 瓶或 24 半瓶	12.00
	（乙）桶裝	英加侖	3.70
372	馬塞里葡萄酒		
	（甲）瓶裝	箱 12 瓶或 24 半瓶	9.20
	（乙）桶裝	英加侖	3.00
373	甜酒［除布爾得、馬塞里（即馬得拉、馬拉牙、舍利等）］		
	（甲）瓶裝	箱 12 瓶或 24 半瓶	11.00
	（乙）桶裝	英加侖	3.10
374	威末酒、白酒、金雞納酒	箱 12 公斤	5.60
375	桶裝威末酒	英加侖	2.80
376	日本清酒		
	（甲）桶裝	擔	18.00
	（乙）瓶裝	12 日本升	9.20
377	濃啤酒、啤酒、黑啤酒、黑苦酒、蘋果汁酒、梨汁酒、他種果汁酒	從價	50%
378	白蘭地酒、高月白蘭地酒		
	（甲）瓶裝	箱 12 充瓜脫	13.00
	（乙）桶裝	從價	50%
379	畏士忌酒		
	（甲）瓶裝	箱 12 充瓜脫	13.00
	（乙）桶裝	從價	50%
380	杜松燒酒		
	（甲）瓶裝	箱 12 充瓜脫	7.00
	（乙）桶裝	從價	50%
381	糖酒		
	（甲）瓶裝	箱 12 充瓜脫	6.20
	（乙）桶裝（工業用糖酒不在內）	從價	50%
382	甜酒	12 充瓜脫或 24 充品脫	12.00
383	汽水、泉水	12 瓶或 24 半瓶	0.69
384	未列名酒、飲料	從價	50%

資料來源：《中華民國海關進口稅稅則（1930 年 12 月 29 日）》，《立法院公報》1931 年第 25 期，第 23～24 頁。

　　其後，國民政府逐步提高關稅，酒類進口稅稅率也逐漸提高。按 1934 年修正海關進口稅稅則，與 1930 年關稅稅則相比，各種酒類進口關稅稅率大幅度提高。其從價徵收者提高到從價 80%，從量徵收稅率也大幅度提高（見表 6-2）。酒類關稅稅率的提高，一方面有著進口酒類市場價格上漲的因素。〔註55〕另一方面，與中國關稅自主權的不斷實現相同步。至此，達到了段祺瑞臨時執政府所提酒類關稅 50% 到 80% 的目標，中國實現酒類關稅自主。

表 6-2　1934 年酒類進口關稅稅率表　　　　　　　　　（單位：金單位）

稅　號	酒　　類	計稅單位	稅　率
403	香檳酒及標名香檳酒	箱 12 瓶或 24 半瓶	34.00
404	他種汽酒	箱 12 瓶或 24 半瓶	16.00
405	紅白葡萄汁酒（甜酒不在內）		
	（甲）瓶裝	箱 12 瓶或 24 半瓶	12.00
	（乙）桶裝	從價	80%
406	布爾得葡萄酒		
	（甲）瓶裝	箱 12 瓶或 24 半瓶	19.00
	（乙）桶裝	從價	80%
407	馬塞里葡萄酒		
	（甲）瓶裝	箱 12 瓶或 24 半瓶	15.00
	（乙）桶裝	公升	1.10
408	甜酒〔除布爾得、馬塞里（即馬得拉、馬拉牙、舍利等）〕		
	（甲）瓶裝	箱 12 瓶或 24 半瓶	18.00
	（乙）桶裝	公升	1.10
409	威末酒、白酒、金雞納酒	箱 12 公斤	9.00
410	桶裝威末酒	公升	1.00
411	日本清酒		
	（甲）桶裝	從價	80%
	（乙）瓶裝	22 公升或 12 日本升	15.00
412	濃啤酒、啤酒、黑啤酒、黑苦酒、蘋果汁酒、梨汁酒、他種果汁酒	從價	80%

〔註55〕郭旭：《中國近代酒業發展研究》，中國商業出版社 2019 年版，第 85～89 頁。

413	白蘭地酒、高月白蘭地酒		
	（甲）瓶裝	箱 9 公升或 12 充瓜脫	21.00
	（乙）桶裝	從價	80%
414	畏士忌酒		
	（甲）瓶裝	箱 9 公升或 12 充瓜脫	21.00
	（乙）桶裝	從價	80%
415	杜松燒酒		
	（甲）瓶裝	箱 9 公升或 12 充瓜脫	11.00
	（乙）桶裝	從價	80%
416	糖酒		
	（甲）瓶裝	箱 9 公升或 12 充瓜脫	10.00
	（乙）桶裝（工業用糖酒不在內）	從價	80%
417	甜酒	9 公升或 12 充瓜脫或 24 充品脫	19.00
418	汽水、泉水	12 瓶或 24 半瓶	2.70
419	未列名酒、飲料	從價	80%

資料來源：《修正海關進口稅稅則（1934 年 6 月 30 日）》，《交通公報》1934 年第 582 期，第 31～32 頁。

四、抗日戰爭時期禁止酒類進口

隨著日本帝國主義步步緊逼，1937 年中日戰爭全面爆發。為了節約外匯、控制不必要的消費，財政部於 1939 年 7 月 1 日公布《非常時期禁止進口物品辦法》及《禁止進口物品表》。詳細開列禁止進口物品具體品類，要求總稅務司及海關各口一體遵照。同時規定，在禁令頒布後不許報運轉口。禁止進口物品如因調劑後方市價供給特種用途或有其他正當原因，經政府機關核請者，得由財政部查酌實際需要核發購運特許證。禁止進口物品用郵包寄進國內或由本國口岸寄遞轉口的，也適用本辦法。〔註56〕戰時酒類消費本受限制，是故無論葡萄酒、啤酒，還是白蘭地、威士忌、朗姆酒，其進口全在限制之列（詳見表 6-3）。

〔註56〕陳清初：《現行貨物稅》，獨立出版社 1944 年版，第 93 頁。

表6-3　非常時期禁止進口酒類表

稅　號	禁止進口酒類
403	香檳酒，及標名香檳酒
404	他種汽酒
405	紅白葡萄汁酒（甜酒不在內）（甲）瓶裝（乙）桶裝
406	布爾得葡萄酒（甲）瓶裝（乙）桶裝
407	馬塞里葡萄酒（甲）瓶裝（乙）桶裝
408	甜酒〔除布爾得、馬塞里（即馬得拉、馬拉牙、舍利等）〕（甲）瓶裝（乙）桶裝
409	威末酒、白酒、金雞納酒
410	桶裝威末酒
411	日本清酒（甲）桶裝（乙）瓶裝
412	濃啤酒、啤酒、黑啤酒、黑苦酒、蘋果汁酒、梨汁酒、他種果汁酒
413	白蘭地酒、高月白蘭地酒（甲）瓶裝（乙）桶裝
414	畏士忌酒（甲）瓶裝（乙）桶裝
415	杜松燒酒（甲）瓶裝（乙）桶裝
416	糖酒（甲）瓶裝（乙）桶裝（工業用糖酒不在內）
417	甜酒
419	未列名酒、飲料

資料來源：《財政部公布禁止進口物品表》，《商業月報》1939年第19卷第7期，第4頁。

在日偽統治下，其對洋酒的管理方法稍有不同。偽南京國民政府在1944年改定海關進口稅稅則，於同年2月起施行。其主要特點是所有進口酒類均採取從價徵收方式，稅率普漏在50%到60%。其中香檳酒、標名香檳酒、阿思梯汽酒、他種汽酒，紅白葡萄汁酒、布爾得葡萄酒、馬塞里葡萄酒、甜酒〔除布爾得、馬塞里（即馬得拉、馬拉牙、舍利等）〕，威末酒、白酒、金雞納酒、桶裝威末酒，白蘭地酒、高月白蘭地酒、畏士忌酒、杜松燒酒、糖酒（工業用糖酒不在內）、甜酒等類均從價徵收60%關稅；日本清酒不分桶裝、瓶裝，以及濃啤酒、啤酒、黑啤酒、黑苦酒、蘋果汁酒、梨汁酒、他種果汁酒均從價徵收

50%關稅；其他未列名酒及飲料也從價徵收 60%。﹝註57﹞抗戰勝利後，國民政府復開放洋酒進口，然而在當時的亂局之下，管理難達其效果。

第四節　本章小結

在近代中國，隨著啤酒、葡萄酒、仿製洋酒等新式酒業的發展，政府開始制定專章加以管理。隨著洋酒進口數量和貨值的增長，進口酒類管理也漸次納入政府管理的軌道。經過南京國民政府的努力，中國逐步取得關稅自主權，進口酒類稅率逐步提高，到 20 世紀 30 年代中期達到從價約 50%至 80%。進口酒類稅率的提升，不但遏制了洋酒輸入不斷增長的趨勢，還迫使洋酒價格上升，客觀上有利於國產酒類的發展。但實際上，國產酒類稅負不輕，加上隨之而來的外敵入侵，國民政府酒類稅收管理現代化努力的效果大打折扣。但無論是對國產酒類的管理，還是對輸入洋酒或自製新式啤酒、葡萄酒等的管理，都體現了政府試圖將各種酒類的管理納入系統化、制度化軌道的不懈努力，對日後中國酒類管理起到了積極的作用。

﹝註57﹞《海關進口稅稅則》，偽《國民政府公報》1944 年第 610 期，第 29～30 頁。

第七章　中國近代酒類管理演變的江蘇案例

　　回到中國近代的歷史現場，會發現諸多制度建設和制度安排，存在著一些「特殊」的面向。國家層面的酒類管理制度框架基本建構起來，但如果將觀照的視角下移，則會發現各地執行情況有別。限於特定的歷史條件，每一種制度的創設和推行，在全國範圍內很難同步進行，各省份之間存在一定程度的差異。江蘇是近代中國最為發達的地區之一，也是重要的糧食產區和釀酒業發展的重要地區。以江蘇省為中心，可以窺見中國近代酒類管理制度在地方的實踐，能夠更好的理解中國近代酒類管理制度演進的複雜面貌。本章選取江蘇省為例，探求中國近代酒類管理制度在省級層面的回應。

第一節　近代江蘇酒業發展概況

　　早在道光年間，江蘇橫涇一地，因「日出燒酒一萬斤」，有「橫一萬」之稱，廣為天下所知。[註1] 雖經太平天國戰事和近代歷史上一些重大事件的影響，江蘇省釀酒產業仍在不斷發展中。

　　到民國年間，江蘇省出產酒類名目繁多，所用原料差異較大，酒精度數也高低不一，釀製設備、釀酒週期各不相同。如以糯米為原料的土甜酒，酒精度不超過 5%，每月釀酒一次；土燒酒以高粱、小麥、淮麥、大麥、白米、玉米、

〔註1〕劉錦藻：《清朝續文獻通考》卷四十一「徵榷考十三榷酤」，商務印書館 1936
　　　年版，第 7957 頁。

糯米、秈米、秫等原料釀製，酒精度 20%到 50%，每月釀 2 至 5 次；以高粱、玉米為原料釀製者，酒精度 40%到 70%，每月釀 2 至 3 次；以糯米、秈米為原料的土黃酒，酒精度 5%到 20%；仿紹酒以糯米為原料，酒精度 15%到 20%，每年冬月至次年 3 月為釀造期。〔註 2〕

據民國四年（1915）第四次農商統計調查顯示，江蘇有酒業製造商戶 6933 家，占全國（123542 家）的 6%，僅次於湖南、山東、廣西、廣東 4 省；從事釀酒業者 28215 人，占全國（594141 人）的 5%。但江蘇省黃酒產量占全國產量的 9%，黃酒價值占全國的 8%；燒酒產量 82396758 斤，占全國的 17%，其價值占比與產量占比約略相同；高粱酒產量 67191910 斤，占全國統計產量的 43%，價值 7619981 元，占全國高粱酒價值的 41%（見表 7-1）。此外，江蘇省尚有果子酒（產量 1680 斤，價值 780 元）、藥酒（產量 445132 斤，價值 66330 元）和其他酒類（產量 6643839 斤，價值 172177 元）出產。從總產量上看，江蘇省總計產出各種酒類 185865246 斤，約占全國統計產量的 16%；價值 17903122 元，約占全國的 19%。從這一次調查數據來看，江蘇省無疑在全國釀酒行業中佔據重要位置。〔註 3〕

表 7-1　民國初年江蘇省主要酒類發展情況

類　別	產量（斤）	占全國比重	價值（元）	占全國比重
黃酒	29185927	9%	1820782	8%
燒酒	82396758	17%	8223072	18%
高粱酒	67191910	43%	7619981	41%

資料來源：農商部總務廳統計科編纂：《中華民國四年第四次農商統計表》，中華書局 1918 年版，第 382～385 頁。

到 1920 年，江蘇省有釀酒戶 11848 家，釀酒業職工 41579 人（其中女工 100 人），各種酒類產量合計達 306363800 斤，價值 35549325 元。〔註 4〕與民國四年（1915）統計數據相較，4 年間增幅超過 70%。從產量上看，江蘇省出產者以燒酒為最多，達 252642178 斤，占全省產量的 83%；其次為黃酒，產量

〔註 2〕　財政部財政年鑒編纂處：《財政年鑒三編》下冊第八篇「貨物稅」第十五章「國產菸酒類稅」，財政部財政年鑒編纂處 1948 年版，第 58～63 頁。
〔註 3〕　農商部總務廳統計科編纂：《中華民國四年第四次農商統計表》，中華書局 1918 年版，第 382～385 頁。
〔註 4〕　農商部總務廳統計科編：《中華民國九年第九次農商統計表》，農商部總務廳統計科 1924 年版，第 283～284 頁。

44284175 斤，占 14%；果子酒（275956 斤）、藥酒（1657906 斤）和其他酒類
（7493585 斤）合計僅占 3%（見圖 7-1）。

圖 7-1　1920 年江蘇省酒業產量結構圖

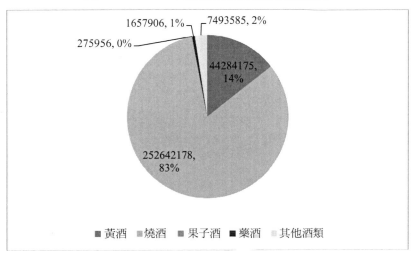

資料來源：農商部總務廳統計科編：《中華民國九年第九次農商統計表》，農商部總務
　　　　廳統計科 1924 年版，第 283～284 頁。

從產值方面講，江蘇省酒業以燒酒和黃酒為主（見圖 7-2）。燒酒統計產值
31876925 元，占全省的 90%；其次為黃酒，占 8%（2763824 元）；果子酒（價
值 84965 元）、藥酒（443595 元）和其他酒類（380016 元）合計僅占 2%。

圖 7-2　1920 年江蘇省酒業產值結構圖

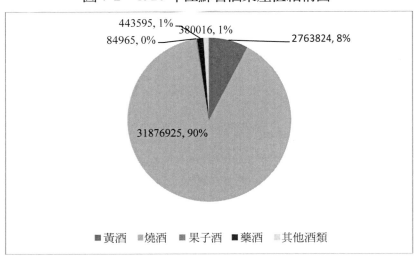

資料來源：農商部總務廳統計科編：《中華民國九年第九次農商統計表》，農商部總務
　　　　廳統計科 1924 年版，第 283～284 頁。

　　到 20 世紀 30 年代初，因受匪禍、水災和捐稅的影響，產量大大減少。但在江北各省，農戶自釀白酒者甚多，海安成為白酒集散中心。黃酒（老酒、陳酒、紹興酒）每年產量 378440 擔（每擔約 100 斤），價值 2127600 元；白酒（燒酒、高粱酒）每年產量 497526 擔，價值 5893672 元。〔註 5〕

　　1933 年，國民政府在江蘇、浙江、安徽、江西、福建、湖北、河南七省實行土酒定額稅，加強了對酒稅稅源的管理。據 1933 年統計，施行土酒定額稅的七省酒類產量合計接近 274 萬石。江蘇徐州等地的高粱酒，江寧、泰興、泰東各縣麥製土燒酒，上海、無錫、吳縣米製黃酒為大宗。江蘇省土燒酒 409000 石，仿紹酒 542000 石，高粱酒 91000 石，雜酒 22000 石，合計產量達到 106.4 萬石，約占七省合計產量的 39%。同一時期浙江省產酒約 123 萬石，其中紹酒 613722 石、土黃酒 434931 石、糟燒 15555 石、土燒酒 44367 石、白酒 14163 石。〔註 6〕單純從產量上看，浙江略勝江蘇一籌。但浙江以米製的紹酒、黃酒為大宗，燒酒、高粱酒次之，紹酒、黃酒單價遠低於燒酒、高粱酒，故從價值上言，江蘇不在浙江之下。

　　在發展過程中，江蘇出產酒類不但供應本地消費，還運銷到上海、浙江等鄰近地區，形成了較為知名的酒類品牌。江蘇所產燒酒，在浙江杭州等地較為暢銷。運自江蘇泰興的蘇燒，每 100 斤售價 16 元 2 角 5 分 6 釐，攙水後則稱為「平燒」，每 100 斤售價 12 元 8 角。因攙水多少不一而有五色燒、八色燒、十色燒之分，價格亦因攙水之多寡而別，攙水較多，價則較廉。〔註 7〕雙溝大麴在近代頗著名，全德糟坊創設於康熙五十八年（1719）。1912 年孫中山為雙溝題寫了「雙溝醴泉」四字。其後全德糟坊生產的雙溝大麴還成為酒行經營的暢銷酒品，享有一定的聲譽。〔註 8〕洋河鎮出產的洋河大麴，暢銷江南江北，《中國實業志・江蘇省》稱：「至於江北之白酒，向以產於泗陽之洋河鎮者著名。國人所謂『洋河大麴』者，即此種白酒也。考洋河大麴行銷於大江南北者，已垂二百餘年之歷史。厥後漸次推展，凡在泗陽城內所產之白酒，亦以洋河大

〔註 5〕趙如珩編：《江蘇省鑒》第六章「實業」，新中國建設學會出版科 1935 年版，第 164 頁。

〔註 6〕《實行土酒定額稅省份酒類產量稅額表》，《工業中心》1934 年第 3 卷第 8 期第 253～256 頁。

〔註 7〕建設委員會調查浙江經濟所統計課：《杭州市經濟調查（下）》，建設委員會調查浙江經濟所 1932 年版，第 281～282 頁。

〔註 8〕朱澤孝：《民國風行雙溝酒》，《釀酒科技》2012 年第 2 期。

麴名之。今則『洋河』二字，己成白酒之代名詞，猶『紹興』之稱黃酒也。」〔註9〕《現代中國實業志》亦稱：「洋河」二字，「已成白酒之代名詞矣，猶紹興之稱黃酒也」。〔註10〕

　　前列江蘇省酒業統計相關數據，雖可能未盡可信。但若從稅源控制和稅源統計角度言，則基本可以見出江蘇一省之酒業在全國的意義。正如當時稅收稽徵機關所認識到的：國產酒類為江蘇省「大宗稅源，惟產製場所散漫不堪，大多均為農村副業，本來不易統計，控制尤感困難。」「交通不便，清查產量，更屬不易。所列年產數量，僅就可以達到控制稅源之數加以統計，並不十分準確。其中或有因米麥價貴，燃料缺乏，中途停釀者；或有因改用雜糧釀製以致出酒減少產量降低者。如年穀豐登，米麥價降，釀製較多，產量亦即增加。再如內戰停止，交通暢達，稅務工作人員能深入鄉區，則產製可以徹底查清，稅源亦能相當控制。」〔註11〕到抗戰復員後，江蘇省年產土黃酒247840擔，土燒酒267637擔，仿紹酒169000擔，高粱酒132245擔，甜白酒130440擔。無論是與國民初年相比，還是和施行土酒定額稅制之初相比，產量都大大降低。

第二節　公賣制下的江蘇酒稅制度（1915～1933）

一、江蘇酒類公賣制演進

　　1915年6月，財政部派員到江蘇籌設江蘇菸酒公賣局，6月25日在南京成立籌備處。將江蘇全省劃分為7區（旋即改為8區），第二區分局先於省局成立於上海。1915年9月9日，江蘇菸酒公賣局在南京成立，高增秩為首任局長，秉承財政部長之命會同江蘇省財政廳長辦理公賣及稅捐等事項，與財政廳長同負完全責任。成立之初，僅有局員、司事各數人。1916年1月1日，全國菸酒事務署成立，江蘇菸酒公賣局改隸總署。1917年7月，總署裁撤，復直隸於財政部。1919年1月，復設全國菸酒事務署。次年2月，江蘇省局奉令定名為「江蘇菸酒事務局」。1918年，江蘇省局增設會辦（1920年6月改

〔註9〕　實業部國際貿易局編纂：《中國實業志・江蘇省》第八編「工業」，實業部國際
　　　　　貿易局1933年版，第454頁。
〔註10〕楊大金：《現代中國實業志（上）》，商務印書館1938年版，第734頁。
〔註11〕第一科撰述：《江蘇貨物稅稅源概述》，《江蘇貨物稅通訊》1946年第1卷第4
　　　　　期，第4～5頁。

稱副局長），幫同局長辦理局務。

「公賣開辦之初，商民多所疑懼。當局乃組織公棧，以冀消除隔閡。蘇省定章，無論本產或客銷菸酒，概需完納費稅。先由各公棧，體察商情，計其成本及利益，分類擬訂公賣費率，呈由省局及分局核准公布，照率徵收。每屆年度開始前，由各該公棧認定全年比額，先繳一部分保證金，其餘比款，按月繳納。如繳不足額者，在保證金內扣抵。各分局負督催之責，而以省局總其成，徵收雖屬商人，監督操諸政府。」〔註12〕就具體經徵情形而言，在公賣制下江蘇省採取過公棧招商承包制、投標委任制和選委制等具體方法。

1. 公棧招商承包制。根據《全國菸酒公賣章程》第十條之規定，江蘇省菸酒公賣局頒行《江蘇省菸酒公賣暫行細則》，其內容如下：根據《全國菸酒公賣章程》及各地產銷市價，規定江蘇省菸酒公賣費率為 12%；各區公賣價格，由分棧或支棧根據市價行情，計算成本、捐稅和收益，並根據市價漲落，按旬規定；公賣費由產銷兩地根據市價各徵 50%，販運出省或由他省運入者，據輸出或輸入地之市價核定徵收 12%公賣費；販運菸酒，應先投棧報明數量，由棧派人查驗確實，填發聯單方准運售；公賣費由販運人承擔並得隨時繳清，如有短欠，由分棧照數墊款；酒類在起運時，按產地市價繳納 6%公賣費，運抵銷地後再行按當地市價繳納 6%公賣費；已在產銷地繳公賣費者，在本省內行銷不再另行繳納；酒類產釀區域，販運數量在 10 斤以上者，應赴各支棧繳納公賣費；釀戶如欲零售（10 斤以下），需另設零沽商店，按率繳納公賣費，嚴禁私自販運；從他處輸入的已完納公賣費之酒類，躉賣零售聽其自便，但躉賣者已原貼印照為憑；分棧支棧代徵公賣費，應隨時進行登記，按旬或 5 日總結，所徵鈔款，應照市價折合為銀元；分棧代徵之公賣費，允其提留 5%，支棧代徵之公賣費亦許其提留 5%（支棧得提留總額之 70%，分棧得提留總額之 30%）。〔註13〕

1916 年 2 月，江蘇省菸酒公賣局頒行《懲罰菸酒私販單行規則》，對買賣、販運、製造私菸私酒者加大處罰力度。販運菸酒至 10 斤以上未貼印照者，將其菸酒全數沒收或處以罰款；販運菸酒貨照不符超過 10%及有避重就輕者，將多出之貨沒收或處以罰款；販運菸酒不將印照實貼容器之上者、將舊照重複貼用者、塗改印照意圖蒙混者，酌情處以罰款；商店私販菸酒不服檢查、恃強抗

〔註12〕薛福田：《江蘇之菸酒稅》，大東書局 1936 年版，第 61 頁。
〔註13〕薛福田：《江蘇之菸酒稅》，大東書局 1936 年版，第 62～66 頁。

拒、持械聚眾及一切拒捕情事，除照章處以 50 元以上 500 元以下罰款外，酌情飭發地方官或警廳轉送法庭依律科處；私販菸酒 10 斤至 50 斤者照應徵費款加罰 1 倍，50 斤至 100 斤者照應徵費款加罰 3 倍，100 斤至 500 斤者照應徵費款加罰 5 倍，500 斤至 1000 斤者照應徵費款加罰 10 倍，再犯積犯遞加處罰，3 次以上者勒令停止營業；凡巡丁、警團等人查獲私菸私酒者隨時送交公賣棧驗明封存，不交棧變價私相售賣者酌情懲處，變價所得及查獲之費款，一半充公一半充賞。〔註14〕

　　2. 投標委任制。公棧制度的執行效果，並不甚理想，「各分支棧經理，均屬菸酒商人，往往攤派稅款，有類公司營業。商人以多報少，偷走漏稅，各棧不但不予罰辦，甚且扶同隱匿，積弊漸深，稅收自絀」。〔註15〕1929 年，江蘇省廢除商包制，改行投標委任制。在各縣設置稽徵所，徵收菸酒公賣費和菸酒營業牌照稅，名為某縣菸酒費稅稽徵所；各稽徵所所長由江蘇省菸酒事務局委任，受分局長之監督指揮，依據部頒章則和江蘇省各單行章程，管理縣內菸酒費稅徵收事務；各縣稽徵所菸酒費稅比額，在未詳細調查菸酒產銷數量之前，以投標法定之，中標之人即由省局委任為稽徵所所長；各縣投標不及比額時，省局遴人員辦理，或由該縣縣長兼辦菸酒稅務稽徵事務；稽徵所長以現金繳納全年比額 20%保證金，並由殷實商號作保；稽徵所長所徵費稅，應照全年比額按月分攤解送分局轉繳省局，不得拖延短欠；稽徵所所長任期一年，不得中途辭職，省局不得任意遷調或撤換；但逾期不繳稅款、繳不足額或虧欠稅款一個月以上者，違反法令營私舞弊經省局查明屬實者，稽徵所長發生事故不能執行職務者，可許其離職，但離職時有虧欠稅款或隱匿預徵稅款者，在保證金內扣除；稽徵所職員由所長自行酌定，稽徵所之經費，不得超過預算比額 10%。〔註16〕

　　其投標辦法為：各縣菸酒費稅，由省局酌定最低比額，登報公布，投標人應赴省局投標，以超過定額最多者為得標人；投標人需為以菸酒為業，或曾充任各棧所經徵人員有一定經驗者；投標人應先繳納押標金，按每 1000 元繳納現金 50 元，得標後計入保證金，未中標者全額退還；投標人繳納押標金後，領取投標紙，填明標額並簽字蓋章，注明姓名、年齡、籍貫、職業、住

〔註14〕程叔度、秦景陽總纂：《菸酒稅史》上冊第四章「公賣費」第二節「江蘇公賣費」，大東書局 1929 年版，第 13～15 頁。
〔註15〕薛福田：《江蘇之菸酒稅》，大東書局 1936 年版，第 61 頁。
〔註16〕薛福田：《江蘇之菸酒稅》，大東書局 1936 年版，第 66～68 頁。

址等信息後自行封固，在封口加印火漆，親赴省局投入標箱；投標人不得在省局填寫標紙；投標人赴局投標時，應先將押標金收據繳司驗明，方准投標，並由查驗員加蓋「標已投訖」戳記；投標紙所填標額數目，須用大寫字體，不得添注塗改；省局辦理投標事務，於開標日由部派員蒞場監視；得標人應於開標 7 日內，照全年認額預繳現金 20%作為保證金，逾限不繳者將押標金全部沒收，並取消得標資格，以次遞補；開標時有 2 人以上標額相同者，以抽籤決定。〔註17〕

3. 選委制。因採用投標制，當年菸酒費稅收數大增。但投標制也有著一些弊端，「投標辦法，原屬義取公開，事歸核實，是以輿論翕然，商民悅服。惜乎得標人員，有因競爭標價，致標額過高，因公賠累；亦有視稅收機關為利藪，違章苛擾，以圖中飽。於是此投標制，終為世所詬病」。〔註18〕1932 年 7 月，江蘇省菸酒費稅徵收，採用選委制。考江蘇省印花菸酒稅局所頒《江蘇省各縣菸酒費稅稽徵分局暫行章程》和《江蘇省各縣菸酒費稅稽徵分局長選委規則》等規定，其實際內容與投標法毫無二致。

二、首開洋酒稅徵收

1926 年 2 月，江蘇省公布《江蘇全省菸酒事務局徵收洋酒稅施行大綱》5 條，規定如下：一，「在江蘇省境內營銷洋酒之商人，凡有外酒輸入，應照菸酒牌照捐例，一律徵收營業稅」；二，「各店鋪商人應按照洋酒之貨價，遵照本局規定稅率表計數繳納，領貼憑證」；三，「辦理此項洋酒稅即援照本省現行捲菸營業稅各區通則第八條辦法，於收數內扣提三成，以資辦公」；四，「如查有匿漏情弊以及違犯各項規定者，應酌量情節輕重，處以相當之罰金」；五，「各項徵收章程稅率及罰金條例，由本局擬定呈請全國菸酒事務署暨江蘇軍省兩署核准公布施行」〔註19〕。同時，公布《江蘇省徵收洋酒稅暫行章程》6 條，規定如下：一、「凡屬江蘇省內銷售洋酒之營業，均照菸酒牌照捐例責成各區分局遵照定章按率收稅」，二、「暫定洋酒稅率表由本局印發憑證，凡依則納稅之洋酒，須於最小之容器上貼用憑證，其手續以稽徵規則定之」，三、「凡在省內營洋酒之躉賣或零賣商，均須向所在地徵收機關領取營業執照」，四、「偽造

〔註17〕薛福田：《江蘇之菸酒稅》，大東書局 1936 年版，第 69～70 頁。
〔註18〕薛福田：《江蘇之菸酒稅》，大東書局 1936 年版，第 71 頁。
〔註19〕程叔度、秦景阜總纂：《菸酒稅史》下冊第八章「洋酒類稅」第二節「各省洋酒類稅」，大東書局 1929 年版，第 21～22 頁。

憑證或曾經貼用揭下私改再貼者，應查照刑律偽造有價證券條例論罪」，五、「違犯本章程及各種規則應按照本局規定罰金例處罰」，六、「本章程如有未盡事宜，得隨時提出修改公布施行」〔註20〕。同時規定，江蘇省菸酒事務局所發洋酒憑證，共有1分、2分、3分、5分、1角、2角、3角、4角、5角9種。

江蘇省菸酒事務局同時公布《江蘇省徵收洋酒稅稽徵規則》，其主要內容有：一、「凡有洋酒輸入內地營業，於入境時得由各該地所設之徵收機關查驗箱數，並查明其所貯洋酒種類，發給查驗單，以便按照稅率徵收稅銀」，二、「黏貼憑證於最小容器封口上，均應實貼在封口開合處，並於容器及憑證上騎蓋圖章」，三、「各地徵收機關於此項稅收實行稽徵之日起，凡營洋酒之商店，均須將原有存貨按照稅則補購憑證，一律黏貼方能發售」，四、「各地稽徵機關所派稽查稽徵人員執行職務時，商店商人及買戶均不得藉端反抗，但稽查稽徵人員亦不得有需索留難情弊致干懲處」，五、「遇有洋酒漏稅或不足稅率私行發售者，無論何人皆得告發」，六、「凡經稽查員查獲及經人告發之無憑證洋酒，應照罰則規定之各條分別辦理」，七、「稽查偷漏稅款暨照章執行處罰，各縣知事、警察均應協同負責」〔註21〕。據《江蘇省徵收洋酒稅罰金條例》，不按規定繳納洋酒稅者，除責令納稅或補稅外，初犯者處1元以上50元以下罰金，再犯者處10元以上100元以下罰金，違犯2次以上者處30元以上 50 元以下罰金；不服從查驗者，除責令按照規則辦理外，初犯者處50元以上500元以下罰金，再犯者處100元以上700元以下罰金，違犯2次以上者處200元以上1000元以下罰金，不服查驗且有抗拒情形者加倍處罰；稽徵人員執行職務時明知有違犯行為知情故縱者，依照前列規則處罰；同時違犯兩條以上者，分別處罰〔註22〕。

據江蘇省菸酒事務局所作相關規定，凡在蘇省境內銷售之洋酒，無論是國產仿製還是進口，也無論烈性酒還是啤酒、葡萄酒，均需繳納洋酒稅。然其稅率或針對類別，或針對具體品牌名稱，可以見出其時江蘇流行的「洋酒」種類和品牌（表7-2）。

〔註20〕程叔度、秦景阜總纂：《菸酒稅史》下冊第八章「洋酒類稅」第二節「各省洋酒類稅」，大東書局1929年版，第22頁。
〔註21〕程叔度、秦景阜總纂：《菸酒稅史》下冊第八章「洋酒類稅」第二節「各省洋酒類稅」，大東書局1929年版，第22～23頁。
〔註22〕程叔度、秦景阜總纂：《菸酒稅史》下冊第八章「洋酒類稅」第二節「各省洋酒類稅」，第23～24頁。

表 7-2 1928 年江蘇省菸酒事務局洋酒稅率表

牌 名	每瓶稅率
三星白蘭地（brandy）	6 角 5 分
象頭白蘭地（brandy）	7 角
廣東三星象頭白蘭地（brandy）	6 角
廣東葡萄酒	1 角 7 分
葡萄酒	2 角 6 分
口利沙（柑桂酒，curacao）	6 角 5 分
香檳酒	6 角 5 分
薄荷酒	4 角 5 分
青島啤酒、太陽啤酒、五星北京牌啤酒	1 角
紅為四開（威士忌，whiskey）	9 角
哈末為四開（威士忌，whiskey）	8 角
法凡姆酒（味美思，vermouth）	3 角 5 分
意凡姆酒（味美思，vermouth）	3 角 8 分
元芳波德文（波特酒，port wine）、舍利酒（Sherry）	4 角 5 分
一號波德文（波特酒，port wine）	3 角
井酒（金酒，gin）	4 角 2 分
紅酒（red wine）	3 角 6 分
火酒（alcohol or spirits）	1 角 3 分

資料來源：程叔度、秦景阜總纂：《菸酒稅史》下冊第八章「洋酒類稅」第二節「各省洋酒類稅」，大東書局 1929 年版，第 25～26 頁。

　　江蘇省舉辦洋酒稅之初，本擬另設專局經徵。但因進口洋酒涉及中外關係問題，其銷售主要集中在上海地區，其他地方洋酒運銷較少。且洋酒稅同屬酒類稅捐，乃決定洋酒稅徵收由各區菸酒分局兼辦，年比額 2.71 萬元（見表 7-3）。

表 7-3 1929 年度江蘇省洋酒稅稽徵機關及其比額

區 別	全年比額（元）	備 註
第一區洋酒類稅稽徵所	14000	由區分局兼辦
第二區洋酒類稅稽徵所	9000	由區分局兼辦
第三區洋酒類稅稽徵所	1700	由區分局兼辦

第四區洋酒類稅稽徵所	120	由區分局兼辦
第五區洋酒類稅稽徵所	無	因洋酒運銷甚微，未有比額
第六區洋酒類稅稽徵所	1200	由區分局兼辦
第七區洋酒類稅稽徵所	240	由區分局兼辦
第八區洋酒類稅稽徵所	840	由區分局兼辦

資料來源：程叔度、秦景阜總纂：《菸酒稅史》下冊第八章「洋酒類稅」第二節「各省洋酒類稅」，大東書局 1929 年版，第 27 頁。

第三節　土酒定額稅制在江蘇（1933～1937）

一、蘇省土酒定額稅制內容

1933 年，根據財政部頒行《土酒定額稅稽徵章程》之規定，江蘇省頒行《江蘇省印花菸酒稅局稽徵土酒定額稅施行細則》，其主要內容有：

1. 管制對象和稅率。凡本省出產及外省輸入本省銷售或通過之土酒，稅率如表 7-4 所示。凡稅率表中未能囊括或新出土酒種類，其性質和價格與原訂稅率不同者，得隨時修正。製造、販賣土酒商人，應遵章呈報登記後方得營業。

表 7-4　1933 年江蘇土酒定額稅稅率表（每 100 斤／元）

類　別	稅　率	所屬土酒種類
高粱色酒	3.20	本產大麴、高粱大［麴］酒及原製果藥或原製有色酒類等均屬之，輸入大麴、高粱酒、汾酒、火酒、各種果藥或有色酒類，山東、河北、廣東、紹酒等均屬之
紹酒泡酒	2.00	本產及輸入泡子酒、輸入各種紹酒均屬之
土燒仿紹	1.40	本產及輸入小藥酒、土燒酒（米麥燒酒、糟燒、雜糧燒等），本產蘇紹、仿紹等均屬之
土黃酒	0.80	本產及輸入土黃酒、黃泰酒、甜酒、釀酒、釀露等均屬之
土甜水酒	0.50	本產及輸入老白酒、菜酒、水白酒、水甜酒、水酒、生酒均屬之，但本項所列酒類如裝盛壇只用泥頭封口者，依照土黃酒類稅率徵收

資料來源：薛福田：《江蘇之菸酒稅》，大東書局 1936 年版，第 185～186 頁。

2. 計稅和徵收。土酒定額稅應剔除包裝容器種類，按淨裝容量以部頒市

秤計算。本省所產土酒，不論在本地行銷、運銷本省各縣還是省外，一律由產地菸酒稅稽徵機關在土酒釀成分裝時，徵收定額稅；釀戶所釀之酒送交酒行代售者，須在送交酒行時繳納土酒定額稅；外省土酒輸入本省銷售者，一律由入境第一道菸酒稽徵機關徵收定額稅；外省土酒運銷他省經過本省者，稽徵機關查驗放行，不得收取通過稅或規費；散裝門沽，應依部頒《土酒定額稅稽徵章程》之規定，當場查定數量、種類，按率徵稅，並將完稅證對角截開，一半交商存執。無論販賣或自用，均不得買賣未黏貼完稅證的整裝土酒，違者以私酒論。

3. 改裝。行銷本省之完稅土酒如需改裝，應運至指定地點，報請當地稽徵機關查驗，並現場監視剷除原貼完稅證，方得開壇卸貨改裝。改裝完畢後，發帖改裝查驗證。改裝後如需出省或他縣者，再行請領運照。改裝時如有孱入其他未稅酒類導致數量增加者，應照章徵稅。以未繳納本省定額稅之土酒改制為果藥酒、露酒、色酒類者，照高粱色酒類稅率徵稅，其以完納本省定額稅之土酒改制者不再徵稅。改製成之果藥酒、露酒、色酒如需外運者，得請領運照，並由稽徵機關在運照內注明「該項酒類之原酒已遵章納過本省土酒定額稅」字樣，以備沿途稽核。

4. 改運。商人運銷土酒，除在容器上實貼完稅證外，還須持運單或證明單，隨貨同行，務必做到貨照證相符。已納本省定額稅之土酒，運輸途中意欲全部卸賣者，將原運照上繳當地稽徵機關驗明注銷；如欲部分卸賣其餘仍須運原指定地點或他處銷售者，在原運照上注明當地卸賣及外運數量等，外運部分另行申領改運證明單或出省運照。運抵銷地後欲改運他處者，持運照繳當地稽徵機關驗明，發給出省運照或本省改運證明單。改運期限由當地稽徵機關根據路程遠近確定。

5. 稽查與處罰。各類土酒運銷時，稽徵機關均得隨時查驗放行，不得留難需索。各地稽徵機關所派稽查人員發現違章土酒，因情形特殊不能扣留者，由當地稽徵機關協同查緝。稽徵機關應隨時稽查當地商店輸入酒類，以防偷漏。各稽徵機關應彙報產製、販賣、改裝、查驗通過等各類土酒數量。沒收貨品變價時，由承買人納稅貼證。產省未經納稅輸入酒類，由蘇省按率補徵產稅。酒商若受罰金處分而未能按時繳納者，由該管分局移交當地縣政府或公安局押追。

二、蘇產土酒改裝改運

　　《江蘇省印花菸酒稅局稽徵土酒定額稅施行細則》實施過程中，涉及最為複雜者為改裝及改運問題。上海、寶山銷售之白酒，「本境所產，數量甚微，全恃江北泰興、泰縣以及江南蘇州橫涇等屬運輸而來。從前公賣時期，對於上寶銷售之白酒，特定一種改裝全費及改裝半費印照。向來各屬運滬之白酒，均裝貯大鳥甕（俗稱駒壇），其大者每壇約貯酒四五百斤以至七八百斤，小亦數十斤不等。到達上海後，由白酒行商，報納銷地公賣半費，將貨起卸，裝於紹壇之內，將原壇退還運商。遇有主顧購買，由商報請黏貼改裝印照，隨時運送。」紹酒土黃酒「係原壇分銷，固屬毫無問題；惟白酒之成分，高低不同，口味優劣各異，若不當面驗明花色，估價計算，則最高與最低之貨，其價格相差幾及半數，斷難懸揣而定。且運酒商人全恃該鳥甕為循環轉運，故運到後旬日之內，必須卸空。而零沽酒店，大都因房租昂貴，地位狹小，於需用白酒時，莫不隨時零星，或紹壇，或擔簍挑送，以資簡便。所以原壇分銷，非但不合市場習慣，即運商之不能久擱，販商之無地堆置，實一困難問題。」〔註23〕上海市燒酒行同業公會向省局及稅務署請求，在施行土酒定額稅後，考慮在上海、寶山銷售之白酒擬定改裝辦法，以便商利民。江蘇省局認為，不只是上海、寶山兩地，江北各地所產燒酒為數甚巨，在運銷過程中均存在類似問題。

　　江蘇省菸酒事務局擬定《土酒改裝及填發改裝查驗證辦法》9條，對土酒改裝及填發查驗證具體操作辦法進行了規範。指定蘇省內江寧、鎮江、上海、無錫、銅山、南通、吳縣、武進、泰縣為土酒改裝區域，凡繳納過本省土酒定額稅的土酒，由產地或入境第一道菸酒稽徵分局通知指定改裝地分局，由當地分局通知就近統稅管理所或查驗所會同驗明，當場改一次裝完畢；改裝時容量增加時，若能證明已經完納稅款，免予補稅，如增加部分未能提供納稅憑證時，溢出部分應照章補稅；改裝後發給改裝查驗證黏貼於改裝容器上，每一容器限黏貼一張，並劃除原貼完稅證；在查驗證上加蓋查驗機關及年月日戳記，並在查驗證內填明已完土酒定額稅之具體酒類。〔註24〕

　　已納稅之土酒，尚不能自由出運。如欲運往本省他處銷售者應請領土酒本省運照，擬出省銷售者請領出省運照；運輸途中或運抵銷地後擬改運他省銷售者，應請領土酒改運證明單，以六個月為限。關於土酒改運，有如下幾點：一、

〔註23〕薛福田：《江蘇之菸酒稅》，大東書局1936年版，第207～208頁。
〔註24〕薛福田：《江蘇之菸酒稅》，大東書局1936年版，第209～212頁。

「土酒本省運照、出省運照、本省改運證明單,三種均由稅務署訂定式樣、尺寸,頒發各省局遵式印製,編列字號,於每聯騎縫處蓋用各該省局關防,分發所屬各稽徵機關應用」;二、「運照及證明單運竣期限,應由各省局察酌程途遠近擬定,呈請稅務署核定」;三、「各稽徵機關填發照單時,應遵章逐項填注明晰,每聯加蓋機關鈐記及填發員名章」;四、「各稽徵機關填發運照,應按月將上存、新領、發出、實存之種類、數目、號碼詳細分造四柱清冊,連同已發各運照之送省局及繳署兩聯,於下月五日以前,一併呈送。省局核明後,除將各該運照送省局之一聯留存備查外,匯造四柱月報冊,連同各該繳署聯,於十五日以前一併呈送稅務署查核」;五、「各稽徵機關填發改運證明單,應按月將上存、新領、發出、實存、數目、號碼詳細造冊,連同已發各單之送省局一聯,於下月五日以前,一併呈送省局查核」;六、「各稽徵機關對於運照、證明單,應慎重保管,如有損失,應分別處罰,其處罰辦法,由各該省局酌量擬定,呈請稅務署核定」;七、「凡損失運照、證明單,應將張數、號碼立時呈請省局,轉呈稅務署核明後,由該省局布告作廢」。〔註25〕

為專門針對運銷浙江市場之蘇產燒酒,江蘇省還專門擬定《銷浙蘇燒徵稅貼證施行辦法》。其詳如下:

一、銷浙蘇燒照章應於入境時徵稅貼證,惟因中途起卸為難,茲為便利商情計,此項應貼浙省土酒完稅證,託由蘇省起運地發貼。

一、此項銷浙蘇燒在蘇省起運地貼用浙省土酒完稅證時,除江蘇產稅應繳納現款外,所有應繳浙省銷稅及附稅,得准予記帳。俟到達浙省,由入境第一道經徵機關根據蘇省原起運經徵機關貼證通知書照數收款。

一、由浙西赴蘇採辦蘇燒各商,依全年度計算,擬向蘇省出產燒酒地點某處擬購若干市斤,應就每一地點開列清單,取具殷實鋪保,備具印鑒式樣,呈請浙江省局妥核備案。省局核准後,即令知浙西燒酒稽徵分局照辦。

一、浙江印花菸酒稅局應將各該商擬購蘇燒數量及採購地點匯列詳表,檢同原印鑒及浙省完稅證,諮送江蘇印花菸酒稅局轉飭產地分局收存,以便浙商於報購蘇燒時,經蘇省主管分局核明印鑒相符,即由該商出具領貼浙省稅證應繳稅收據,即予記帳,發貼稅證,

〔註25〕薛福田:《江蘇之菸酒稅》,大東書局 1936 年版,第 215～216 頁。

俟達浙省入境第一道經徵機關繳款。如該商運入浙境時，不即照繳款，應由該管當地稽徵分局責令原保完全負責繳納。

一、如有蘇省酒商報運蘇燒赴浙銷售者，應准就蘇省起運地取具殷實鋪保切結，報請當地經徵機關核准，照前列第二項之規定，暫將應繳浙省正附稅款，准予記帳，發貼浙省完稅證。俟到達浙省，由入境第一道經徵機關徵收稅款。

一、凡銷浙蘇燒經起運地經徵機關核明准予記帳後，即將代存浙省完稅證發給商人，責令與蘇省完稅證一併實貼於報運蘇燒容器之封口騎縫處。一面另將所貼浙省完稅證種類號碼逐一填入四聯通知書，並照填土酒出省運照，以甲聯通知書及運照一併交商執運，乙聯通知書隨時郵寄浙西燒酒稽徵分局，俾資查考，以丙聯通知書呈送江蘇省局備查，丁聯通知書留存起運經徵分局備查。

一、蘇燒運入浙境，應將所執江蘇出省運照及甲聯貼證通知書一併呈由入境第一道經徵機關，驗明貨證相符，除照數徵收正附稅款填給本省運照外，應先將蘇省原發運照加蓋刊有局名日期之驗訖戳記，寄回蘇省起運地經徵機關查存。並填徵稅通知書三聯，以甲聯交由納稅酒商繳還蘇省起運地經徵機關查核，如由起運地取保者，並將保結換回解除原保商鋪責任，以乙聯呈送浙江省局備查，以丙聯留存經徵分局備查。

一、酒商繳還徵稅通知書期限，應由起運地經徵機關按照道路遠近隨時酌定，至多以兩個月為度。如係蘇省酒商報運蘇燒赴浙銷售，經過兩月之最多期限，猶未將徵稅通知書繳還起運地經徵機關，應即責令原保商鋪繳納擔保稅款，並一面通知浙省入境經徵機關查緝稽徵。

一、浙省酒商如未先期呈送保結印鑒，及蘇酒商未取具商保經核准者，無論來蘇採辦，或赴浙運銷，所有代浙省貼證應徵之土酒定額稅款，統由蘇起運地經徵機關徵收現款，以杜流弊。

一、蘇省起運地經徵機關所代收稅款，應按月將經收實數撥還浙西燒酒分局匯解，一面呈報江蘇省局轉達浙江省局查核備案。

一、酒商運銷蘇燒，一經到達浙省入境第一道經徵機關，如經查有沿途灑賣或私自加載改裝，致發生貨物證照不符情事，應由浙

省該管機關照章辦理，俟辦結後，並專案函蘇省起運地經徵機關知照。

一、銷浙蘇燒所需浙省完稅證，應由蘇省起運地經徵機關呈由江蘇省局轉函浙江省局領撥轉發。每至月底，由代貼經徵機關造具銷存月報表，呈由蘇局轉送浙局查核。

一、銷浙蘇燒由蘇省起運地經徵機關辦理代貼完稅證等事宜，得由浙江省局酌予補助經費，以期增進辦事效能。

前項經費數目及補助辦法另定之。

一、本辦法呈奉稅務署核定後，暫行試辦。如有未盡事宜，及不便情形，得隨時會商修正呈核辦理。〔註26〕

三、蘇省土酒定額稅經徵情形

為配合土酒定額稅制的施行，1934 年江蘇採用過所謂的「負責報解制」，即由省局擬定比額呈請財政部備案，並不經過投標或選委形式，各稽徵所於年度開始時繳納保證金，按月將最低比額解繳分局，徵收超過比額者由省局呈請財政部獎勵之，如徵解不足比額，則照章以保證金扣抵或賠繳。換言之，稽徵所只能長徵而不可短收。據《財政部江蘇印花菸酒稅局所屬各菸酒稽徵分局暫行章程》，與此前所頒《章程》有著明顯的沿革關係，但其不同之處在於：規定在蘇省境內劃分區域設置分局，定名江蘇第幾區菸酒稅稽徵分局，專門負責土酒定額稅及土菸葉特稅稽徵事宜；稽徵分局設局長一人，由省局委派，分局局長秉承省局長之命令，管理本區域內菸酒稽徵事宜，並負責遴選委派下設稽徵所主任及分局所屬職員；稽徵所主任應預繳全年比額 15%以上保證金，在任滿或撤換時發還，中途不得以保證金抵扣稅款；各稽徵分局長應督促所屬稽徵所對於經徵範圍內之菸酒種類、產銷狀況、市價漲落、商戶牌號、自食家釀等情形，隨時調查，每 3 個月匯造表冊上報一次。〔註27〕

「負責報解制」施行過程中，「往往稽徵所主任因短比撤職，而繼任竟難其選。分局有所顧忌，漸開因循坐視之風。且跡近商包，易滋誤會」。〔註28〕1935 年復採行「委辦制」，即由省局規定比額，分局遴委學有資格、富於經驗

〔註26〕薛福田：《江蘇之菸酒稅》，大東書局 1936 年版，第 217～220 頁。
〔註27〕薛福田：《江蘇之菸酒稅》，大東書局 1936 年版，第 77～82 頁。
〔註28〕薛福田：《江蘇之菸酒稅》，大東書局 1936 年版，第 77 頁。

且著有成效者為稽徵所主任，以到差之日起每 3 個月考核一次，解款不及 9 成者記過，兩次考核不及 9 成者撤職。經稅制變更和大力整頓，江蘇省酒稅收入漸有起色。1932 年酒稅僅 1501683.5 元，1933 年施行土酒定額稅當年增加到 1870273.52 元，1934 年增至 2071064.67 元。土酒定額稅施行後酒稅徵收效果明顯，兩年間驟增 37.92%。至 1935 年，因受市場蕭條的影響，蘇省酒稅比額為 199.9 萬元，其各徵收機構比額分配如表 7-5 所示。

表 7-5　1935 年江蘇省酒稅徵收機構及比額

稽徵機關	酒稅比額（元）	稽徵機關	酒稅比額（元）
駐署辦事處	100000	丹陽酒稅稽徵所	19000
上寶紹酒稅稽徵所	129400	金壇酒稅稽徵所	5400
上寶土黃酒稅稽徵所	84000	江寧菸酒稅稽徵所	34000
上寶白酒稅稽徵所	16600	浦六菸酒稅稽徵所	4000
南匯酒稅稽徵所	44700	溧水酒稅稽徵所	3400
奉賢酒稅稽徵所	9300	高淳酒稅稽徵所	6600
松江酒稅稽徵所	32500	川沙酒稅稽徵所	16000
金山酒稅稽徵所	14900	崇明酒稅稽徵所	10800
青浦酒稅稽徵所	18600	啟東酒稅稽徵所	9200
崑山酒稅稽徵所	22000	南通酒稅稽徵所	45700
太倉酒稅稽徵所	17000	如皋酒稅稽徵所	16200
嘉定酒稅稽徵所	19000	海門酒稅稽徵所	18100
吳縣土燒酒稅稽徵所	81200	靖江酒稅稽徵所	1800
吳縣紹酒稅稽徵所	75000	泰興菸酒稅稽徵所	440200
吳縣土黃酒稅稽徵所	33000	泰縣酒稅稽徵所	70000
吳江菸酒稅稽徵所	42800	東臺酒稅稽徵所	25000
常熟酒稅稽徵所	22500	江都酒稅稽徵所	24500
江陰酒稅稽徵所	23000	儀徵酒稅稽徵所	5500
無錫酒稅稽徵所	82500	鹽城酒稅稽徵所	15000
武進酒稅稽徵所	27000	興化酒稅稽徵所	12000
宜興酒稅稽徵所	11600	阜寧酒稅稽徵所	7000
溧陽酒稅稽徵所	5400	高郵酒稅稽徵所	10170
鎮江酒稅稽徵所	10300	寶應酒稅稽徵所	6000

揚中酒稅稽徵所	2300	淮安菸酒稅稽徵所	5830
句容酒稅稽徵所	10000	淮陰酒稅稽徵所	4000
漣水酒稅稽徵所	3000	泗陽菸酒稅稽徵所	21000
沭陽菸酒稅稽徵所	15000	灌雲酒稅稽徵所	6500
東海酒稅稽徵所	11000	贛榆菸酒稅稽徵所	11500
宿遷酒稅稽徵所	37500	睢寧酒稅稽徵所	7000
邳縣酒稅稽徵所	28500	銅山菸酒稅稽徵所	53000
沛縣菸酒稅稽徵所	18000	蕭縣酒稅稽徵所	8000
豐縣酒稅稽徵所	15000	碭山酒稅稽徵所	14000

資料來源：薛福田：《江蘇之菸酒稅》，大東書局 1936 年版，第 200～205 頁。

第四節　日偽統治時期蘇省的酒類管理（1937～1945）

　　1937 年 7 月 7 日，日本發動了全面侵華戰爭。同年 12 月 13 日，國民政府首都南京淪陷，開始了長達 8 年的日偽統治時期。1940 年 3 月 20 日，汪精衛在南京召開偽中央政治會議，決定偽政權使用「國民政府」名義。30 日，汪偽國民政府在南京宣告成立。汪偽國民政府名義上雖統有「華北政務委員會」及偽「蒙疆聯合自治政府」，直轄江蘇、淮海、安徽、浙江、江西、湖北、湖南、廣東等省部分地區及南京、上海、漢口、廈門（1943 年 3 月 6 日設置）等特別市，且除了江蘇、淮海、安徽三省形勢較為完整外，其他省區往往僅佔有少數縣。〔註 29〕1945 年 8 月 15 日，日本宣布無條件投降。16 日，偽政府宣布解散。偽南京國民政府的出現，有著複雜的歷史原因。論者以為它既是日本帝國主義「以華制華」政策的產物，也與蔣介石對日謀求妥協求和與對內排斥異己有關，也是汪精衛等人親日恐日思想演變的結果。〔註 30〕汪精衛偽國民政府在成立之後，即從事於內部管理體制的完善。在這樣的背景下，其對酒類稅收的徵收及管理機制，也不斷完善。隨著中國軍民抗日戰爭的深入發展和節節勝利，偽南京國民政府對社會資源的控制也越來越嚴厲，逐漸強化酒類稅收的徵收和管理，不斷提高稅率。本節以偽南京國民政府的酒類稅收管理為題，

〔註29〕白壽彝總主編：《中國通史》第十二卷，《近代後編》（1919～1949）上冊，上海人民出版社 1999 年版。

〔註30〕李茂盛、王泰偉：《論南京偽國民政府出現的歷史原因》，《山西師範大學學報：社會科學版》，1989 年第 1 期。

並非否認其漢奸傀儡性質,也非承認其歷史合法性。而是想通過其對酒這一類特殊商品的稅收管理,概見其對社會資源的控制情況。且因江蘇為偽政權直轄較為完整的省區之一,追溯其對酒類稅收徵管之制變化對瞭解蘇省此一階段相關情形,有一定程度的幫助。

一、酒類稅收的徵收和稽查機構

　　汪精衛的偽南京國民政府,一切照搬蔣介石國民政府的組織結構,仍然採取五院制,於行政院下設各部掌管日常行政工作。財政稅收對任何政府正常運轉來說都是不可或缺的,偽南京國民政府成立之後即從事於財政稅收體制的建立和完善。酒類稅收的徵收和管理機構,也是隨著財政稅收體制的完善而逐步建立的。1940 年 8 月 9 日,偽南京國民政府修正公布了《財政部組織法》,規定財政部下設稅務署,秉承財政部部長命令掌管各種貨物稅、印花稅及菸酒稅的管理、徵收、改進、擬定稅率等。〔註 31〕根據這一法規,對酒類課稅是財政部的一項重要職責。1941 年 2 月 5 日,公布《財政部稅務署組織法》,規定稅務署在財政部的領導下主管貨物出產稅、出廠稅、取締稅、印花稅以及菸酒稅等事務。稅務署下設七科,其中第六科負責管理菸酒稅收及印花稅,其職責如下:關於火酒、啤酒、洋酒、土菸、土酒及印花稅稅務的設計、改進和處理;確定上述各項稅收稅率;考核下屬機構相關稅務辦理的成績;負責菸酒退稅和免稅事項;菸酒價格的審查確定以及商號商標的登記;處理相關稅務糾紛以及上訴等事宜。同時,規定設印花菸酒稅督察員十六至二十人督察稅收狀況。〔註 32〕這樣,汪偽國民政府確立起了對酒類稅收管理的較高層次的負責機構,但是對其下級機構的設立則沒有涉及。根據此法,酒類稅收由財政部稅務署直接負責。其後汪偽政府對《財政部稅務署組織法》屢次進行修正,稅務署新增了徵收特稅的權利,但是對於其下屬機構的設立等事務,仍然沒有涉及。〔註 33〕1942 年 12 月,偽南京國民政府修正《財政部稅務署組織法》第二十二條條文,規定「稅務署得分省設置稅務局及印花菸酒稅局,分別辦理各稅徵收事務,其組織以法律定之。」〔註 34〕明確規定

〔註31〕偽「國民政府」文官處印鑄局印行:偽《國民政府公報》,第五九號,1940 年 8 月 14 日,第 2 頁。

〔註32〕偽《國民政府公報》,第一三四號,1941 年 2 月 10 日,第 10～15 頁。

〔註33〕偽《國民政府公報》,第四二〇號,1942 年 12 月 16 日,第 1 頁。

〔註34〕偽《國民政府公報》,第四二九號,1943 年 1 月 6 日,第 1 頁。

稅務署可以在轄區內設置相關稅收機構。根據這一規定，財政部在 1942 年
12 月 21 日公布了《財政部各省印花菸酒稅局暫行組織規程》《財政部各區印
花菸酒稅稽徵分局暫行組織規程》《財政部各印花菸酒稅稽徵支局暫行組織
規程》，規定在各省設立印花菸酒稅局，在財政部稅務署的監督指導下辦理轄
境內的印花菸酒稅事宜；在省內各商業繁榮、稅收較多的地區，根據實際情
況分區設立區印花菸酒稅稽徵分局，業務上受省局的領導；在區下設立稽徵
支局，受區分局的領導。主要職掌如下：關於印花菸酒稅的徵收、稽查，並
防範偷稅漏稅；對從事土菸土酒的製造和販賣各店鋪的牌號、商標種類、市
價等的調查；違法菸酒生產原料和製造工具的取締；處理稅務糾紛及違章案
件。〔註35〕同時，財政部還公布《財政部稅務查緝處及分處暫行組織規程》，
規定在上海設立稅務查緝處，在其餘地方擇要設立分處，專查走私逃稅等事
宜，在沒有設立分處的地方，稅務稽查事項由當地稅務機關兼辦。〔註36〕根
據上述規定，財政部稅務署蘇浙皖三省稅務局、印花菸酒稅局在 1943 年 1 月
1 日正式成立，六局正副局長和稅務查緝處長等舉行就職典禮。各省局處長
官為：江蘇省稅務局局長蔣叔和、副局長吳啟坤，印花菸酒稅局局長董修甲、
副局長潘自佐；浙江省稅務局局長朱少臣、副局長岑振和，印花菸酒稅局局
長喻潛霖、副局長徐北良；安徽省稅務局局長鮑震、副局長樊發源，印花菸
酒稅局局長陳無畏、副局長余樣霖；稅務查緝處處長邵以力，副處長蔣定一。
〔註37〕其下屬相關機構也漸次成立。這樣，就形成了一個從「中央」到「地
方」的酒類稅收管理體制，從上到下依次為：財政部—稅務署—省印花菸酒
稅局—區印花菸酒稅稽徵分局—印花菸酒稅稽徵支局。酒類稅收徵收和管理
機構得以完善。

　　隨著酒類稅收管理和稽查機構的建立和完善，偽國民政府對各機構處理
酒稅違規違法案件的權責，也出臺相關的規定明確了各機構的權限。1943 年
10 月 4 日，偽南京國民政府同時公布了四個關於審理違章案件的章程，規範
了對酒類違章違法案件的審理。其中《財政部各省稅務局審理違章案件暫行章
程》規定：違章啤酒、火酒、洋酒箱裝在 2 箱以上不滿 5 箱，或桶裝 150 公升
以上不滿 300 公升，由各省稅務局審理；《財政部各區稅務分局審理違章案件

〔註35〕偽《國民政府公報》，第四三一號，1943 年 1 月 11 日，第 10～15 頁。
〔註36〕偽《國民政府公報》，第四三〇號，1943 年 1 月 8 日，第 3～5 頁。
〔註37〕蔡德金、李惠賢編：《汪精衛偽國民政府紀事》，中國社會科學出版社 1982 年
　　　　版，第 185 頁。

暫行章程》規定：啤酒、火酒、洋酒箱裝不滿 2 箱，桶裝不滿 200 公升的違章案件，由各區稅務分局審理；《財政部各省印花菸酒稅局審理違章案件暫行章程》規定：高粱酒在 300 市斤以上不滿 500 市斤，土燒酒在 500 市斤以上不滿 1000 市斤，紹酒及仿紹酒在 500 市斤以上不滿 1500 市斤，土黃酒在 1000 市斤以上不滿 2000 市斤的案件，由各省印花菸酒稅局審理；《財政部各區印花菸酒稅稽徵分局審理違章案件暫行章程》規定：高粱酒不滿 300 市斤，土燒酒不滿 500 市斤，紹酒及仿紹酒不滿 500 市斤，土黃酒不滿 1000 市斤的違章案件，由各印花菸酒稅稽徵分局審理。〔註38〕

二、徵稅酒類和稅率

在酒類稅收徵收和稽查機制建立後，偽國民政府對酒類稅收的徵收，才得以逐漸施行。1943 年底，「財政部長」周佛海根據汪精衛的指示，將火酒、啤酒、雪茄菸以及飲料品等改為從價徵收，並提高薰菸葉、土菸葉、土酒和洋酒的稅率。同年 12 月 31 日經由「行政院」第二二三五號令公布，除薰菸葉和土菸葉外，新的徵稅辦法定於 1944 年 1 月 1 日起實施。1944 年 1 月 8 日，「財政部」經稅務署提請，呈請「行政院」將上述兩種菸葉的新徵稅辦法也同日施行，汪精衛遂於 17 日令財政部備案施行。〔註39〕此次稅收具體稅率見表 7-6。

表 7-6　偽南京國民政府 1944 年酒稅徵收稅率

稅　　別	徵收單位	擬改訂稅率	現行稅率	比較增減稅
普通火酒稅	每公升	從價徵 50%	0.650 元	
改性火酒稅	每公升	從價徵 25%	0.325 元	
啤酒稅	每 48 大瓶一箱	皆改為從價徵 30%	5.200 元	
	每 72 小瓶一箱		5.200 元	
	桶裝每公升		0.140 元	
	大瓶每打		1.300 元	
	小瓶每打		0.866 元	
土酒稅		從價徵 40%	從價徵 25%	增加 15%
洋酒稅		從價徵 60%	從價徵 45%	增加 15%

資料來源：偽《國民政府公報》，第六〇九號，1944 年 3 月 3 日，第 12 頁。

〔註38〕偽《國民政府公報》，第五六六號，1943 年 11 月 22 日，第 1～5 頁。
〔註39〕偽《國民政府公報》，第六〇九號，1944 年 3 月 3 日，第 9 頁。

根據表 7-6，我們知道，偽南京國民政府課稅的酒類有普通火酒、改性火酒、啤酒、土酒和洋酒五大類，其稅率都實行從價徵收，將土酒和洋酒的稅率提高了 15%。其稅收的性質應該是沿用了蔣介石國民政府的統稅，即在出廠或入關之時一次性繳納的消費稅。這樣，不但規範了對酒類稅收的管理，同時通過稅率的調整和提高，也可以適當增加政府的收入。同時，偽國民政府對進口酒類的稅收高達 60%，也足見其增加稅收和保護稅源的苦心。我們還可以知道，偽政府對酒類的稅收管理，仍然是非常籠統的。在這一稅率表中，將火酒（酒精）分為普通火酒和改性火酒兩大類，無從知道其課稅的酒精是食用酒精還是工業用酒精，然將酒精同洋酒、啤酒、國產酒等飲用酒類一併徵稅，則顯示出了稅收管理的籠統。不過，這也許與舊中國酒精工業不太發達，酒業生產以飲用酒為大宗有關。

偽政府對酒類除了徵收統稅外，各地方也酌情徵收轉口稅和附加稅。根據規定，土酒和火酒在完結統稅後在各口通行，免徵轉口稅；洋酒和啤酒除繳納統稅外，除非財政部明令免稅者，通行各口時一律得繳納轉口稅。稅率各口不一，影響了這兩大酒類在轄區內的流通。1944 年 7 月 3 日，海關總稅務司岸本廣吉呈文財政部，希望財政部明令各廠出品的啤酒洋酒，在繳納酒類統稅後通行各口，全部免徵轉口稅。財政部在 6 日令稅務署，完全取消啤酒和洋酒在各口通行時的轉口稅。〔註40〕這樣，就為各類洋酒和啤酒在其轄區內的流通，大開方便之門。此外，各省也有徵收附加稅的。如江蘇省，直到 1943 年 12 月 21 日印花菸酒稅局才根據財政部指令，取消了其轄區內所徵收的土菸土酒省附稅〔註41〕。其他省市的情況也與此相類似。

偽國民政府除了徵收酒類統稅外，對經營酒類售賣的酒店、酒館等均徵收酒類營業執照稅。早在 1939 年，以梁鴻志為首的「維新政府」公布實施的《營業稅暫行條例》第十七條規定：「凡專營菸酒業已由各省市徵收菸酒牌照稅者，不得再向其徵收營業稅。但販賣物品之商店兼售菸酒者，應仍徵營業稅。」〔註42〕由此可知，在汪精衛政權之前的梁鴻志漢奸政權對酒類的售賣，也徵收營業執照稅。偽南京國民政府對整個轄區內的營業執照稅稅率及徵收

〔註40〕偽《國民政府公報》，第六八七號，1944 年 9 月 1 日，第 17～18 頁。
〔註41〕偽《國民政府公報》，第五八八號，1944 年 1 月 14 日，第 14 頁。
〔註42〕偽「維新政府行政院印鑄局」印行：偽《政府公報》，第八十五號，1939 年 12 月 18 日，第 8～12 頁。

情況，我們可以從上海部分地區的情況知其大概。1944 年 7 月 1 日起施行
《上海特別市第一區公署營業執照稅暫行規則》，並同時公布了轄區內的營
業執照稅稅率表，並劃定了轄區內各道路所處位置的等級。〔註43〕其中酒類
營業執照稅稅率見表 7-7。

表 7-7　上海特別市第一區公署酒類營業執照稅稅率

執照名稱	期　　限	稅率（元）	備註
設有酒排間的旅館	3 個月	1500	酒排間稅額
	3 個月	9～23	依旅館等級每一間加算酒排間稅額
	3 個月	5～12	依旅館等級每一床位加算酒排間稅額
兼供酒類的西式餐館	3 個月	780	以道路定稅額，屬於甲級店鋪的基本稅額，若超過人員 25 名時每一名外加 5 元
	3 個月	729	以道路定稅額，屬於乙級店鋪的基本稅額，若超過人員 25 名時每一名外加 3 元
零售店內喝飲麥酒	3 個月	315	
零售店外喝飲麥酒	3 個月	158	
零售店外喝飲洋酒	3 個月	420～2100	稅額依等級計算
中國酒館	3 個月	48～3360	以道路定稅率，稅額依容納客人人數而定
出售店外飲品的中國酒店	3 個月	24～1680	稅額依等級及店鋪的面積而定

　　以上稅率，當然不能滿足偽政府對戰爭的需要，提高稅率是其必然的選
擇。在抗日戰爭即將取得勝利前夕的 1945 年 5 月 30 日，偽南京國民政府「最
高國防會議」第 71 次會議，議准蘇浙皖、南京、上海各省市政府增加菸酒牌
照稅。〔註44〕但是此時，隨著日本帝國主義在亞太戰場上的節節敗退，偽南京
國民政府也風雨飄搖，其增稅措施並沒有得到真正的施行。

　　在整理稅種和確定稅率的同時，偽南京國民政府對酒類中的大宗也另有
規定。1945 年 1 月 24 日，偽國民政府代理主席兼行政院院長陳公博、立法院
院長梁鴻志和財政部長周佛海共同簽署並公布實施《土酒稅暫行條例》，規定

〔註43〕偽《國民政府公報》，第六八七號，1944 年 9 月 1 日，第 6～11 頁。
〔註44〕蔡德金、李惠賢編：《汪精衛偽國民政府紀事》，中國社會科學出版社 1982 年
　　　　版，第 275 頁。

凡在其轄區內出產的土酒，均應遵照本條例的規定，交納土酒稅；土酒稅稅率為從價徵收百分之四十，按照各省產地價格核定和估價徵收；估價每年核定一次，由各省局調查產地價格，分類擬訂，呈由稅務署核定呈報財政部備案；已納稅的土酒，在其轄區內行銷，不再重徵其他稅收；土酒納稅時，應領完稅憑照，並在容器上黏貼納稅憑證；土酒稅由各省印花菸酒稅局所屬稽徵分支局徵收；已納稅之土酒，如須改裝或改制花露、藥酒、色酒時，應遵照土酒改裝或改製辦法辦理，不再另行徵稅；但改制之酒如有溢出原有重量，其溢出部分應照章補徵土酒稅；土酒改裝辦法及改製辦法另訂之；未施行土酒稅區域內的土酒行銷於已施行土酒稅區域時，應向入境第一道徵收機關照章納稅；土酒稅稽徵章程另訂之。〔註45〕從這一條例我們可以看出，土酒稅已經是偽政府酒稅中的大宗，所以單獨制定本條例。與 1943 年公布的稅率相比，土酒稅稅率沒有提高，但是管理辦法更趨嚴密。雖然此時的偽政府已經是風雨飄搖，日薄西山，該條例規定應於日後制定的「土酒改裝辦法及改製辦法」和「土酒稅稽徵章程」，最終沒有問世，但也為我們瞭解偽政府的酒類稅收管理及其趨勢，提供了有益的材料。

三、偽政府對酒業之剝削

偽南京國民政府對酒類稅收的徵收和管理的逐步完善，是以在其轄區內大肆增加捐稅為背景的。他們不但對酒類等大宗商品徵稅，為了戰爭的需要，其他捐稅也普遍增加。以下僅舉二例以說明偽南京國民政府苛捐雜稅多如牛毛的情形。小攤小販及販夫走卒販賣百貨葷素菜一類的，偽政府也不放過徵收捐稅的機會，且成倍增加，有增無已。例如 1944 年夏，偽政府以「近時物價日增，攤販收益，較前為豐，且無營業稅之負擔，應將攤販捐增加，以資平衡」為由，普遍增加攤捐：百貨攤分別從原來的 4 元、6 元、10 元增加到 10 元、20 元、30 元，葷菜攤分別從原來的 4 元、6 元、8 元增加到 10 元、15 元、20 元，素菜攤分別從原來的 1 元、2 元、4 元增加到了 5 元、8 元、10 元。〔註46〕

小攤小販賣葷素菜品要收攤捐，人們上餐館吃飯也要繳納消費稅。根據修正《筵席旅館消費特稅暫行規程》第三條條文的規定，增加旅館宴席的消費特

〔註45〕偽《國民政府公報》，第七五〇號，1945 年 1 月 29 日，第 3 頁。
〔註46〕偽《國民政府公報》，第六五四號，1944 年 6 月 16 日，第 11 頁。

稅，照賬單課稅，其具體稅率如下：旅館一人一宿未滿 200 元課 15%，未滿 300 元課 20%，未滿 500 元課 25%；筵席一人一次未滿 150 元課 15%，未滿 300 元課 20%，未滿 500 元課 30%，500 元以上課 40%；筵席整席未滿 1500 元課 15%，未滿 3000 元課 20%，未滿 5000 元課 30%，5000 元以上課 40%；住宿兼飲食的，稅收分別徵收，由經營者代徵代繳；一次食宿未滿 30 元者免稅；酒菜館外送筵席茶點也按筵席消費徵稅。〔註47〕

對於解決政府財政問題，此等捐稅當然不會有何重大作用。但是，從中我們可以看出，偽政府對於捐稅的增加，任何微小的行業都是不會放過的。酒類稅收的演變，改為從價增收，並且提高稅率，這一方面說明了政府對酒類稅收管理的日益完善；另一方面說明政府對社會資源的控制，越來越嚴格。若將偽政府酒類稅收管理納入其整個財政經濟運行狀況中加以考察，更不難得出這一結論。

偽南京國民政府加強對酒類稅收的管理，是其普遍增加的捐稅中的一種。從國家政權對酒類稅收管理的角度來說，偽南京國民政府逐步建立起了從「中央」到地方的酒類稅收徵收和稽查機構，對徵稅酒類及其稅率也有明確的規定，逐漸將酒類稅種限定在統稅和酒類售賣營業執照稅兩項，簡化了稅種，便於管理。其對經營酒類售賣的酒館酒店專門徵收酒類營業執照稅，也說明了偽政權對酒類稅收的管理從生產領域逐漸延伸至酒類的流通和消費領域，加強了行政管理部門對酒類的控制和管理。

第五節　本章小結

近代中國酒類管理制度的異動，正是發生在清咸豐三年（1853），揚州開始抽收百貨釐金之時。到民國初年，江蘇省釀酒產業取得了相當程度的發展，成為中國重要的酒類產區和銷區。1915 年 9 月 9 日，江蘇菸酒公賣局成立，在全省分區設立分局，建立自上而下的菸酒公賣管理體系。機構名稱雖幾經變換，但江蘇酒稅總體上採用了設立公棧支棧招商承包制、投標委任制和選委制等經徵方法。因管轄區域內社會經濟較為發達，西式消費習慣較為普遍，頒行《江蘇全省菸酒事務局徵收洋酒稅施行大綱》《江蘇省徵收洋酒稅暫行章程》等，開始對國產仿製洋酒和進口洋酒開徵稅費。到 1933 年，根據財政部統一

〔註47〕偽《國民政府公報》，第六七一號，1944 年 7 月 26 日，第 8 頁。

部署，頒行《江蘇省印花菸酒稅局稽徵土酒定額稅施行細則》等規章，對江蘇全省之土酒定額稅稅率、計稅原則、徵收方式、改裝改運和稽查處罰等進行詳細規定。土酒定額稅施行兩年，酒稅收入就從 1932 年的 150 餘萬元增長到 207 萬餘元，兩年間增加約 38%，取得一定成效。但隨著日本帝國主義步步緊逼，1937 年全面抗戰爆發，江蘇很快淪陷，從此陷入數年殖民統治之下。偽政府在江蘇設立徵收機構和稽查機構，借鑒南京國民政府頒行之酒類稅收徵管制度，明確酒類稅率並改進徵收方法。在殖民統治下，偽政權加重對酒業的剝削程度，阻礙了酒業的發展。抗戰勝利後，國民政府還都南京，對治下各省土酒和進口洋酒情形進行調查登記。然因內戰驟然爆發，國民政府實際已無力對酒類進行有效管制，酒類稅違法事件頻有發生。但退守臺灣後，國民黨政權施行菸酒專賣之制，實現了民國初年以來從「公賣」到「專賣」的歷史性過渡。

第八章 結 論

　　就近代中國而言，對酒類的管理主要體現在酒稅制度和酒稅徵收上。不同歷史時段對酒的管理，都聚焦於財政和稅收問題，與當下酒類管理制度關注酒的生產、流通、消費等領域有別。通過對中國近代酒類管理制度發展及其演進的梳理，大致可以得出如下幾點結論。

　　第一，酒稅制度是中國近代酒類管理制度的核心內容。

　　從晚清始，中國酒類管理發生了一些不同於此前的新變化。但縱觀中國近代酒類管理制度的演進歷程，幾乎每一個階段都是圍繞酒稅制度這一核心要素展開。清末的酒稅加徵，北京政府的公賣制度，乃至其後的土酒定額稅、國產酒類稅，主要都是著眼於酒稅制度的建構及其改進。

　　當然，在中國近代酒稅制度建構過程中，也逐漸注意到了酒類消費品的安全等，如以酒精摻充飲料酒問題。隨著酒精工業的發展和進口酒精的增多，市場上出現了酒精摻充火酒冒充飲料酒出售問題。僅汕頭一地，1916 年到1919 年間，年均從臺灣輸入酒精約 157 萬斤，總值超過 120 萬元。其中部分被商家摻水及其他物質作為飲料酒發售，從而給飲酒者帶來傷害。〔註 1〕這一問題也逐漸引起了政府的重視。財政部在 1929 年給國民黨中央執行委員會政治會議的政治工作報告書中稱：「查火酒混充飲料，有害民生，亟應從嚴取締。曾經本部令飭江蘇菸酒事務局認真查驗，並函請外交部令飭江蘇交涉員照會各國領事轉飭各國僑商，以後運銷內地火酒、酒精，須先赴主管機關報驗。又准衛生部諮以擬定火酒混充飲料辦法三項，請核議見復。當將所擬

〔註 1〕 蕭冠英：《六十年來之嶺東紀略》，培英圖書印務公司 1925 年版，第 12 頁。

辦法三項令發江蘇菸酒事務局議覆去後，據復稱此項火酒悉由國外輸入，欲正本清源，非嚴禁入口不可。至火酒加添綠色，據化學家言仍可以化學作用，使之返本還原。僅加綠色，非徹底禁絕辦法等情呈覆到部，當經據情諮覆衛生部查核。」〔註2〕到 1932 年 7 月，行政院正式公布《取締火酒規則》，其目的是為防止火酒攙水混充飲料，規定凡燃燒用、工業用及其他不純潔火酒均依規則管制。以有毒火酒攙和飲料，得有確證或經官廳查覺者，依刑法第205 條移送法院懲處。〔註3〕按刑法 205 條為：「製造、販賣或意圖販賣而陳列妨害衛生之物品者，處六個月以下有期徒刑、拘役得併科或易科一千元以下之罰金」。就規定之處罰而言，不可謂不嚴厲。1936 年 1 月 18 日，行政院對《取締火酒規則》進行修訂。〔註4〕為防止火酒攙充土酒妨害國內釀商營業起見，行政院並同時發布《火酒攙充土酒處罰規則》。〔註5〕這一系列條文構成近代中國酒類質量安全管理的初始形態。但從總體上看，中國近代酒類管理制度演進是以酒稅制度建構及其施行為核心展開的。

第二，中國近代酒類管理制度演進符合中國近代稅制改革思想及實踐的主要發展趨勢。

中國近代酒類管理制度，經歷了菸酒公賣，到菸酒公賣與土酒定額稅制並行，再到全國範圍內施行國產酒類稅的發展歷程，逐漸符合統稅徵收原則和規範。曾參與菸酒公賣制度設計和施行的顧澄認為，「化繁為簡，劃一稅法」、「但徵產銷，不徵通過」、「嚴定簿據，剔除中飽」、「輕稅重罰則，杜絕透漏」為酒稅改良的幾大著力方向。〔註6〕經過對各國實行菸酒稅制的比較和研究，北京政府決定採菸酒公賣之制，「本各國專賣之意，而變通以行之」〔註7〕。菸酒公賣之制，雖在施行過程中產生了種種弊端和矛盾，其實際效果有限。〔註8〕但從制度層面確定了酒稅徵收和稽查的基本原則，確定收取公賣費、廢除苛雜等內容，在制度史上的意義不容忽視。1933 年在七省範圍

〔註 2〕 《呈中央執行委員會政治會議呈本部五月份政治工作報告書》，《財政公報》
　　　　 1929 年第 26 期，第 67～68 頁。
〔註 3〕 《取締火酒規則》，《法令週刊》1932 年第 114 期，第 13～14 頁。
〔註 4〕 《修正取締火酒規則第五條條文》，《法令週刊》1936 年第 291 期，第 16～17
　　　　 頁。
〔註 5〕 《火酒攙充土酒處罰規則》，《法令週刊》1936 年第 291 期，第 17 頁。
〔註 6〕 顧澄：《籌辦菸酒公賣之經歷》，著者自刊，1918 年版，第 11～16 頁。
〔註 7〕 賈士毅：《民國財政史》，商務印書館 1917 年版，第 590 頁。
〔註 8〕 郭旭：《清末民初酒稅制度因革論》，《貴州文史叢刊》2011 年第 4 期。

試行的土酒定額稅，明確了對物徵稅的基本原則，已具統稅雛形，然仍存在種種弊端。到 1941 年施行的國產酒類稅，被譽為「劃時代之革新」〔註 9〕。其徵收原則和稽徵方法，完全符合統稅為「出廠稅」、「一物一稅」和「內地稅」的基本原則。〔註 10〕酒稅制度的這一演進歷程，符合近代中國稅制改革思想及實踐的主要發展趨勢。〔註 11〕

第三，中國近代酒類管理制度漸次囊括了新式酒類和進口酒類。

在近代中國，隨著啤酒、葡萄酒、仿製洋酒等新式酒業的發展，政府開始制定專章加以管理。隨著洋酒進口數量和貨值的增長，進口酒類管理也漸次納入政府管理的軌道。經過南京國民政府的努力，中國逐步取得關稅自主權，進口酒類稅率逐步提高，到 20 世紀 30 年代中期達到從價約 50%至 80%。進口酒類稅率的提升，不但遏制了洋酒輸入不斷增長的趨勢，還迫使洋酒價格上升，客觀上有利於國產酒類的發展。但實際上，國產酒類稅負不輕，加上隨之而來的外敵入侵，國民政府酒類稅收管理現代化努力的效果大打折扣。但無論是對國產酒類的管理，還是對輸入洋酒或自製新式啤酒、葡萄酒等的管理，都體現了政府試圖將各種酒類的管理納入系統化、制度化軌道的不懈努力，對日後中國酒類管理起到了積極的作用。

第四，酒禁政策未能成為中國近代酒類管理制度演進的主流。

在全球範圍內，形成了一場聲勢浩大的禁酒運動。19 世紀下半葉開始，禁酒運動在歐美各地迅速發展。其高潮發生在第一次世界大戰末，當時的參戰各國，均對酒施以不同程度的管制，以節約糧食和抑制因酒而產生的嚴重社會問題。俄國沙皇尼古拉二世嚴厲禁酒，新生的蘇維埃政權也施行嚴格的酒禁政策。英國、法國、德國及北歐丹麥、挪威、瑞典、芬蘭等多個國家對酒的控制也極為嚴格。縱觀今日世界酒類政策，北歐諸國仍是對酒類飲料管制最嚴的國家。20 世紀世界禁酒潮流的最高潮，是從 1920 年 1 月 16 日開始的美國禁酒。

國人認為，各國施行禁酒之策後，「犯罪已大為減少，國民生活上所獲得的利益，也不為細小。在歐洲方面，俄羅斯、芬蘭等國革命後都已禁絕酒類，獲得顯著的效果。此外各國也都接踵繼起，酒類的禁絕在現在幾成為全世界一

〔註 9〕陳清初：《現行貨物稅》，獨立出版社 1944 年版，第 82 頁。

〔註 10〕馬寅初：《財政學與中國財政：理論與現實》，商務印書館 1948 年版，第 215 ～216 頁。

〔註 11〕夏國祥：《近代中國稅制改革思想研究（1900～1949）》，上海財經大學出版社 2006 年版。

般的趨勢。」〔註12〕當然，國人也認識到歐美發達國家的禁酒，和國內的禁酒有著本質上的區別。歐美國家的禁酒，主要是從酒類消費所導致的社會問題著眼，如禁酒較為嚴厲的瑞典、丹麥、芬蘭、挪威、比利時等國，都是社會經濟發展程度較高、飲酒社會問題嚴重的國家。〔註13〕在美國，1920年憲法第18修正案和沃爾斯特德法案（Volstead Act）開始實施，美國全境為禁酒的國度，禁酒運動達到頂峰。〔註14〕

在近代中國，為節約民食以救濟災荒，各級地方政府多實行酒禁政策。其方法或為禁止釀酒，或禁釀、禁運、禁售並行，或釀造、運輸、售賣、飲用均行禁止，或在特定場所和時段限製酒類消費。但行政部門的禁酒之策，往往受到財稅部門的干預，其實際效果大打折扣。如民國時期的禁酒，財稅部門設法將禁酒之權收歸中央，由財政部會同內政部審批後報行政院通過，地方才能施行酒禁。同時，也對各地酒禁政策的施行加以直接干預。在禁酒政策的施行過程中，迫於現實考慮和稅務部門的壓力，各地並不能貫徹酒禁政策，而是採取了一些變通的措施，諸如只對部分糧食原料釀酒施禁。這一時段內，幾乎每個省份都曾禁酒，但卻未能發展為全國性的運動，且未能成為酒類管理制度的核心內容。

第五，中國近代酒類管理制度尤其是酒稅制度對釀酒業發展產生了較大的負面影響。

有研究者指出，民國時期稅收增長，是政府完善稅制和多次提高稅率的結果，這樣的稅收增長方式「不可避免的增加了國民經濟的負擔，損傷了稅基」〔註15〕。在此，以知名於世的紹興酒業為例加以說明。

紹興酒經營者和研究者周清，在言及酒稅制度對近代紹興酒業之影響時，不禁大聲疾呼，其言：「痛哉，吾儕小民，不幸而營酒業，又不幸而營紹興之酒業。舉凡他省他縣他業所未曾負擔之重稅，竟永久擔負之而無一日之減免也。豈不痛哉。豈不痛哉。」其所舉紹興酒業之「痛史」，要在如下方面：紹興酒稅自創辦以來，捐稅和加徵不斷增多，酒稅「較他省他縣為特重」；現行

〔註12〕化魯：《禁酒運動》，《東方雜誌》1923年第20卷第6期，第16～18頁。
〔註13〕良甫：《歐洲的禁酒運動》，《東方雜誌》1930年第27卷第15期，第87～89頁。
〔註14〕郭九林：《美國市民與禁酒》，廈門大學出版社2012年版。
〔註15〕趙新安：《稅收彈性與稅收增長——1927～1936年中國稅收增長的相關分析》，《南開經濟研究》2000年第2期。

酒稅制度設計，「只顧捐局收稅之比較，不恤釀商製造之艱難」，以至「酒業之日衰，而釀戶之日少」；紹興酒實際所納捐稅，「印花捐附加稅、暫加倍捐及公賣費外，有所謂缸照捐、牌照稅者，有所謂公益捐、通過稅、進口捐、落地捐者」，且「行銷愈遠，納捐愈重」，加上稅捐徵納和稽查嚴密，罰則苛刻，酒商動輒得咎；酒商「盡納稅之義務」，卻未「享納稅之權利」，「地方長官，有保護政策者乎，無有也；有獎勵條文者乎，無有也；對於釀造人材，無論智識經驗，如何優美，經營締造，如何困難，因重捐而虧耗成本者有之，因苛罰而橫遭威逼者有之。以言厚遇，則未也。」總之，現行酒稅制度「寓禁於徵，假美名以困商人，而產額逐漸消亡，稅源亦將枯竭」，紹興酒業「受此橫徵暴斂，絕無發展之機」〔註16〕。

周清所言，與吳承洛對紹興酒「近以酒稅日益重，輸出已較前減少」的觀察一致〔註17〕。幾乎在同一時期，有關心紹興地方經濟發展的有識之士認識到，紹興酒「公賣費既創行於前，酒稅復增加於後，缸照牌照繼續開辦，以致釀戶之負擔日重」。僅缸照一項，「較之前清稅率，約增八倍」，出運他地他省，捐稅更重，紹興酒「前途之發展殊少希望」〔註18〕。事實也確實如此。紹興一地，1931 年酒稅收入 40.6 萬元，1932 年 39 萬元，1933 年 40.9 萬元，1934 年 84.65 萬元。而同一時期，紹興酒產量 1931 年 9426.2 萬斤，1932 年 8200.9 萬斤，1933 年 7402.81 萬斤，1934 年 6148.6 萬斤。〔註19〕紹興酒產量連年下滑，酒稅收入卻不斷上升。1934 年紹興酒產量僅相當於 1931 年產量的 65%，但酒稅卻是 1931 年的 2.1 倍。一升一降之間，頗能見出酒稅對酒業發展的負面影響。1935 年，紹興酒產量進一步下降到 4030 萬餘斤，釀造戶數從 1934 年的 2246 家減少至 1647 家，一年間停業或歇業 599 家。〔註20〕另據統計，1947 年浙江省產酒 682496 市擔。〔註21〕按一市擔 100 斤計算，浙江全省酒類（含紹興酒）產量尚不及 6825 萬斤。雖不能將紹興酒業之衰落，完全歸因於酒稅制度，但酒稅對紹興酒業之摧殘，卻是時人的共識。

〔註16〕周清．《紹興酒釀造法之研究》，新學會社 1928 年版，第 54～58 頁。
〔註17〕吳承洛：《今世中國實業通志》（下），商務印書館 1929 年版，第 49 頁。
〔註18〕《紹興之經濟狀況》，《中外經濟週刊》1926 年第 181 號，第 7～9 頁。
〔註19〕抱寰：《紹興釀酒業》，《商業月報》1936 年第 16 卷第 11 期，第 12～14 頁。
〔註20〕建設委員會調查浙江經濟所統計課：《浙江之紹酒》，建設委員會調查浙江經濟所 1937 年版，第 2 頁。
〔註21〕浙江省銀行經濟研究室：《浙江經濟年鑑》，浙江省銀行經濟研究室 1948 年版，第 431 頁。

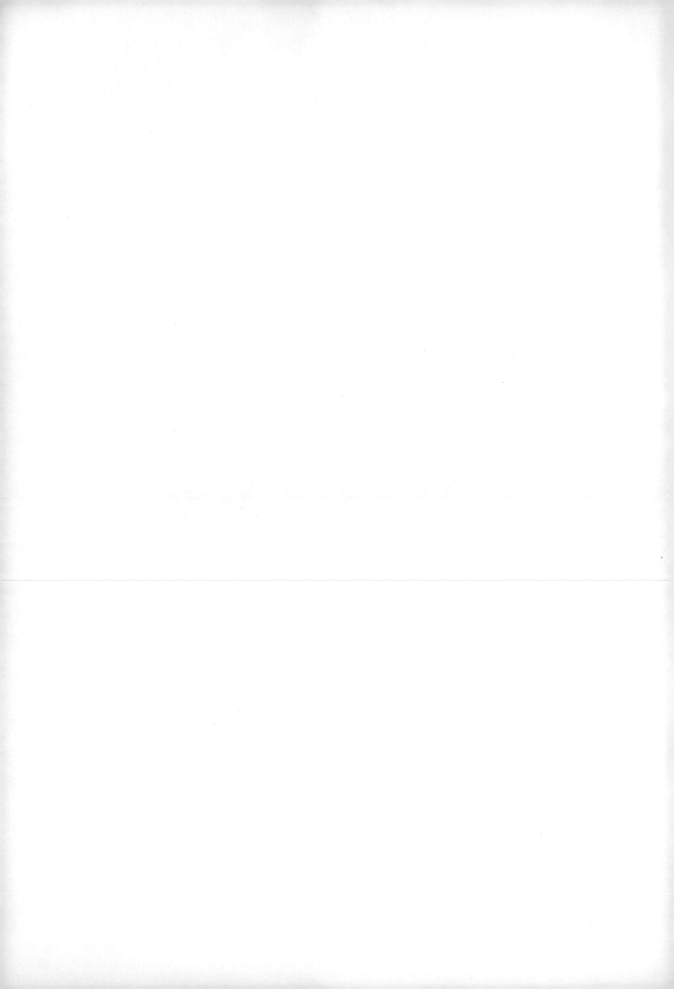

參考文獻

一、專書

1. 白壽彝總主編:《中國通史》第十二卷,《近代後編》(1919～1949)上冊,上海人民出版社 1999 年版。

2. 蔡德金、李惠賢編:《汪精衛偽國民政府紀事》,中國社會科學出版社 1982 年版。

3. 財政部:《財政部第二期戰時行政計劃實施具體方案》,財政部 1938 年版。

4. 財政部:《第二次全國財政會議決議案一年來實施報告》,財政部 1935 年版。

5. 財政部財政年鑒編纂處編纂:《財政年鑒》,商務印書館 1935 年版。

6. 財政部財政年鑒編纂處:《財政年鑒三編》,財政部財政年鑒編纂處 1948 年版。

7. 財政部稅務署編:《貨物稅法規彙編》,財政部稅務署 1947 年版。

8. 財政部稅務署:《十年來之貨物稅》,中央信託局印製處 1943 年版。

9. 財政整理會編印:《關鹽菸酒印花鐵路郵政收入表》,1925 年版。

10. 財政部專賣事業司編:《二年來之專賣事業》,中央信託局印製處 1943 年版。

11. 陳清初:《現行貨物稅》,獨立出版社 1944 年版。

12. 陳秀夔:《中國財政史》,正中書局 1977 年版。

13. 程叔度、秦景阜總纂:《菸酒稅史》,大東書局 1929 年版。

14. 重慶市檔案館編:《抗日戰爭時期國民政府經濟法規》,檔案出版社 1992 年版。

15. 付志宇:《中國稅收現代化進程的思想史考察》(第 2 版),西南財經大學出版社 2015 年版。

16. 馮桂芬:《校邠廬抗議》,上海書店出版社 2002 年版。

17. 顧澄:《籌辦菸酒公賣之經歷》,著者自刊,1918 年版。

18. 貴州省地方志編纂委員會:《貴州省志·財政志》,貴州人民出版社 1993 年版。

19. 貴州省地方志編纂委員會編:《貴州省志·糧食志》,貴州人民出版社 1992 年版。

20. 郭九林:《美國市民與禁酒》,廈門大學出版社 2012 年版。

21. 郭旭:《中國近代酒業發展研究》,中國商業出版社 2019 年版。

22. 廣東省地方史志編纂委員會:《廣東省志·稅務志》,廣東人民出版社 1995 年版。

23. 廣西壯族自治區地方志編纂委員會:《廣西通志·財政志》,廣西人民出版社 1995 年版。

24. 河北省地方志編纂委員會:《河北省志·財政志》,河北人民出版社 1992 年版。

25. 何廉、李銳:《財政學》,國立編譯館 1947 年版。

26. 湖南省地方志編纂委員會:《湖南省志·財政志》,湖南人民出版社 1987 年版。

27. 黃德海:《變遷——一個中國古村落的商業興衰史》,人民出版社 2006 年版。

28. 賈德懷編:《民國財政簡史》,商務印書館 1946 年版。

29. 賈士毅:《民國財政史》,商務印書館 1917 年版。

30. 賈士毅:《民國續財政史》,商務印書館 1933 年版。

31. 建設委員會調查浙江經濟所統計課:《杭州市經濟調查(下)》,建設委員會調查浙江經濟所 1932 年版。

32. 建設委員會調查浙江經濟所統計課:《浙江之紹酒》,建設委員會調查浙江經濟所 1937 年版。

33. 江蘇省地方志編纂委員會：《江蘇省志‧稅務志》，江蘇古籍出版社 1997 年版。

34. 江蘇省商業廳、中國第二歷史檔案館編：《中華民國商業檔案資料彙編》第一卷（1912～1928），中國商業出版社 1991 年版。

35. 荆磐石：《中國之專賣制度與日本之公營事業》，中國編譯出版社 1941 年版。

36. 李恩藻：《菸酒稅法提綱》，北京琉璃廠萬成齋南紙鋪 1916 年版。

37. 劉錦藻：《清朝續文獻通考》，商務印書館 1936 年版。

38. 劉孝誠：《中國財政通史‧中華民國卷》，中國財政經濟出版社 2006 年版。

39. 羅介夫：《中國財政問題》，太平洋書店 1933 年版。

40. 馬寅初：《財政學與中國財政：理論與現實》，商務印書館 1948 年版。

41. 馬寅初：《馬寅初全集》，浙江人民出版社 1999 年版。

42. 孟昭常等：《財政淵鑒》，中華書局 1914 年版。

43. 孟昭常、湯一鶚、過耀根等：《財政淵鑒》，中華書局 1917 年版。

44. 農商部總務廳統計科編：《中華民國九年第九次農商統計表》，農商部總務廳統計科 1924 年版。

45. 農商部總務廳統計科編纂：《中華民國四年第四次農商統計表》，中華書局 1918 年版。

46. 農商部總務廳統計科編纂：《中華民國元年第一次農商統計表》，中華書局 1914 年版。

47. 彭澤益編：《中國近代手工業史資料（1840～1949）》第一卷，生活‧讀書‧新知三聯書店 1957 年版。

48. 全國財政會議秘書處編輯：《第二次全國財政會議彙編》，財政部總務司 1934 年版。

49. 全國財政會議秘書處編輯：《全國財政會議彙編》，國民政府財政部秘書處總務科 1928 年版。

50. 商務印書館編譯所編輯：《中華民國法令大全》（增補再版），商務印書館 1915 年版。

51. 商業部商業經濟研究所《中國的酒類專賣》編寫組：《中國的酒類專賣》，中國商業出版社 1982 年版。

52. 實業部國際貿易局編纂:《中國實業志·江蘇省》,實業部國際貿易局 1933 年版。

53. 稅務署編:《財政部稅務署章則彙編》,財政部稅務署 1933 年版。

54. 四川省地方志編纂委員會編:《四川省志·財政志》,四川人民出版社 1996 年版。

55. 天津圖書館、天津社科院歷史研究所編:《袁世凱奏議》,天津古籍出版社 1987 年版。

56. 王振先:《中國釐金問題》,商務印書館 1917 年版。

57. 王志端主編:《中國賦稅史》,中國財政經濟出版社 1998 年版。

58. 吳承洛:《今世中國實業通志》(下),商務印書館 1929 年版。

59. 吳兆莘:《中國稅制史》,商務印書館 1937 年版。

60. 吳兆莘、洪文金遺稿:《中國財政金融年表》,劉聚星、林寶清續編,中國財政經濟出版社 1994 年版。

61. 夏國祥:《近代中國稅制改革思想研究(1900〜1949)》,上海財經大學出版社 2006 年版。

62. 蕭冠英:《六十年來之嶺東紀略》,培英圖書印務公司 1925 年版。

63. 肖俊生:《近代四川釀酒業發展研究》,巴蜀書社 2017 年版。

64. 徐百齊編輯:《中華民國法規大全》,商務印書館 1937 年版。

65. 徐百齊、吳鵬飛:《中華民國法規大全》第五冊「補編」,商務印書館 1937 年版。

66. 徐式圭:《中國財政史略》,商務印書館 1926 年版。

67. 薛福田:《江蘇之菸酒稅》,大東書局 1936 年版。

68. 薛軍主編:《中國酒政》,四川人民出版社 1992 年版。

69. 楊昌祐:《中國貨物稅史》,中宣部國民印刷所南京分廠 1948 年版。

70. 楊大金:《現代中國實業志(上)》,商務印書館 1938 年版。

71. 楊汝梅:《民國財政論》,商務印書館 1927 年版。

72. 葉聖陶:《我與四川》,四川人民出版社 1984 年版。

73. 葉元龍:《中國財政問題》,商務印書館 1937 年版。

74. 尹文敬:《財政學》,商務印書館 1935 年版。

75. 余國珍:《中國財政論》,商務印書館 1931 年版。

76. 余啟中編述:《廣東菸酒稅沿革》,「國立」中山大學出版部 1933 年版。

77. 袁祖亮：《中國古代人口史專題研究》，中州古籍出版社 1994 年版。

78. 趙如珩編：《江蘇省鑒》，新中國建設學會出版科 1935 年版。

79. 趙樹貴、曾麗雅編：《陳熾集》，中華書局 1997 年版。

80. 浙江省銀行經濟研究室：《浙江經濟年鑒》，浙江省銀行經濟研究室 1948 年版。

81. 《中華民國法規大全》第三冊「財政」，商務印書館 1936 年版。

82. 中華民國工商稅收史編委會：《中華民國工商稅收史·貨物稅卷》，中國財政經濟出版社 2001 年版。

83. 中華民國統計部主計局：《中華民國統計年鑒》，中國文化事業公司 1948 年版。

84. 《中華民國新法令》第 83 冊「財政類」，商務印書館 1915 年版。

85. 《中華民國新法令》第 90 冊「財政類」，商務印書館 1917 年版。

86. 中國財政學會：《專賣政策及其條例要旨》，大東書局 1942 年版。

87. 中國第二歷史檔案館編：《中華民國史檔案資料彙編》第 5 輯第 1 編「財政經濟」3「稅制與稅收」，江蘇古籍出版社 1994 年版。

88. 中國第二歷史檔案館編：《中華民國史檔案資料彙編》第 5 輯第 2 編「財政經濟」9，鳳凰出版社 1997 年版。

89. 中國抗日戰爭史學會、中國人民抗日戰爭紀念館編：《中華民族的抗爭與復興——第一、二屆海峽兩岸抗日戰爭史學術研討會論文集》，團結出版社 2010 年版。

90. 仲堅：《關稅自主與中國前途》，中國國民黨中央執行委員會宣傳部 1928 年版。

91. 周伯棣：《中國財政史》，上海人民出版社 1981 年版。

92. 周清：《紹興酒釀造法之研究》，新學會社 1928 年版。

93. 周棠：《中國財政論綱》，東京吉田印刷所 1911 年版。

94. 左冶生主編：《中國財政歷史資料選編》，中國財政經濟出版社 1987 年版。

95. 〔漢〕班固：《漢書》，〔唐〕顏師古注，中華書局 1962 年版。

96. 〔唐〕杜佑撰：《通典》，王文錦、王永興、劉俊文等點校，中華書局 1988 年版。

97. 〔清〕包世臣撰：《郡縣農政》，王毓瑚點校，農業出版社 1962 年版。

98. 〔清〕方苞：《方望溪全集》，中國書店 1991 年版。

99. 〔清〕李鴻章:《李鴻章全集》，安徽教育出版社 2008 年版。

100. 〔清〕張春華、秦榮光、楊光輔:《滬城歲事衢歌 上海縣竹枝詞 淞南樂府》，許敏、呂素勤標點，上海古籍出版社 1989 年版。

101. 〔美〕阿瑟·恩·楊格:《一九二七至一九三七年中國財政經濟情況》，陳澤憲、陳霞飛譯，陳澤憲校，中國社會科學出版社 1981 年版。

102. 〔英〕哥伯播義:《市井圖景裏的中國人》，劉犇、邢鋒萍譯，學林出版社 2017 年版。

二、近代報章雜誌

1. 《1939 年 12 月稅二字第一一四八八號馬代電電知禁止熬酒並禁運禁沽一案》，《廣西省政府公報》1940 年第 968 期。

2. 《安徽鳳陽關道移覆布政司加派菸酒稅文》，《東方雜誌》1904 年第 1 年第 1 期。

3. 《安徽各縣被災人口百分表》，《賑務月刊》1931 年第 2 卷第 10 號「調查統計」。

4. 抱寰:《紹興釀酒業》，《商業月報》1936 年第 16 卷第 11 期。

5. 《財政部呈大總統擬訂全國菸酒公賣局簡章並附設菸酒行政評議會緣由伏乞鈞鑒訓示施行文》，《菸酒雜誌》1918 年第 1 期「公牘新欄」。

6. 《財政部呈大總統請特設全國菸酒公賣事務總局並遴選總會辦各員以資助理文》，《菸酒雜誌》1918 年第 1 期「公牘」。

7. 《財政部覆貴州省政府諮》，《內政公報》1937 年第 10 卷第 5 期。

8. 《財政部公布禁止進口物品表》，《商業月報》1939 年第 19 卷第 7 期。

9. 《財政部就廠徵收洋酒類稅暫行章程（1931 年 12 月 21 日）》，《法令週刊》1932 年第 111 期「法規」。

10. 《財政部洋酒類稅罰金規則》，《財政日刊》1929 年第 463 期。

11. 《財政部洋酒類稅暫行章程》，《財政日刊》1929 年第 438 期。

12. 《財政部洋酒類稅暫行章程（1936 年 7 月 3 日）》，《法令週刊》1936 年第 330 期。

13. 《財政部訓令第一三一六七號令安徽省財政特派員》，《財政公報》1930 年第 29 期。

14. 《財政部整理菸酒稅務委員會會議記錄續》，《財政日刊》1929 年第 436 期。

15. 《財政部指令菸字第三二二二三號令安徽菸酒事務局》,《財政公報》1930 年第 39 期。

16. 《財政次長代理部務李思浩呈大總統擬整頓菸酒行政辦法文》,《政府公報》1917 年第 679 號。

17. 《財政總長梁呈大總統擬請裁撤全國菸酒事務署仍改由本部設立專局簡員賡續辦理以策進行文》,《菸酒雜誌》1918 年第 1 期「公牘新欄」。

18. 陳彌純:《改進國產酒稅稽徵制度之管見》,《湖南區貨物稅業務通訊》1946 年第 2、3 期合刊。

19. 《呈中央執行委員會政治會議呈本部五月份政治工作報告書》,《財政公報》1929 年第 26 期。

20. 《籌設各省菸酒公賣局進行程序》,《菸酒雜誌》1918 年第 1 期「法規」。

21. 《川省禁止釀酒飼畜》,《陝行彙刊》1941 年第 5 卷第 3、4 期合刊。

22. 第一科撰述:《江蘇貨物稅稅源概述》,《江蘇貨物稅通訊》1946 年第 1 卷第 4 期。

23. 《電覆山西菸酒事務局解釋洋酒稅章程第七條及華洋機製酒類牌照稅章程》,《財政公報》1929 年第 26 期。

24. 《度支部會奏議覆東督核減整頓菸酒加價保案摺》,《政治官報》1909 年第 795 號「摺奏類」。

25. 《非常時期江西省省會取締宴會及限製酒食消費辦法（1943 年 9 月 5 日修正公布）》,《江西省政府公報》1943 年第 1289 期。

26. 《非以稻米釀造之酒類不在禁釀之列》,《廣東省政府公報》1937 年第 389 期。

27. 《附駐漢英領致中央政治會議武漢分會主席函》,《外交部公報》1929 年第 1 卷第 9 期。

28. 《各省財政匯志》,《東方雜誌》1904 年第 1 年第 1 期。

29. 《各省菸酒公賣局暫行章程》,《菸酒雜誌》1918 年第 1 期「法規」。

30. 《廣西省府通令禁止熬酒》,《地方政治》1941 年第 5 卷第 1 期。

31. 《貴州省禁止釀酒熬糖辦法》,《司法行政公報》1943 年第 1 卷第 10 期。

32. 《國產菸酒類稅條例》,《中農月刊》1944 年第 5 卷第 7 期。

33. 《國產菸酒類稅條例》,《法令週刊》1945 年復刊後特刊第 4 號。

34. 《國產菸酒類稅條例》,《西南實業通訊》1946 年第 14 卷第 1、2 期。

35. 《國產菸酒類稅條例》,《公信會計月刊》1947 年第 11 卷第 2 期。

36. 《國產菸酒類稅條例》,《工商法規》1948 年第 1 年第 6 號。

37. 《國產菸酒類稅條例第四條修正條文》,《公信會計月刊》1948 年第 13 卷第 2 期。

38. 《國產菸酒類稅暫行條例》,《甘行月刊》1941 年第 6 期。

39. 《國產菸酒類稅稽徵暫行規程》,《中央銀行經濟彙報》1942 年第 5 卷第 4 期。

40. 《海關進口稅稅則》,《國民政府公報》1944 年第 610 期。

41. 《河北省民政廳指令民字第五七五三號令玉田縣長》,《河北省政府公報》1929 年第 403 期。

42. 《黑龍江巡撫周樹模奏江省整頓酒稅收款數目截期具報並請獎出力人員摺》,《政治官報》1909 年第 750 號「摺奏類」。

43. 《華洋機製酒類稅章則應賡續釐訂案》,《財政日刊》1929 年第 437 期。

44. 化魯:《禁酒運動》,《東方雜誌》1923 年第 20 卷第 6 期。

45. 《火酒攙充土酒處罰規則》,《法令週刊》1936 年第 291 期。

46. 《奉省府令奉行政院令知災區禁釀應由縣府呈省轉呈院核准方得實行由》,《廣州市政府市政公報》1934 年第 483 期。

47. 《奉省府令奉西南政務委員會令知此後有呈報因災禁釀之案須先函財政部特派員公署詳細調查由》,《廣州市政府市政公報》1934 年第 485 期。

48. 記者:《大後方之禁酒》,《消息半月刊》1946 年第 8 期。

49. 《交涉署呈中央政治會議武漢分會文》,《外交部公報》1929 年第 1 卷第 9 期。

50. 《江西省政府訓令民三字第二三五〇號令各行政督察專員公署、省會公安局、南昌九江兩市政委員會》,《江西省政府公報》1934 年第 29 期。

51. 《江西菸酒公賣局呈覆洋菸洋酒一律徵收牌照捐遵辦緣由文(1917 年 9 月 8 日)》,《菸酒雜誌》1918 年第 5 期「公牘新欄」。

52. 《禁釀區內糟坊製造酒精原料使用食糧管理辦法(1941 年 7 月 1 日)》,《經濟部公報》1941 年第 4 卷第 15、16 期合刊。

53. 《令河北菸酒事務局為呈擬國產洋酒憑證貼花辦法事近產銷分徵未便照准至請給獎金一層應俟統籌全局再為訂定仰即分別妥辦具報》,《財政公報》1929 年第 26 期。

54. 《令各省禁釀及禁種菸葉應根據糧食管理委員會之調查報告辦理等因令仰遵照》，《江西省政府公報》1938 年第 1021 期。

55. 《令禁釀酒救濟災荒》，《浙江省建設月刊》1932 年第 5 卷第 7 期「農林專號」。

56. 良甫：《歐洲的禁酒運動》，《東方雜誌》1930 年第 27 卷第 15 期。

57. 劉振東：《〈菸類專賣公報〉發刊詞》，《菸類專賣公報》1942 年第 1 卷第 1 期。

58. 馬寅初：《中國之財政與金融》，《東方雜誌》1926 年第 23 卷 21 期。

59. 《取締火酒規則》，《法令週刊》1932 年第 114 期。

60. 《全國菸酒事務署辦事通則》，《菸酒雜誌》1918 年第 1 期「法規」。

61. 《全國菸酒公賣局暫行簡章》，《菸酒雜誌》1918 年第 1 期「法規」。

62. 《陝省近年災況記》，《聖教雜誌》1932 年第 21 卷第 11 期。

63. 《山西公賣局呈報晉省販賣洋菸洋酒商店一律遵領營業牌照文（1917 年 9 月 7 日）》，《菸酒雜誌》1918 年第 4 期「公牘新欄」。

64. 《山西公賣局詳為本省西部菸酒公賣陸因陝匪障礙進行情形請鑒核文》，《菸酒雜誌》1918 年第 1 期「公牘」。

65. 《紹興之經濟狀況》，《中外經濟週刊》1926 年第 181 號。

66. 《實行土酒定額稅省份酒類產量稅額表》，《工業中心》1934 年第 3 卷第 8 期。

67. 《稅務署指令鄂東分區稅務管理所（1936 年 12 月 15 日）》，《稅務公報》1936 年第 5 卷第 6 期。

68. 《稅務署致公函關務署（1936 年 12 月 11 日）》，《稅務公報》1936 年第 5 卷第 6 期。

69. 思烈：《省府嚴屬禁止釀酒》，《抗戰週刊》1939 年第 20 期「新年特大號」。

70. 《蘇省政府禁釀救荒》，《農礦通訊》1930 年第 17 期。

71. 《蘇浙皖區統稅局暫定啤酒滯銷退運回廠及退稅辦法（1937 年 3 月 8 日）》，《財政公報》1937 年第 111 期。

72. 《停釀莫如禁酒》，《光華衛生報》1919 年第 2 年第 1 期。

73. 《皖災善後刻不容緩》，《河北建設公報》1931 年第 4 卷第 2 期。

74. 王平恭：《推進本區酒菸稅稽徵芻議》，《雲貴貨物稅訊》1948 年第 3 卷第 1 期。

75. 王新命：《貴陽印象》，《中央日報》1942 年 3 月 9 日。

76. 偽「國民政府」文官處印鑄局印行：偽《國民政府公報》，各號。

77. 偽「維新政府行政院印鑄局」印行：偽《政府公報》，第八十五號，1939 年 12 月 18 日。

78. 《我國的災民統計》，《東方雜誌》1934 年第 31 卷第 6 期。

79. 吳敬邦：《鄉區酒稅稽徵情形及改進意見》，《湖南區貨物稅業務通訊》1946 年第 9 期。

80. 《武漢政治分會代電》，《外交部公報》1929 年第 1 卷第 9 期。

81. 《修訂各項統稅暨七省土菸特稅土酒定額稅之完稅價格及稅級稅額表》，《中央銀行月報》1941 年第 10 卷第 3 期。

82. 《修正財政部就廠徵收洋酒類稅暫行章程》，《財政公報》1936 年第 101 期。

83. 《修正財政部洋酒類稅處罰規則（1936 年 7 月 3 日）》，《財政公報》1936 年第 101 期。

84. 《修正財政部洋酒類稅稽查規則（1936 年 7 月 3 日）》，《財政公報》1936 年第 101 期。

85. 《修正販賣菸酒特許牌照稅條例施行細則》，《菸酒雜誌》1918 年第 2 期「法規」。

86. 《修正非常時期重慶市取締宴會及限製酒食消費暫行辦法（1942 年 3 月 23 日行政院頒布）》，《河南省政府公報》1942 年第 2404～2406 期合刊。

87. 《修正海關進口稅稅則（1934 年 6 月 30 日）》，《交通公報》1934 年第 582 期。

88. 《修正取締火酒規則第五條條文》，《法令週刊》1936 年第 291 期。

89. 《修正洋酒牌稅簡章》，《廣東財政公報》1936 年號外。

90. 《訓令蘇浙贛皖鄂豫省政府據馮師長代電呈以本年各省水旱成災請通令禁止釀製酒糖醋醬不急之需以裕民食等情令仰妥予參酌辦理》，《軍政旬刊》1934 年第 33、34 期合刊。

91. 《菸酒公賣棧暫行章程》，《菸酒雜誌》1918 年第 1 期「法規」。

92. 《菸酒進口稅條例（1925 年 10 月 24 日）》，《司法公報》1925 年第 211 期。

93. 《菸酒行政評議會章程》，《菸酒雜誌》1918 年第 1 期「法規」。

94. 《菸酒稅收之狀況及整頓辦法》，《中外經濟週刊》1925 年第 123 期。

95. 《菸酒營業牌照稅概述》，《四川省營業稅局月報》1939 年第 2 卷第 10、

11、12 期合刊。

96.《菸酒雜誌》1918 年第 1 期「命令」。

97.《洋酒類稅稽查規則》,《財政日刊》1929 年第 438 期。

98.《雲南省政府代電為嚴禁各項雜糧一律禁止釀酒等因一案代電恪遵前令嚴密查禁》,《雲南省政府公報》1943 年第 15 卷第 12 期。

99.《雲南省政府訓令秘內字第一〇四八號令昭通縣》,《雲南省政府公報》1940 年第 12 卷第 17 期。

100.《雲南省政府訓令秘字第二三一號令省內外各機關》,《雲南省政府公報》1939 年第 11 卷第 44 期。

101.《戰時福建省禁酒暫行辦法》,《福建省政府公報》1941 年第 1132 期。

102.《浙江全省壬寅年房捐酒捐膏捐總數》,《浙江潮》1903 年第 9 期。

103.《珍惜食糧川省禁止釀酒飼畜》,《農業院訊》1941 年第 2 卷第 4、5 期合刊。

104.《徵收菸酒公賣費規則》,《菸酒雜誌》1918 年第 1 期「法規」。

105.《指令晉冀察綏區統稅局》,《稅務公報》1936 年第 5 卷第 4 期。

106.《指令蘇浙皖區統稅局》,《稅務公報》1936 年第 5 卷第 4 期。

107.《制定洋酒完稅執照（1928 年 5 月 7 日部令一三四四號）》,《廣東財政公報》1928 年第 86 期。

108.《致漢口李主席電》,《外交部公報》1929 年第 1 卷第 9 期。

109.《致特派湖北交涉員電》,《外交部公報》1929 年第 1 卷第 9 期。

110.《中華全國商業聯合會會報》,1916 年第 3 年第 11、12 號合刊。

111.《中華民國海關進口稅稅則（1930 年 12 月 29 日）》,《立法院公報》1931 年第 25 期。

112.《准予弛禁釀酒》,《廣東省政府公報》1938 年第 401 期。

三、今人論文

1. 陳建根:《民國時期的酒稅》,《稅務研究》1989 年第 8 期。

2. 陳澤明:《抗戰時期陝甘寧邊區的酒政與糧食安全》,《江漢大學學報：社會科學版》2015 年第 3 期。

3. 程道德:《試述南京國民政府建立初期爭取關稅自主權的對外交涉》,《近代史研究》1992 年第 6 期。

4. 杜恂誠：《民國時期的中央與地方財政劃分》，《中國社會科學》1998 年第 3 期。

5. 高福美：《禁而未止：清代京城酒稅徵收與私酒之興》，《中國社會經濟史研究》2021 年第 3 期。

6. 郭旭：《論禁酒相關問題——兼與楊永先生商榷》，《釀酒科技》2012 年第 12 期。

7. 郭旭：《清末民初酒稅制度因革論》，《貴州文史叢刊》2011 年第 4 期。

8. 范金民：《清代禁酒禁曲的考察》，《中國經濟史研究》1992 年第 3 期。

9. 付志宇、繆德剛：《太平天國運動時期清政府財政危機與對策探析》，《貴州社會科學》2007 年第 9 期。

10. 柯偉明：《南京國民政府第一次全國財政會議新探》，《廣東社會科學》2016 年第 2 期。

11. 李茂盛、王泰偉：《論南京偽國民政府出現的歷史原因》，《山西師範大學學報：社會科學版》，1989 年第 1 期。

12. 李慶宇：《民國北京政府菸酒公賣述論》，《歷史教學：下半月刊》2017 年第 5 期。

13. 李志英：《近代中國傳統釀酒業的發展》，《近代史研究》1991 年第 6 期。

14. 梁景和：《中國近代史分期與基本線索論戰述評》，《史學理論研究》2007 年第 2 期。

15. 劉偉彥：《抗戰勝利後紹興地區土酒稅的徵收與管理（1945～1949）》，《中國經濟史研究》，2022 年第 5 期。

16. 劉奕：《呼倫縣酒捐徵收狀況研究（1920～1930）》，《佳木斯教育學院學報》2012 年第 6 期。

17. 歐陽恩良、蕭玉元：《中國近現代史分期問題論爭評析》，《思想教育研究》2018 年第 9 期。

18. 王榮華：《米、酒、稅的三重變奏：20 世紀 40 年代福建禁釀問題研究》，《近代史研究》2021 年第 2 期。

19. 王興亞：《清代北方五省釀酒業的發展》，《鄭州大學學報：哲學社會科學版》2000 年第 1 期。

20. 王正華、仲偉民：《清代禁酒演變與釀酒發展——兼論 17～19 世紀中英禁酒的異同》，載《學術界》2022 年第 3 期。

21. 武豔敏:《統一財政:1928 年國民政府第一次財政會議之考察》,《史學月刊》2006 年第 4 期。

22. 肖俊生:《民國傳統釀酒業與糧食生產的相依關係》,《社會科學輯刊》2009年第 2 期。

23. 肖俊生:《民國時期西康酒稅徵收情形》,《西南民族大學學報:人文社科版》2008 年第 6 期。

24. 肖俊生:《晚清酒稅政策的演變論析》,《社會科學輯刊》2008 年第 3 期。

25. 徐建青:《清代前期的釀酒業》,《清史研究》1994 年第 3 期。

26. 楊印民:《從榷酤到散辦:元代酒課徵榷政策的調適及走向》,《中國社會經濟史研究》2009 年第 2 期。

27. 袁成毅:《抗戰時期國統區限禁糧食釀酒及其糾葛——以浙江省為例》,《民國檔案》2022 年第 3 期。

28. 趙慶雲:《何為「近代」——中國近代史時限問題討論述評》,《蘭州學刊》2015 年第 11 期。

29. 趙新安:《稅收彈性與稅收增長——1927～1936 年中國稅收增長的相關分析》,《南開經濟研究》2000 年第 2 期。

30. 周全霞:《清康雍乾時期的酒政與糧食安全》,《湖北社會科學》2010 年第 7 期。

31. 朱澤孝:《民國風行雙溝酒》,《釀酒科技》2012 年第 2 期。

四、其他文獻

1. 杜錦凡:《民國時期的酒政研究》,碩士學位論文,山東師範大學,2013 年。

2. 郭宇佳:《二十世紀二十年代至三十年代初呼倫縣地方稅收問題——以酒捐、牲畜出口捐為中心的研究》,碩士學位論文,內蒙古師範大學,2012 年。

3. 李慶宇:《民初菸酒公賣研究(1915～1927)》,碩士學位論文,華中師範大學,2016 年。

4. 蕭明治:《日治時期臺灣菸酒專賣經銷商之研究》,博士學位論文,「國立」中正大學,2010 年。

5. 顏清梅:《戰後初期臺灣專賣政策的延續與變革(1945～1953)》,博士學

位論文,「國立」中興大學,2008 年。

6. 岩村益典:《日治時期臺灣啤酒專賣之研究》,博士學位論文,「國立」臺灣師範大學,2010 年。

7. 葉彥邦:《終戰初期臺灣的菸酒專賣事業之研究》,博士學位論文,「國立」政治大學,2006 年。

8. 鍾珊:《南京國民政府時期菸酒稅的徵收與稽查研究(1927～1937)》,碩士學位論文,華中師範大學,2017 年。

9. 周全霞:《清代康雍乾時期的民食安全研究》,博士學位論文,江南大學,2009 年。

10. 朱凌佳:《中美菸酒借款及其社會輿論(1916～1921)》,碩士學位論文,蘇州大學,2012 年。

11. 貴州省檔案館藏:《國產菸酒類貨物稅條例案》,館藏號 M46-1-31。

12. 貴州省檔案館藏:《禁止釀酒有關法規》,館藏號 M46-1-4。

13. 貴州省檔案館藏:《黔各局呈報禁釀》,館藏號 M43-1-31。

14. 貴州省檔案館藏:《菸酒法令》,館藏號 M46-1-779。

15. 貴州省檔案館藏:《洋酒啤酒納稅貼花辦法》,館藏號 M46-1-20。

後　記

　　對中國近代酒類管理制度這一問題的關注，源於博士學位論文寫作之時。在 2015 年提交答辯的《中國近代酒業發展與社會文化變遷研究》一文中，設專章討論中國近代酒稅制度的沿革。論文寫作草草，很多問題都是蜻蜓點水般一帶而過。2019 年，將博士論文修改為《中國近代酒業發展研究》一書，由中國商業出版社出版。那時正在進行中國近代酒類管理制度的專題研究，相關內容便沒有納入該書。

　　到貴州商學院工作後，根據個人研究興趣，結合貴州現實需求，將精力主要放在酒業發展歷史和現實的觀察中。2018 年以中國近代酒類管理制度研究為題，申報貴州省哲學社會科學規劃課題，成功獲得立項。在規定的一年期限內完成研究，結項等級為「良好」，對我個人而言是莫大的鼓勵。

　　課題完成後，對這一問題的思考仍在繼續。時時根據新發現的資料，進行修改和補充。2021 年將成果提交宜賓學院，申報四川省社會科學重點研究基地中國酒史研究中心後期資助項目並獲立項，感謝研究中心學術委員會和許菁主任的信任。宜賓學院中國酒史研究中心是四川省哲學社會科學重點研究基地，聚焦於中國酒史和四川酒歷史文化研究，取得了豐碩的成果。猶憶 2020 年 10 月，隨翟宇兄一同到宜賓學院，就課題研究的主要內容進行了交流。在周明長教授引見下，得以認識長期從事酒史酒文化研究的彭貴川、齊小剛、許菁、高正偉、郭五林、趙德坤、李修余諸教授，深入瞭解川省學者在研究推進上所做的前沿工作。其後並時相往來問候，交流酒史酒文化研究心得。

在研究開展過程中，本書部分內容曾以論文的形式發表。依刊載之先後順序為：《清末民初酒稅制度因革論》，刊《貴州文史叢刊》2011 年第 4 期；《「維民食」與「重國課」：民國禁酒政策探析》，刊《貴州社會科學》2015 年第 7 期；《國民政府時期新式酒類與進口酒類稅收管理探析》，刊《貴州商學院學報》2016 年第 3 期；《國民政府時期酒稅制度研究（1927～1949）》，刊《貴州社會科學》2019 年第 9 期；《抗日戰爭時期南京偽國民政府的酒類稅收管理》，載孫家洲、馬利清主編《酒史與酒文化研究（第二輯）》，社會科學文獻出版社 2019 年版。《「維民食」與「重國課」：民國禁酒政策探析》一文，雖討論深度略顯不夠，但獲《新華文摘》2015 年第 20 期「論點摘編」、《高等學校文科學術文摘》2015 年第 5 期「學術卡片」摘登，對我個人而言也是一種鼓勵。感謝各位編輯老師對拙作的垂青，尤其感謝《貴州社會科學》史學編輯翟宇老師，酒酣之餘常常責余荒廢光陰，不認真開展學術研究和論文寫作。因個人較為感性且隨性，又頗喜飲酒，每每辜負翟老師和諸位師友的期望，這是應該深刻檢討的。

回望第一篇關於近代酒類管理問題的文字，轉眼已是 12 年前。這些年來，談不上學術研究，倒是在前行的路上有太多需要感謝的人和事。感謝恩師姚淦銘教授，在江南大學的幾年得恩師教誨，迄今仍受用無窮。惜恩師於 2019 年初病逝，不能再親給學生指點迷津了。夢裏嘗迴學校見到恩師，醒來淚流滿面，惟有加倍努力，以報答恩師引領點撥之恩於萬一。

感謝湘潭大學周石峰教授，周師在貴陽時，常打擾請教。是周師將拙著推薦給花木蘭文化事業有限公司楊嘉樂老師，本書才有機會得以出版。感謝貴州師範大學張羽瓊教授，領我進入史學研究之門。感謝原江南大學文學院院長徐興海教授，從認識以來對學生時時以點撥鼓勵，迄今仍關心我的研究及進展。感謝江南大學食品學院夏文水教授，夏師在博士論文答辯時敏銳指出，可對中國近代酒類管理制度進行專題研究。感謝貴州省社會科學院麻勇斌研究員、范松研究員、許峰研究員、張雲峰副研究員等師友，在研究開展和工作生活上提供的幫助。

感謝貴州商學院提供的支持，尤其是圖書館蒲師英老師，及時購入魏文享教授主編之《民國時期稅收史料彙編》（國家圖書館出版社 2018 年版），為本書寫作提供了非常有用的資料。感謝宜賓學院中國酒史研究中心陳利老師，為

項目開展所做的細緻服務。特別需要感謝花木蘭文化事業有限公司，尤其是楊嘉樂老師、宗曉燕老師，為本書出版所做的大量工作。

　　當然，書中存在的疏漏和錯誤，當由作者個人承擔。

郭旭

2023 年 2 月 26 日於貴州貴陽